Max Dauthendey

# Der Geist meines Vaters

*Ein Lebensbild*

VERO Verlag

Max Dauthendey

**Der Geist meines Vaters**

Ein Lebensbild

ISBN/EAN: 9783737200165

Auflage: 1

Erscheinungsjahr: 2014

Erscheinungsort: Norderstedt, Deutschland

Hergestellt in Europa, USA, Kanada, Australien, Japan
Vero Verlag in Hansebooks GmbH


Cover: Foto ©Rainer Sturm / pixelio.de

VERO Verlag

# Ein Lebensbild

Ein Elektronenblitz - das Aufschnappen des Kameraverschlusses, das den fünftausendsten Teil einer Sekunde dauert - so fotografiert man heute, da jeder zweite Radfahrer seine Box und jeder dritte Autofahrer seine Leica hat. Aber wie war's mit den Kinderschuhen der Fotografie? Vor hundertzwanzig Jahren stand Dauthendeys Vater stundenlang in der glühenden Sonne, der zu Fotografierende saß stundenlang unbeweglich auf seinem Sessel und wurde stocksteif, ehe die Aufnahme beendet war: ein Jahr fast dauerte es, bis diesem ersten deutschen Fotografen die Aufnahmen überhaupt gelangen, die auch bei Daguerre, dem Erfinder der Lichtbildnern, nur Zufallstreffer ergaben; doch dann öffnete sich mit einem Schlage ein kometenhafter Weg für ihn. Schon als Jüngling knipste Dauthendey-Vater Fürsten und Handelsherren, die ihn mit Beuteln Goldes bezahlten. Zwanzig Jahre lebte diese für das neunzehnte Jahrhundert so typische Gestalt im reichen und eleganten St. Petersburg, ehe er in dem idyllischen Würzburg sein großes Atelier eröffnete. Dieses kulturgeschichtlich bedeutsame Buch, das sich auf Tagebuchblätter und Erzählungen des Vaters des Dichters stützen kann, umspannt das ganze neunzehnte Jahrhundert mit seinen sprunghaften technischen Fortschritten. Daneben erlebt man die Entwicklung der Familie, deren letzter Namensträger der Dichter war, den Kampf zwischen Vater und Sohn, der zum Kampf zwischen dem Geist der Technik und dem der Kunst, zum Kampf der Geister an einer Zeitwende wird. Dieses Buch klärt manches, was uns in der Erkenntnis des vorigen Jahrhunderts undeutlich geblieben ist, nicht etwa, weil es sich bemühte, wissenschaftlich die Hintergründe dieser Zeiten und Räume zu durchleuchten, sondern gerade, weil es sich damit begnügt, einen einzigen Menschen, den Vater, mit Liebe zu zeichnen. Dadurch gelingt es dem Dichter, die Bilder unverzerrt vor uns hinzustellen - genau das, was den Fotografien des Vaters zum ersten Mal glückte.

# Der Geist meines Vaters

Heute war ich am Grabe meines Vaters.

Unsere Familiengruft, in welcher mein Vater und meine Mutter begraben liegen, suche ich manchmal auf, um mich zu überzeugen, dass der Gärtner, dem das Grab in Obhut gegeben ist, seine Pflicht tut. Ich kaufe dann in der Gärtnerei, die neben dem Kirchhof liegt, ein paar blühende Blumenstöcke und lasse sie von einem Gärtnerburschen an das Grab tragen. Wenn der Gärtner am Grabstein die Blumentöpfe niedergestellt und sich wieder entfernt hat, lese ich gern die Jahreszahlen der Geburts- und Sterbetage auf der schwarzen Marmortafel.

1819 wurde mein Vater geboren, 1896 starb er. Also liegt nahezu ein Jahrhundert mit ihm hier unter dem Efeu begraben. Dieser kleine Erdenfleck hat Herz, Augen und Gedanken in sich aufgenommen, die einmal, so wie ich jetzt, durch Millionen Meilen hindurch im Weltraum die ferne Sonne fühlen und durch Millionen Meilen hindurch nachts die Sterne betrachten konnten.

Mein eigenes Herz aber und meine Augen und Gedanken können, wenn sie vor diesem Grabe stehen, die Gestalten der Toten nicht unter diese paar Fuß Erde zwingen. Meine Toten gehen mit mir hin zum Grabe und gehen mit mir vom Grabe fort. Nur wenn ich auf die Nebengräber sehe, die in langer Reihe den Weg säumen, an dem unsere Gruft liegt, nur dort in den anderen Gräbern sehe ich im Geist tote Menschen liegen. Aber wenn ein Trauernder in der Ferne auf den Friedhofwegen daherkommt, an einem Grabe stehenbleibt und, so wie ich, seine Verstorbenen besuchen will, dann fühle ich; auch die anderen, wenn sie an ihre Gräber treten, können keine Angehörigen sich ins Grab hineindenken. Die Toten sind auferstanden aus jedem Grab, sobald an dasselbe ein Trauernder ehrfurchtsvoll hintritt.

Ach, aus diesen kleinen Erdenzellen, die da in langen Reihen, in unzähligen Straßen durch den Kirchhof nebeneinander eingegraben sind, strömen aus jeder Zelle Welten von Erinnerungen. Die kleinen eingezäunten Blumenäckerlein enthalten oft Königreiche und Weltteile voll lebender Erinnerungen.

Auf unserer Grabtafel lese ich, in goldenen Buchstaben, St. Petersburg 1837 am 11. Mail an einem Maitag an der Newa, als die Sonne auf der goldenen Kuppel der Isaakskathedrale glänzte und das Newawasser die letzten Eisschollen aus dem Ladogasee zur Ostsee hintrieb, wurde meine Mutter geboren. Sie war ein Kind deutscher Kolonisten, die zur Zeit Peters des Großen aus Süddeutschland, aus Hanau, kamen und sich in Petersburg niederließen. Die Eingewanderten waren ihrem Beruf nach Wollenweber und Orgelbauer. Ich selbst hörte noch im Jahre 1889, als ich zum ersten Male in Petersburg war, eines Sonntags in der holländischen Kirche dort die Orgel, welche mein Urgroßvater mit seinen Händen gebaut hatte.

Die Familie meiner Mutter war streng religiös. Alle ihre Mitglieder gehörten der frommen Herrnhutergemeinde an. Als einziges Erbteil dieser Familie besitze ich noch eine Bibel, in welcher die Jahreszahl 1796 eingeschrieben ist. Der Vater und die Brüder meiner Mutter hatten eine Klavierfabrik, und als mein Großvater gestorben war, besaß meine Großmutter noch Säle voll Klaviere; diese Instrumente verlieh sie in Petersburg gegen ein monatliches Entgelt.

Eine kleine Welt von fleißigen Arbeitern, Handwerksleuten und Meistern in ihrem Beruf tritt beim Ablesen der Geburtsjahreszahl meiner Mutter und ihrer Sterbejahreszahl 1873 aus dem Grabe vor mich hin ins Leben. Die Sorgen, die Nöte, die Familienfreuden, die religiöse Ergebenheit, die Demut des Arbeiterfleißes - alles dieses durchlebe ich, während ich Namen und Jahreszahl am Grabstein betrachte, und friedlich, wie im Grunde das Leben der Familie meiner Mutter war, friedlich wird mir im Herzen, sonnig und einfach. Pflichtgetreu und bescheiden sehen mich aus der Umgebung meiner Mutter Reihen von Augen an; mutige Augen, die an ihrem Deutschtum zwei Jahrhunderte lang festhielten und mitten in der russischen Hauptstadt deutsche Sitten, deutsche Sprache, deutsche Ehrbarkeit und deutsche Arbeitsamkeit pflegten.

Weltgrößer, europäischer möchte ich es nennen, wird aber mein Geist, wenn ich die Geburts- und Sterbejahreszahl meines Vaters: 1819-1896 betrachte. Der stolze Aufschwung, den das neunzehnte Jahrhundert in technischer Beziehung und auch in geistiger Aufklärung genommen hat, spiegelt sich kräftig wider im siebenundsiebzigjährigen Leben meines Vaters. Dieser hatte Mechanik und Optik erlernt und führte die Daguerreotypie in Petersburg ein. Durch eine Empfehlung der Herzogin von Dessau an die Kaiserin von Russland kam er mit dreiundzwanzig Jahren nach Russland.

Seines zwanzigjährigen Aufenthaltes unter der slawischen Rasse endlich überdrüssig, außerdem von plötzlichen Unglücksfällen verfolgt, trieb meinen Vater die Sehnsucht nach Deutschland aus Petersburg fort. Er kam mit seiner zweiten Frau, meiner Mutter, in die Heimat zurück und ließ sich, durch einen Zufall geführt, 1864 in Süddeutschland, in Würzburg nieder, wo er wieder ein Atelier baute, aber in den letzten Jahren seines Lebens hauptsächlich photographischen Erfindungen, chemischen Experimenten und chemischen Studien seine alten Tage widmete.

Hier in Würzburg wurde ich geboren, als mein Vater achtundvierzig Jahre alt war. Und heute, da ich dieses niederschreibe, stehe ich selbst im fünfundvierzigsten Lebensjahre. Nach vielen Fahrten, die ich durch Europa und über Europas Grenzen hinaus machte, und nach meiner letzten Reise rund um die Erde habe ich mich hier niedergelassen. Die Fenster meiner Wohnung sehen auf den alten Fluss hinaus, auf den sanften Main, der am Fuße des Marienberges unter steinernen Brücken leicht rauschend hingleitet. Auch mein Vater hatte hier einst bei einer der Brücken, vor mehr als fünfzig Jahren, als er aus Petersburg kam, an der »alten Mainbrücke« seine Wohnung genommen, und dort sehe ich noch heute, wenn ich am Kai spazieren gehe, das Atelier, den kleinen Glaskasten, den er an der Rückseite eines großen Wohnhauses anbauen ließ. Wohl sind in der Stadt einige Straßen seitdem erweitert worden. Die Ringparkanlagen, die sich rund um die Stadt ziehen, die ich als neunjähriger Knabe anpflanzen sah und die jahrelang wenig Schatten gaben, sind jetzt dunkelschattig geworden, und hohe gewölbte Alleen führen dort an reichen Gebüschen und Blumenpflanzungen vorbei. Aber dem Innern der Stadt merke ich es kaum an, dass ich fünfundvierzig Jahre mit seinen Häusern älter geworden bin.

Nur die hohen Bäume der Glacisanlagen, die mit den Jahren zum Himmel wuchsen - und ihre Zweige und Wipfel gewaltig ausstrecken lernten, wie der älter werdende Mensch seine Gedanken

-, hauptsächlich an diesen Bäumen kann ich es sehen, dass ich bald ein Menschenalter die fränkische Luft, den fränkischen Boden und die fränkischen Laute meine Heimat nenne.

Immer wieder bin ich vom Auslande zu dieser Stadt zurückgekehrt. Ich besaß keine Erde und kein Gut hier, das mich hätte anlocken können, stets wieder von Neuem das Mainufer aufzusuchen. Das einzige Gut, das einzige Stückchen Erde, das ich mein nannte, als ich wiederkam, war das kleine Viereck Erde des Familiengrabes da draußen im Friedhofgrund. Die Blumen, die im Sommer hier auf dem Grabe stehen, haben mich mit ihrem Duft rund um die Erde verfolgt, und die Toten, die hier unter dem Efeu zu Erde werden, sind noch heute meine treuesten Begleiter, meine unterhaltendsten Erzähler in den wenig veränderten Straßen der alten fränkischen Stadt.

In den letzten Jahren seines Lebens - ehe mich die Wanderlust von zu Hause forttrieb - sehe ich meinen siebzigjährigen Vater Abende und Vormittage am Schreibtisch in seinem Zimmer sitzen und sehe den immer ernsten Mann eifrig und tief gedankenvoll Notizen zu seiner Lebensgeschichte aufzeichnen. Viele Papierbogen hat er beschrieben. Aber sei es, dass über dem zähen Ausfeilen der deutschen Sätze und bei seiner haarscharfen Gewissenhaftigkeit ihm der Faden der Erzählung entglitt oder dass den feurigen Mann das Niederschreiben nicht so befriedigte wie das mündliche Erzählen, in welchem er ein Meister war - kurz: Von den vielen Stunden, die er seinen Aufzeichnungen widmete, fand ich als Endergebnis in seiner Ledermappe nach seinem Tode nur einige wenige, mit großem Fleiß und großer Klarheit niedergeschriebene Seiten und außerdem einen Papierbogen, auf welchem Hunderte von Kapitelüberschriften aufgezeichnet stehen. Aber zur Ausarbeitung dieser Kapitel ist es nie gekommen.

Bei meinem letzten Besuch vor seinem Tode legte mein Vater seine große starke Hand auf meine Schulter und sagte:»Mein Junge, siehst Du, mit dem Niederschreiben meiner vielen Geschichten und meiner vielen wechselvollen Lebensschicksale komme ich doch nicht zurecht. Es fehlt mir etwas:

Die Begabung, die Worte in der Niederschrift so stark zu gestalten, dass sie den Eindruck des selbstverständlich Erzählten machen. Nur ein paar Seiten sind mir gelungen. Vielleicht, wenn ich noch dreißig Jahre zu leben hätte, würde die Arbeit, die ich vor mir sehe, vollendet werden können. Aber ich bin jetzt ein Mann von mehr als siebzig Jahren«, und er unterbrach sich plötzlich und lachte, »ich glaube, auch wenn ich hundertfünfzig Jahre alt würde und das Buch endlich fertig wäre - ich wäre nicht damit zufrieden. Wenn ich Euch Euer Leben lang, Dich und Deine Schwestern und alle, die uns besuchten, stundenlang mit meinen Erzählungen fesseln konnte - bei der Niederschrift fehlt mir das Packende, das ich in die Stimme, in den Klang legen kann, das Nachdrückliche, das ich durch den Gesichtsausdruck Euch geben konnte.

Aber Du, glaube ich, Du wirst einmal mein Buch schreiben können. Ich staune, wie leicht Dir das Wort in die Feder fällt. Versprich mir also, wenn Du einmal Muße und Lust haben wirst, dass Du dann meinen Lebensroman schreiben willst.« Er schüttelte meine Schulter kräftig, dass mir fast die Knochen knackten, und während ihm die Tränen in die grauen Augen kamen, schloss er:

»Es tut mir nur leid, dass, wenn Du das Buch geschrieben haben wirst, ich es nicht werde lesen können, weil ich dann meine Augen längst für immer zugemacht haben werde.«

Heute ist Schnee gefallen, viel Schnee. Nachzusehen, ob das Grab ordentlich imstande ist, war heute eigentlich keine Veranlassung. Denn der Schnee hatte das Grab schön gepflegt und ebenmäßig zugedeckt. Sauberer konnten keine Hände das Grab pflegen.

Der Gedanke, meine Toten zu sehen oder ihnen nahe sein zu wollen, hatte mich auch nicht an das Grab hingeschickt. Denn meine Toten begleiten mich ja immer durch alle Straßen Würzburgs; es ist dort für mich keine Straße von Toten leer. Als ich auf dem lautlosen schneeweißen Friedhof vor dem lautlosen schneeweißen Grabe stand, fragte ich mich immer wieder: Welcher Gedanke hat Dich eigentlich heute hierhergeführt? Heute hatte ich zwischen dem Efeu und den Blumen kein Unkraut zu jäten, keine welken Blätter aufzuheben. Der Schnee hatte alles fein säuberlich umhüllt. Auf alle Gräber war der reine papierweiße Schnee ausgeteilt worden. Was wollte ich denn hier?

Ich konnte den Gedanken nicht finden, der meinen Füßen gesagt hatte: Geht heute zum Grabe!

Und so wie es mich mein Vater früher gelehrt, wenn wir dieses Grab zusammen besuchten, in welchem damals meine Mutter allein lag, so nahm ich auch jetzt meinen Hut einen Augenblick in die Hand und neigte zum Abschiedsgruß vor dem Stein des Grabes meinen entblößten Kopf. Auf meine Frage: Warum bin ich hierher gekommen? - gab mir auch der Grabstein keine Gedanken zur Antwort. Nur die Geburts- und Sterbezahlen, Namen und Jahre sahen mich mit goldverblichener Schrift vom schwarzen Marmor an.

Da ich ein Zahlenfanatiker bin, das heißt, mit Vorliebe auf Glücks- und Unglückszahlen am Wege achte, ebenso bei meinen Reisen gerne in den nummerierten Eisenbahnabteilen oder in den Schiffskabinen, die ich benutze, die Quersumme der mir begegnenden Zahlen addiere und gern an verhängnisvolle und glückbringende Zahlen glaube - so habe ich auch hier am Grabstein oft schon die Jahreszahlen verglichen und freute mich immer über die Zahl Elf, die bei den Zahlen meiner Mutter immer wiederkehrt und welche von den Indern als die größte Phantasiezahl erklärt wird. Außerdem ist die Quersumme der Geburtsjahreszahl meiner Mutter neunzehn, ebenso die Quersumme ihres Sterbejahres. Auch die Quersumme der Geburtsjahreszahl meines Vaters ist neunzehn. Solches Vergleichen der Zahlen hat mich oft geheimnisvoll berührt.

Meine mich durch das ganze Leben begleitende schicksalsschwere Zahl ist die Zahl dreiundzwanzig. Dreiundzwanzig Jahre nach dem Tode meiner Mutter starb mein Vater, und ich kann sicher sein, dass immer der Dreiundzwanzigste jedes Monats mir irgendeine schwerwiegende Nachricht, eine Schicksalswende, einen besonderen Glücksfall oder außergewöhnlichen Unglücksfall bringt.

Trete ich eine Reise an, so will es der Zufall, dass das meist am Dreiundzwanzigsten des Monats geschieht. Und habe ich Verträge zu unterschreiben, die wichtiger Natur sind, so ist es sicher am dreiundzwanzigsten Monatstag, an welchem ich meine Unterschrift geben muss. Das Haus, in welchem ich wohne und dieses niederschreibe, trägt die Nummer dreiundzwanzig, und am Dreiundzwanzigsten eines Monats wurde die Wohnung bezogen. -

Der Grabstein aber, den ich jetzt fragend ansah, gab mir auch heute keinen neuen Zahlenaufschluss. Darum setzte ich meinen Hut wieder auf den Kopf und ging über den lautlosen Schnee und kam zum Ausgange des Kirchhofs. Hier befindet sich im Sommer, zu beiden Seiten des Weges, je ein Beet mit einer Teppichpflanzung. Auf das eine Beet hat der Friedhofgärtner rechter Hand vom Eingang, aus Blattpflanzen und Blumen den griechischen Buchstaben Alpha gebildet, auf das andere Beet den Buchstaben Omega, was, wie jeder weiß, Anfang und Ende versinnbildlichen soll. Heute waren die Buchstaben verschwunden. Von jedem Beete sah mich eine weiße Schneefläche an. Wie zwei riesige Bogen unbeschriebenes weißes Papier leuchteten diese Flächen, ein wenig Wintergras säumte die Ränder.

Ich trat zum Friedhof hinaus. Überall Schneeflächen in den Stadtanlagen, überall große, weiße unbeschriebene Papierbogen, auf denen die schwarzen, laubleeren Bäume mit ihren geraden Stämmen wie schwarze Griffel standen, als ob da, unsichtbar, Hunderte von Geistern Hunderte von großen Schreibgriffeln hielten und sich bedächten, was sie auf die großen weißen Flächen schreiben wollten.

So senkrecht, wie die Bäume im Schnee standen, so senkrecht stand immer der Federhalter meines Vaters in seiner Hand auf dem Papier still, wenn er nicht weiterschreiben konnte. Neben ihm lag dann am Schreibtischrand seine gewohnte Zigarette, die dort für sich allein weiterrauchte. Und wenn ich zufällig durchs Zimmer ging und die einsam, rauchende Zigarette neben dem weißen Papierbogen ansah, so wünschte ich dem alten Mann, dass er die Zigarette wieder in den Mund nehmen möchte oder zwischen die Finger, wo sie hingehörte, und dass der so lange Zeit stillstehende Federhalter sich anstelle der Zigarette auf den Schreibtisch legen sollte. Es stand dem alten lebhaften Mann nicht gut an, dass er mit dem Federhalter in der Hand nachdachte. Denn er erzählte uns immer seine schönsten Geschichten mit der glühenden Zigarette in der Hand, und er konnte wundervoll erzählen, aber nur mit der Zigarette in der Hand.

Mit den Zigaretten meines Vaters hatte es eine eigene Bewandtnis. Diese Zigaretten, die er vom frühen Morgen bis spät nach Mitternacht ununterbrochen rauchte, waren weder der Form noch dem Inhalt nach alltägliche Zigaretten und nicht solche, wie man sie in den Zigarrenläden kauft. Sie wurden eigens in unserem Hause, jede Zigarette einzeln, mit Sorgfalt von meinen Schwestern, von mir oder von einer weiblichen Verwandten für meinen Vater täglich frisch angefertigt. Sie waren dick und lang wie ein Zeigefinger, und ihre Papierhülsen wurden in einer besonderen Fabrik für meinen Vater hergestellt, und auch der türkische Tabak wurde uns aus Konstantinopel in kleinen Kistchen geschickt. Die Papierhülsen wurden, nachdem sie mit Tabak gefüllt waren, an beiden Enden zugedreht.

Es gehörte zum Bild unseres Familientisches, dass Sommer und Winter fast jeden Abend oder Nachmittag einer von uns vor einem ausgebreiteten Papierbogen saß, auf dem ein angenehm duftender, honiggelber Tabakhaufen lag, aus dem er stundenlang für meinen Vater Zigaretten verfertigte. Mit einiger Übung konnte man an einem langen Abend hundert Zigaretten herstellen. Dieser Vorrat reichte aber kaum drei Tage, denn mein Vater war ein starker Raucher, und seine verschiedenen großen Zigarettentaschen, deren er viele aus Schildkrot und Leder besaß, mussten ihm, immer gefüllt, in seinen Paletot oder in die Taschen seiner Haus- und Ausgehrocke gesteckt werden. Er war unglücklich, wenn er seine Zigaretten einmal vergaß oder wenn man vergessen hatte, ihm die Zigarettentasche zu füllen, und er nichts zu rauchen bei sich trug. Beim Schachspielen, beim Briefschreiben, beim Spazierengehen, auf der Jagd im Spessart, beim Essen, beim Einschlafen und beim Aufstehen war die brennende Zigarette seine Begleiterin. Nicht bloß wir, niemand in der ganzen Stadt konnte sich meinen Vater ohne Zigarette vorstellen. Und diese große seltsame Zigarette, die nur für ihn angefertigt wurde, die er in Petersburg zu rauchen sich angewöhnt hatte und die er immer russisch »Papyros« nannte, habe ich seit dem Tode meines Vaters bei keinem Menschen wieder gesehen. Diese Zigarette ist mit meinem Vater wie in die Erde verschwunden. Ich selbst rauche fast nie, aber noch lange, nachdem mein Vater gestorben war, musste ich öfters eine türkische Zigarette in meinem Zimmer anzünden, um mir dieselbe Luft zu verschaffen, die meinen Vater immer umgab und die blau voll Zigarettenrauch war. Ebenso erging es meiner jüngsten Schwester. Sie musste sich in den ersten Jahren nach dem Tode meines Vaters das Rauchen angewöhnen, um sich manchmal vorzustellen, dass mein Vater noch um sie lebte.

Etwas Seltsames ist mir am Todestag meines Vaters passiert, das auch beweisen kann, wie stark der Duft der Zigarette von dem Wesen meines Vaters unzertrennlich war.

Es war am fünften September 1896. Ich lebte damals, jung verheiratet, in Paris. Ich hatte in der Rue Boissonnade von einem amerikanischen Maler, welcher aufs Land gereist war, möblierte Atelierräume gemietet, in die ich mit meiner jungen Frau, nachdem wir in England auf der Insel Jersey im Mai desselben Jahres geheiratet hatten, im Juni einzog.

Da wir den Monat Mai hindurch die Flitterwochen am Meer und auf dem Lande verbracht hatten, gefiel es uns, im Sommer in Paris zu bleiben, und weil die Rue Boissonnade auf dem Montparnasse in guter Luft lag, fühlten wir uns nicht zu sehr von der sonst unerträglichen Pariser Sommerhitze gequält.

Fast alle unsere Bekannten waren aber aufs Land gereist, und nur ein amerikanischer Bildhauer mit seiner Frau, die auch Amerikanerin und Malerin war, pflegte uns öfters zu besuchen. Diese beiden hatte ich einige Jahre vorher bei einem Aufenthalt in London kennengelernt. Sie waren Anhänger des Okkultismus, und damals war der mystische englische Maler und Dichter William Blake ihr idealistisches Vorbild. Sie waren es, die mich zuerst auf die Bedeutung der mystischen Zahlenwerte im Leben aufmerksam machten, ebenso wie auf die tiefe Bedeutung der alten Astrologie. Sie konnten Horoskope stellen und taten nichts, ohne okkultistische Gelehrte und Astrologen zu befragen. Außerdem waren sie begeisterte Verehrer der Kunst Michelangelos, Leonardo da Vincis und des damals von Neuem hochgepriesenen Botticellis und fanatische Verehrer Albrecht Dürers. Dieser Amerikaner hieß mit Vornamen James und seine Frau Theodosia.

Am fünften September, Mittag gegen zwölf Uhr, kam Theodosia zu meiner Frau und mir in das Atelier in der Rue Boissonnade. Sie wollte nur einen Augenblick hören, wie es uns gehe. Aber ehe wir es uns versahen, waren wir, wie immer, mitten in okkultistischen Streitgesprächen. Ich konnte mich nur schwer den Gedankengängen der überzeugten Okkultistin anschließen, und mit meiner achtundzwanzigjährigen Erfahrung, und auferzogen im Deutschland der exakten Wissenschaften, versteifte ich mich gerne, wenn von übersinnlichen Dingen die Rede war, auf eine starre Ungläubigkeit. Im Laufe jenes Gespräches, erinnere ich mich, Frau Theodosia eine deutsche Sternkarte gezeigt zu haben. Die Karte bestand aus zwei kreisrunden Scheiben, eine Scheibe etwas größer als die andere, beide aus schwarzem Karton. Auf der kleineren Scheibe befanden sich die Sternbilder und die Milchstraße aufgezeichnet. Die Peripherie der anderen, der größeren Scheibe war in die 365 Tage des Jahres eingeteilt. Stellte man einen Tag auf den Meridian der Sternkarte ein, so konnte man daraus die Stellung der Sterne jenes eingestellten Tages ersehen. Ich muss hinzufügen, dass ich damals seit Wochen keine Nachrichten von meinem Vater hatte. Mein Vater war über meine plötzliche Heirat im Auslande ein wenig überrascht gewesen, hatte sich aber doch im Grunde darüber gefreut. Ich hatte aus einem Brief meiner Schwester erfahren, dass er nur Förmlicherweise mit mir schmolle und dass er augenblicklich auf einer Reise sei und eine meiner verheirateten Schwestern in Norddeutschland besuche. Diese Nachricht aus dem Brief meiner jüngsten Schwester war die letzte, die ich über meinen Vater empfangen hatte. Ich hatte auch keinen Grund zur Besorgnis um seine Gesundheit und sein Leben und dachte, als ich die Sternkarte nahm und während des Gespräches die eine Scheibe auf den Geburtstag meines Vaters, auf den ersten November, einstellte, an nichts Außergewöhnliches. Ich stellte dann auch die Sternkarte auf meinen eigenen Geburtstag, den fünfundzwanzigsten Juli, ein und fand nur das eine Erstaunliche daran, dass die Milchstraße am ersten November die entgegengesetzte Stellung am Himmel einnimmt wie in der Nacht des fünfundzwanzigsten Juli. »Wie seltsam!« sagte ich zu Frau Theodosia, »die Stellungen der Milchstraße an den beiden verschiedenen Geburtstagen kreuzen sich. Ob das irgendeine Bedeutung hat in Bezug auf unsere beiden Naturen? Ist die Natur meines Vaters so sehr im Kontrast mit meiner eigenen, dass beide ein Kreuz bilden würden, wenn man sie in Linien ausdrücken könnte?« - Ich weiß nicht mehr, was die okkultistische Amerikanerin mir antwortete. Ich weiß nur, als sie mittags fortging, dass es halb ein Uhr war und dass sie sagte, sie müsse eilen, um rechtzeitig nach Hause zum Lunch zu kommen. Diese Zeit - halb ein Uhr - ist hier notwendig festzustellen, da sie bedeutungsvoll ist für das, was sich danach ereignete. Kaum war die Amerikanerin gegangen, so verabredeten meine Frau und ich, ebenfalls auszugehen, um in der Stadt einige notwendige Einkäufe zu machen. Meine Frau ging in ihr Zimmer, das neben dem großen Atelier lag; ich trat hinter einen Wandschirm, wo sich eine Wasserleitung befand, und wollte vor dem Ausgehen meine Hände waschen. Ich hatte weder geraucht, noch befanden sich Zigaretten im Hause, aber seltsamerweise schien es mir, als ob während des Waschens Seife, Wasser und meine Hände plötzlich stark nach bitterem türkischen Tabak rochen. Es war jener mir von Hause aus so wohlbekannte, aromatische Tabakgeruch, wie ich ihn zeitlebens nur bei meinem Vater in seinem Zimmer und bei seinen Zigaretten eingeatmet hatte. Ich schüttete das Wasser fort, wusch meine Hände von Neuem zwei-, dreimal. Aber der Zigarettengeruch haftete durchdringend an der Haut meiner Hände, sodass ich sehr erstaunt in das Zimmer meiner Frau eintrat und ihr sagte: »Seit ich vorhin von der Sternenstellung am Geburtstag meines Vaters gesprochen habe, haftet ein aufdringlicher Zigarettengeruch an meinen Fingern, und kein Wasser und keine Seife können ihn fortbringen.«

Meine Frau, welche meinen Vater nie gesehen hatte und nie in unserem Hause gewesen war, meinte, dass ich mir den Zigarettengeruch einbilde. Sie konnte keinen Tabakgeruch an meinen Händen bemerken. Wir sprachen dann nicht mehr darüber, gingen in die Stadt und kehrten gegen drei Uhr nach Hause zurück. Nicht lange danach rief unten im Vorgarten des Ateliers die Hausmeisterin herauf: »Ist Herr D. zu Hause? Hier ist ein Telegramm.« Nun geschah das Seltsame: Meine Frau und ich sahen uns an und sagten uns, wie von einem und demselben Gedanken getroffen: Das Telegramm bringt uns eine Todesnachricht! - Und so war es auch.

Mein Vater war an demselben Mittag *um halb ein Uhr* in Würzburg gestorben. Dieses telegrafierte mir meine jüngste Schwester. Ich dachte jetzt nicht nur an den Zigarettengeruch, der mich um halb ein Uhr so deutlich in die Nähe meines Vaters gebracht hatte - ich dachte hauptsächlich auch an eine Traumstimme, die ich in einer Juninacht zwischen Wachen und Schlafen in demselben Atelier gehört hatte. Es war eine warme Nacht gewesen. Meine Frau und ich fanden die Luft im Nebenraum des Ateliers zu drückend, und wir hatten abends unsere Betten in den großen Glasraum, der sonst unser Wohnraum war, gestellt. Die Sterne sahen durch die Glasscheiben groß auf uns herab. In der Straße des Ateliers, in der Rue Boissonnade, die damals noch eine Sackgasse war, war es lautlos still wie auf dem Lande. Ein weiter Klostergarten mit rauschenden Ulmen befand sich hinter der Atelierwand, und als ich beim Einschlafen durchs Glasdach die Sterne, herrlich nah, über mir sah und dazu die Klosterbäume rauschen hörte, war mir, als läge ich nicht in einem Hause, sondern als hätte ich mich auf freiem Felde zum Schlafen niedergelegt.

Es mochte lange nach Mitternacht sein, da fuhr ich auf und fand mich auf dem Rücken liegend, wie ein Leichnam ausgestreckt, die Hände über der Brust gefaltet, in unbequemer Stellung, wie ich sonst nicht zu schlafen pflege. Zu gleicher Zeit hörte ich deutlich eine Stimme, dicht um mich; diese sagte vernehmbar und klar auf Deutsch: »*Im September stirbt Dein Vater.*«

Erstaunt richtete ich mich auf, weckte meine Frau, deren Bett neben meinem stand, und erzählte ihr von der Stimme und der Prophezeiung, die ich eben gehört hatte. Dabei war ich gar nicht erschrocken. Eine große Feierlichkeit hüllte meinen ganzen Körper wie eine Wolke ein. Ich fühlte mich wie getragen und noch immer feierlich von der Stimme umgeben und hätte nur gewünscht, mehr zu hören als nur dieses »Im September stirbt dein Vater«.

Kein Schmerz, keine Angst, keine Trauer, nichts von allen diesen selbstverständlichen Gefühlen drang in mich. Die Hoheit jener Stimme und die Hoheit des ausgesprochenen Satzes, den ich immer wiederholen musste, überwogen jeden Schauder vor der Todesbotschaft. Meine Frau war nicht im Mindesten erstaunt über dieses seltsame Ereignis. Alles Wunderbare schien ihr von jeher selbstverständlich, und sie sagte nur einfach: »Es wird sich zeigen, wenn es September wird, ob die Stimme wahrgesagt hat.«

Am nächsten Tage schrieb meine Frau das Nachterlebnis in ihr Tagebuch. Der Sommer verging, und wir sprachen fast nie mehr von jener Prophezeiung. Nur am ersten September, als wir morgens erwachten, richtete sich meine Frau im Bett auf, und ihr erster Satz war: »Weißt Du, dass heute der erste September ist?«

»Ja, ich weiß es«, sagte ich, »aber es ist schrecklich, dass Du mich daran erinnerst. Wir werden jetzt jeden Tag daran denken, dass mein Vater sterben kann.«

Eigentümlicherweise dachten wir aber auch nach diesem Morgengespräch nicht mehr daran. Die nächsten vier Tage bis zum fünften September vergingen, ohne dass wir uns an die Prophezeiung erinnerten. Erst in dem Augenblick, als die Hausmeisterin vom Garten unten heraufrief und das Telegramm gemeldet wurde, sagten wir uns beide mit einem Blick: Das ist die Todesnachricht! -

Wir sind dann noch in derselben Nacht von Paris nach Würzburg gereist. Als ich am nächsten Tag vor dem Sarge meines Vaters stand und ich sein altes, starkes energisches Gesicht so feierlich und vornehm, mit den friedlich geschlossenen Augen, vor mir wiedersah und er mit gefalteten Händen in dem steifen Sarge auf dem Rücken lag, war mir, als hätte ich in jener Juninacht an mir selbst den Tod erlebt, damals, als ich aufgewacht war und mich in einer Lage wie in einem Sarge gefunden und eine Stimme gesprochen hatte: Im September stirbt Dein Vater!

Da die Voraussage jener Traumstimme jetzt eingetroffen war, fühlte ich mich seltsam festlich und fast in einer gehobenen Stimmung, sodass ich in der ersten Zeit keine Trauer und beinahe kein Weh über den Verlust empfinden konnte. Erst in dem Augenblick, da ich mit vielen Leidtragenden am offenen Grabe stand und der geschlossene Sarg hinabgesenkt wurde und man mir eine kleine Schaufel in die Hand drückte, damit ich als erster drei Schaufeln Erde in die Gruft werfen sollte, da erst, als ich Erde, wirkliche Erde auf den hohlen Sarg auffallen hörte, dann erst brachen Schmerz und Tränen hervor und machten mir den Verlust und Fortgang eines geliebten Menschen irdisch bewusst. Aber einige Tage später schon hob mich wieder jene Feierlichkeit empor, die seit der Vorahnung vom Tod meines Vaters in mir wach geworden war, und ich sagte mir: Wenn ich es genau bedenke, so ist mir mein Vater, nachdem er tot ist, eigentlich näher als sonst ein Lebender, denn gerade so, wie die Ahnung seines Todes um mich gewesen ist, ehe er gestorben, so kann auch jetzt mein Vater, seit er jetzt ausschließlich Erinnerung ist, stündlich und überall und mehr als im Leben um mich sein.

Noch einmal hörte ich dann, einen Monat später, eine Stimme im Traum. Es war in Sizilien in Taormina, wohin ich mit meiner Frau gereist war. Ich hatte die geerbte goldene Uhr des Toten, welche ein feines klingendes Schlagwerk hat, nahe auf dem Nachttisch liegen. Und während die Uhr wie das Herz eines Menschen neben mir tickte, sprach meines Vaters Stimme im Schlaf zu mir: »Halte Deine Hände nur immer fest in meiner Hand.« Ich fühlte nach diesem Traum seinen Geist immer um mich.

In späteren Jahren sah ich noch oft im Traum meinen Vater zu verschiedenen Zeiten. Stets erschien er mir liebevoll und freundlich. Aber Worte von größerer Bedeutung habe ich ihn nie mehr im Traume zu mir sagen hören. Desto deutlicher fühle ich, je älter ich werde, aus meinen eigenen Handlungen seine Handlungen wieder. *In* den Straßen meiner Heimatstadt Würzburg und auf den Spaziergängen um die Stadt höre ich ihn seine Geschichten erzählen und seine Reden halten, und an manchen Orten, an denen er besonders eifrig von seinem Leben gesprochen hat, höre ich ihn immer wieder unermüdlich stundenlang von seinen Schicksalen berichten.

Die ganze Stadt Würzburg und ihre Umgebung hat für mich noch eine unsichtbare Stadt in der Stadt: die Stadt meiner Toten, der Toten, die unter den Lebenden, von alter Zeit erzählend, umhergehen.

Ganz kleine Anlässe können mir plötzlich einen meiner Gestorbenen aufwecken. Wie ich vorher schon sagte: Beim Zigarettenrauch, bei türkischem Tabak sehe ich unfehlbar meinen Vater vor mir. Meine Mutter aber sehe ich, obwohl ich ihr Bild kaum noch in der Erinnerung trage - da ich sechs Jahre alt war, als sie starb -, wenn beim Westwind über den Main herüber, an dem ich wohne, die Trompetensignale der sich übenden Trompeter und auch die Trommeln von der Rückseite der Festung herübertönen.

Meine Mutter lag mehrere Sommer lang krank auf einem Gute, das am Nikolausberg, hoch oben am Leutfresserweg, liegt. Da sie in Petersburg, im frischen Norden, geboren war und erst, als sie bald dreißig Jahre alt war, nach Süddeutschland in die Kalkstaubluft Würzburgs kam, begann ihr Kehlkopf bald zu kränkeln, und sie hüstelte fortwährend. Man schickte sie nach Meran, und dazwischen lebte sie mehrere Monate auf jenem Gute draußen vor der Stadt Würzburg, wo am Berg die Luft frischer und gesünder ist als im heißen Maintal unten. Dort verbrachte ich als kleiner Knabe manche Tage bei ihr, und alle Spiele, die ich mit ihr spielte, und alle Stunden, die ich in ihrer Nähe dort zubringen durfte, waren durchhallt von den Übungen der Trompeter, die, über den Kühbachsgrund herüber, vom Morgen bis zum Abend mit Trommelwirbel und Marschsignalen auf dem Festungsberg »Marienberg« die Luft erfüllten.

Heute noch, nach vierzig Jahren, üben die Trompeter dort weiter, und ganz plötzlich, wenn der Wind sich wendet, kommen auch die Trompetenstöße über den Main in meine Zimmer. Dann verjüngt sich alles. Dann rollt das Zeitrad in einer Sekunde vierzig Jahre zurück, und ich sehe meine Mutter wie in alter Zeit in einem sonnigen Zimmer herumgehen, und immer steht in diesem Zimmer seit vierzig Jahren ein unverwelkter, feuerroter Mohnblumenstrauß.

Meinen Vater aber, mit dem ich noch dreiundzwanzig Jahre nach dem Tode meiner Mutter das Leben teilte, sehe ich noch bei unendlich vielen kleinen Anlässen, und er geht beinahe wie ein Lebender bei mir aus und ein.

Nächst der Liebe zu seiner Frau war meinem Vater der Ahnenkult das Heiligste im Leben. Das Bild eines alten Kasparus Dauthendey, der im siebzehnten Jahrhundert als Gelehrter und Mathematiker am Hofe des Herzogs von Braunschweig gelebt hat und von dem noch einige Bücher, die er geschrieben, sich bis auf den heutigen Tag in der Wolfenbütteler Bibliothek erhalten haben, war meines Vaters Familienheiligtum. Dieser alte Ahnherr im blauen spanischen Wams mit großem weißen Spitzenkragen, mit Spitzbart und langem, aus der Stirn gestrichenem Haar, der in der rechten Hand einen kleinen Maßstab hält und unter dessen Bild der Herzog damals das griechische »*Heureka*« - Ich habe es gefunden - hatte schreiben lassen, war meines Vaters größter Stolz.

Diese Liebe zu den Vorfahren ist auch auf mich übergegangen. Außer der Liebe zu meiner Frau, bei welcher ich Gegenwart und Zukunft erlebe, und außer der Liebe zu meinem Beruf, der Dichtkunst, die mir Natur und Menschenbetrachtung gibt, kenne ich kein süßeres Sichversenken, als in die Vergangenheit unterzutauchen, in den Kreis der Toten und ihrer Taten.

Am ersten November, am Allerheiligentag, an welchem hier in Würzburg, im katholischen Lande Bayern, die Gräber mit Blumen und Kränzen geschmückt und am Abend alle Grabampeln angezündet werden, und um die Grabhügel kleine Talgnäpfe gestellt sind, die, zur Dunkelheit angezündet, Lichterketten bilden, sodass es aussieht, als sei der weite Friedhofboden ein einziges beleuchtetes Transparent geworden, an diesem Tage, der so festlich der Toten gedenkt, trug ich vormittags in Begleitung meines Vaters immer einen Kranz an das Grab meiner Mutter. Manchmal war dann schon der erste Schnee gefallen. Die Wege waren von einer dünnen wässerigen Schneeschicht bedeckt, in der man die Fußabdrücke der kleinen und der großen Stiefelsohlen sah, die in der frühen Vormittagsstunde alle nach dem Eingang des Kirchhofes hinmündeten.

> *Grau wolkenerfüllt die Himmelsräume,*
> *Geschwärzt von Nässe die kahlen Bäume.*
> *Der Morgen ist wie der Abend verlassen.*
> *Und nur der Regen lebt auf den Straßen.*
>
> *Die Leute, die hinaus sich wagen,*
> *Die seh' ich Totenkränze tragen.*
> *Und alle hin zu den Friedhöfen gehen,*
> *Wo für Stunden die Toten heut auferstehen,*
>
> *Und höre ich nachts den Regen gießen,*
> *So sehe ich Gräber, die sich nicht schließen:*
> *Herzwünsche, die wir lebend begraben,*
> *Die zu verschütten wir nicht genug Erde haben.*

Auf dem Heimweg vom Friedhof erzählte mir mein Vater manches Mal, wie er meine Mutter kennengelernt hatte. Er begann diese Erzählung, nachdem er mit Tränen in den Augen sich vom Grabe abgewendet hatte und eine Weile schweigend neben mir hergegangen war. Vorher wischte er sich mit einem Taschentuch, das immer so weiß, wie der Neuschnee war, die Augen, und während ich jetzt heute daran denke und wieder in Gedanken neben ihm in der kühlen Schneeluft gehe, rieche ich auch den frischen Kölner Wohlgeruch, den immer sein schneeweißes Taschentuch ausströmte. Mein Vater hasste alle Riechwasser, nur »Kölnisches Wasser« mochte er leiden.

Nachdem er das Taschentuch wieder in die äußere Brusttasche gesteckt hatte, sodass ein weißer Zipfel keck aus dem Taschenschlitz hervorsah, zog er, ehe er seinen Pelzmantel über dem Rocke schloss, seine Zigarettentasche heraus, blieb einen Augenblick stehen und zündete sich eine seiner großen Papyros an.

»Junge«, sagte er, »Deine Mutter war die sanfteste Frau der Welt. Ich bin oft heftig zu ihr gewesen, aber nie gab sie mir ein heftiges Wort zurück. Sie schwieg dann. Ich war cholerisch und musste mich oft in Heftigkeit austoben, wenn mich Leute in meinem Beruf geärgert hatten oder wenn irgendeine Sache nicht so ging, wie ich es mir vorgestellt hatte. Deine Mutter aber legte mir sanft beruhigend die Hand auf die Schulter, und. ihre Augen ach, ihre großen stillen Rehaugen, sie waren besänftigender als irgendein Wort.

Wenn du einmal heiratest, mein Junge, dann sieh nicht aufs Geld. Sieh auf die Augen und auf die Art der Frau, die Du wählst. Wenn ihr Charakter sich Dir fügt und anschmiegt, so hast Du fürs Leben davon mehr Glück, als wenn Du eine reiche widerspenstige und verwöhnte, unbescheidene Frau heiratest.

*Wie Du willst, Karl*, das war der stete Ausspruch Deiner Mutter. Nachgiebig, ergeben und gottesfürchtig war sie. Solch eine Frau wünsche ich Dir einmal, mein Junge.« Und er fuhr fort:

»Ich sehe noch Deiner Mutter Augen, wie sie mir zum ersten Mal begegneten, als ich bei einer Abendgesellschaft in Petersburg im Hause des Bruders Deiner Mutter war. Da ich nicht Karten spielte, saß ich im Spielzimmer mit eben diesem meinem zukünftigen

Schwager an einem kleinen Tisch und spielte Schach. Ich war Witwer und schon ein hoher Dreißiger und tanzte nicht wie die Jüngeren der Gesellschaft, die draußen in einem großen Saal bei Klaviermusik walzten. Meine Teetasse, die neben meinem Schachbrett stand, war, so oft ich sie auch leerte, von irgendeiner aufmerksamen Hand immer wieder durch eine gefüllte Tasse ersetzt worden.

Ich hatte über dem Schachspiel jedes Mal versäumt, aufzusehen, tun mich für die Liebenswürdigkeit zu bedanken. Als ich dann aufschaute, trat ein junges achtzehnjähriges Mädchen mit einem silbernen Tablett zu mir und fragte, ob ich Zitrone zum Tee nähme. Vor Staunen über die großen dunkelbraunen, sanften jungen Mädchenaugen konnte ich mich nicht gleich zu einer Antwort sammeln, und die junge Dame wiederholte leise und ein wenig lächelnd ihre Frage. Mit diesem einen Blick hatte ich Deine Mutter gefunden.

So unbedeutend diese kleine Begegnung war, so nachhaltig bestimmend war sie für mein ganzes späteres Leben. Ich hatte oft im Hause Deiner Großmutter verkehrt, ohne jemals diese jüngste Tochter beachtet zu haben, und als ich in der Nacht nach diesem Gesellschaftsabend immer an die wunderbar sanften braunen Mädchenaugen denken musste, schlug ich mich erstaunt vor die Stirn und fragte mich: Wo hatte ich bis heute meine Augen, dass ich dieses anziehende Mädchen nicht bemerkt habe!

Bald darauf waren wir verlobt; ein Jahr darauf verheiratet; aber niemals in allen Jahren der Ehe habe ich mich in der Sanftheit und Ergebenheit Deiner Mutter getäuscht oder betrogen gefühlt.«

Nachdem mein Vater dieses erzählt hatte, gingen wir schweigend nebeneinander nach Hause, und als wir in die Haustüre getreten waren, umarmte er mich und sagte:

»Du hast die Augen Deiner Mutter, was mir manches Mal Sorge macht. Denn ein Mann sollte harte Augen haben. Versuche aber Dein Herz zu stählen. Dann wird es Dir wohl nie schlecht gehen.«

Nach dem Mittagessen an diesem ersten November, an dem zu Ehren von Vaters Geburtstag die Mahlzeit reicher und festlicher war, kam mein Vater bei der Zigarette sofort in aufgeräumteste Stimmung, und irgendein kleiner Anlass brachte ihn mitten ins

Erzählen seiner Schicksale. Gewöhnlich war es an diesem Tage der Schnee, der in ihm Heimaterinnerungen weckte, der Schnee, der draußen in der Kaiserstraße vor den drei hohen Erdgeschoßfenstern des großen Wohnzimmers unaufhörlich niederwirbelte und die Geräusche der Straße dämpfte. Sonst rasselten während der Mittagsstunden, da dann viele Züge am Bahnhof eintrafen, alle Hotelwagen der Stadt unter betäubendem Geratter an unsern Fenstern vorbei. Aber am ersten November waren die Winterfenster eingehängt worden. Das Straßengeräusch war dadurch fast ganz hinausgesperrt, und wir genossen den Frieden dieser ersten Winterstille, und wir ließen den Erzählenden die oft erzählten Lebensgeschichten gern wieder berichten.

Beim Anblick des ersten Schnees schwärmte mein Vater in Wintererinnerungen vom Harz, wo er in Aschersleben geboren war und später in Ermsleben zur Schule ging. Leicht verächtlich sprach er von uns verweichlichten Stadtkindern von heute, die den Schnee nur vom Hörensagen kannten, während bei ihnen den ganzen Winter der Schnee meterhoch gelegen und die Knaben damals auf kleinen fußhohen Schlitten, die sie Kurren nannten, an den Abhängen der Berge hinabgesaust waren.

Die erste größere Reise, die ich mit meinem Vater machte, war in den Harz, um mit ihm das Grab seiner Eltern auf dem Ermslebener Friedhof aufzusuchen. Ich war neunzehn Jahre alt, und es war während einiger Oktobertage, dass wir seine alten Heimstätten besuchten. Vom Zuge aus zeigte er mir in Sandersleben ein altes Pfarrhaus, und er war erstaunt und erfreut, dass sich das Haus gar nicht verändert hatte. Dort hatte sein Onkel, der Superintendent Happach, gewohnt, der Bruder seiner Mutter. Meine Großmutter entstammte einer alten Predigerfamilie, und wenn mein Vater von diesen Predigern sprach, vergaß er nie hinzuzufügen, dass ein alter Pastor Happach ein Buch über die Seele und den Scheintod geschrieben habe. Denn der Scheintod beschäftigte diesen lieben alten Herrn sehr. Er hatte öfters bei Umgrabungen der Gemeindekirchhöfe feststellen können, dass viele Leute scheintot begraben worden waren. Manche hatte man mit in den Sargdeckel eingekrallten Fingernägeln gefunden. Und manches Skelett fand man, anstatt auf dem Rücken, auf der Seite liegen.

Wo ist die Seele in der Spanne des Scheintodes hingeraten? fragte sich ernstlich der nachdenkliche Pastor. Sie kann nicht zu Gott eingegangen sein, denn dann wäre der Mensch tot. Sie kann aber auch nicht mehr im Körper sein! Dann würde sie sich betätigen, und dann könnte der Körper keinen Augenblick leblos sein. Von diesen Zwiespaltfragen handelte das Buch, das dieser mein Ahne geschrieben hat.

Wie stark der Gedanke an den Scheintod diesen Mann beschäftigte, geht außerdem aus der Tatsache hervor, dass er in seinem Testamente anordnete, die Gemeinde müsse ihm ein Rohr aus Eisen in das Grab und in den Sarg einlassen, damit, wenn man ihn scheintot begraben hatte, er aus dem Grabe rufen könne.

Und wirklich zeigte man allen Fremden in Sandersleben noch viele Jahre die Eisenröhre auf dem Grab des Predigers als eine Art Sehenswürdigkeit der Stadt.

Auch mein Vater teilte die Furcht vor dem Scheintod mit so vielen ändern Menschen, und wir Kinder haben ihm öfters das Versprechen geben müssen, ihm nach seinem Tode eine Ader öffnen zu lassen, damit man sich überzeugen könne, ob das Blut geronnen und er wirklich tot sei. Ich habe mich dieses seines Wunsches erinnert, und es wurde, als ich an seinem Sarge stand, ein Bader geholt. Dieser machte einen Schnitt in die Fußsohle.

Dass sich einer meiner Ahnen so sehr nach dem Verbleib der Seele im Falle eines Scheintodes umtat, erinnert mich an eine Frage, die ich an meinen Vater als sechsjähriger Knabe stellte,

als er mich auf dem Arm in das Sterbezimmer meiner Mutter trug und mich zu ihrem Leichnam, der auf dem Bette lag, brachte. Ich hatte noch niemals einen Toten gesehen.

»Warum spricht meine Mutter nicht?« fragte ich.

»Sieh, mein Junge, Deine Mutter ist tot. Sie kann nie mehr mit Dir reden und hört Dich nicht mehr, wenn Du zu ihr sprichst«, antwortete mir mein Vater.

»Warum ist sie tot ?« fragte ich erstaunt.

»Weil ihre Seele den Körper verlassen hat.«

Und als Wirklichkeitskind unseres Wirklichkeitszeitalters fragte ich weiter:

»Wo ist das Loch im Kopf, wo die Seele hinaus ist?«

Ich glaube, dass darauf mein Vater unter Tränen lächelte und mich aus dem Zimmer forttrug.

Ich habe meine Erzählung von unserer Harzreise in Erinnerung an die Scheintodfrage meines Großvaters einen Augenblick hier unterbrochen und will nun weitererzählen.

Mein Vater und ich fanden dann im Ermslebener kleinen Friedhof das Grab meiner Großeltern. Es war stark mit Gebüsch überwachsen, und die Marmorplatte war grau und brüchig, aber man konnte die Namen noch gut aus der eingegrabenen Schrift entziffern. Es stand da: Heinrich Salomon Lebrecht Dauthendey, königl. preuß. Aktuar. Gestorben zu Ermsleben am 12. Dezember 1839. Geboren im Jahre 1775. - Seine Frau Dorothee Dauthendey, geborene Happach, geb. im Jahre 1786, gestorben im Jahre 1847.

Dieser Salomon Lebrecht war der Sohn eines Offiziers, welcher als Regimentsauditeur unter Friedrich dem Großen die preußische Armee auf vielen Feldzügen begleitet hatte. Auch seine Brüder waren Offiziere gewesen, und der König hatte einem von ihnen, als Dank für seine Verdienste, ein Gut in Pommern geschenkt. Dieses Gut war ein Fideikommiss und hatte sich noch bis zur Mitte des neunzehnten Jahrhunderts in jenem Dauthendeyschen Familienzweige immer auf den Ältesten fortgeerbt. In den fünfziger Jahren des neunzehnten Jahrhunderts starb die männliche Linie jenes Zweiges aus. Ein Bruder meines Vaters und später mein Vater selbst hätten die rechtmäßigen Erben jenes pommerschen Gutes werden müssen. Aber beide befanden sich damals in Russland, in Petersburg. Dort entging ihnen das Ausschreiben, das in einem pommerschen Kreisstadtblatt gedruckt war und welches die männlichen Dauthendeyschen Erben aufgefordert hatte, sich zu melden und die Erbschaft des Fideikommisses anzutreten. Viel später erst, als das Gut, da sich niemand gemeldet hatte, in die Hände der weiblichen angeheirateten Nachkommen übergegangen war, erfuhren mein Vater und sein Bruder von ihren verlorengegangenen Ansprüchen. Sie strengten zwar von

Petersburg aus einen Prozess an, welcher einige Jahre geführt wurde, dann aber ergebnislos im Sande verlief.

Heinrich Salomon Lebrecht, der Vater meines Vaters, hatte Jurisprudenz studiert, aber mitten im Studium wurden ihm die Mittel zum Weiterstudieren versagt, da sein Vater, der Regimentsauditeur, plötzlich gestorben war und nichts hinterlassen hatte als Schulden, die die Söhne bezahlen mussten.

Der Vater meines Großvaters hieß Heinrich Lebrecht D. und war der Sohn des Justizrats Heinrich Dauthendey zu Aschersleben, der dort Anfang des achtzehnten Jahrhunderts lebte. Der Justizrat aber war der Sohn des Kasparus Dauthendey, meines Ur-Ur-Urgroßvaters.

Der vorher genannte friderizianische Regimentsauditeur, also mein Urgroßvater, hatte, wie es damals in der Rokokozeit allgemein üblich war, flotte Offiziersfeste gegeben, von jüdischen Wucherern Wechsel aufgenommen und fröhlich in den Tag gelebt. Nach seinem Tode musste das reiche Familiensilber verkauft werden, damit man die notwendigsten Schulden bezahlen konnte. Mein Großvater musste klagenden Herzens seinem geliebten Studium der Jurisprudenz entsagen und wurde ein einfacher Aktuar, der von seinem kleinen Gehalt jahrelang die Schulden seines Vaters bezahlte und mit dem übrigen seine Familie ehrlich und schlicht ernährte. Diesen Schlag aber, dass er es nicht weiter als zum Aktuar bringen durfte, hat mein Großvater sein Leben lang nicht verwunden. Er, der in einem prunkvollen Hause aufgewachsen war, verbitterte und zeigte sich fast nie mehr in Gesellschaftskreisen. Mein Vater wies mir in Ermsleben das Fenster, an welchem sein Vater mit Rauchen und Lesen seine Mußestunden verbracht hatte, denn Spazierengehen kannte man in der Großväterzeit kaum. Die Leute sahen zum Fenster hinaus, wenn sie sich Luft und Erholung gönnen wollten und wenn sie in der Kleinstadt zu menschenscheu waren, um Verkehr zu suchen. Ich weiß von diesem Großvater nur noch, dass er mit seiner Papierschere aus alten Aktenbogen wunderbare springende Pferde auszuschneiden verstand, und ebenso, dass er zu jeder Weihnachtszeit aus Goldpapier einen prachtvollen Hahn ausschnitt. Denn einer alten Familienüberlieferung nach soll auf der Spitze des Dauthendeyschen Weihnachtsbaumes kein Stern, keine

Christpuppe und kein anderer Flitter als ein großer Goldhahn aufgesteckt werden. Mit unserem Wappenvogel kann dieser Hahn nichts zu tun haben, da unser Wappen einen aufrecht stehenden Kranich zeigt, der mit einer Halskette an eine freistehende Säule gebunden ist. Die lateinische Umschrift dieses Wappens, über welchem die Pallas Athene mit einer Eule, einem Speer und im Helm, mit drei Straußenfedern geschmückt, sitzt, lautet in deutscher Übersetzung: *im Glücke Mäßigung, im Unglück Geduld.*

Dieses Familienwappen findet man in der Wolfenbütteler Bibliothek auf den Titelblättern der Bücher des Kasparus Dauthendey, jenes Mathematikers und Baukünstlers aus dem siebzehnten Jahrhundert.

Ob die Familienüberlieferung von dem goldenen, zum Krähen aufgerichteten, stolzen Weihnachtshahn aus England und Frankreich mit herübergebracht worden ist - man sagt, dass die Vorfahren als Emigranten 1572 nach der Bartholomäusnacht zur Zeit der Hugenottenauswanderung als adelige Familie über England nach Deutschland an den Hof des Herzogs von Braunschweig gekommen seien -, weiß ich nicht zu sagen. Mein Vater erzählte mir, die Familienerinnerungen gingen dahin zurück, dass der Vater des Wolfenbütteler Gelehrten und Mathematikers eines Duells halber aus England flüchten musste und zugleich seinen Adel wegen Verarmung abgelegt hatte.

Aber Sicheres, Schriftliches über die ausländische Abstammung ist nicht vorhanden.

Im Hause meines Großvaters in Ermsleben wurden auf der Bodenkammer meinem Vater, als er Kind war, noch alte Sextanten, Zirkel, Globen und metallene altmodische Messinstrumente gezeigt, die von dem Wolfenbütteler Ahnen herstammten.

Als mein Vater und ich nach Ermsleben kamen, in jenem Herbst 1886, war er von seinem Besuch in der alten Heimat doch mehr enttäuscht als erfreut. Er fand kaum noch einen lebenden Bekannten in der Stadt, aber desto mehr bekannte und vertraute Namen auf allen Kirchhofsteinen. Im Orte selbst hatte sich fast nichts verändert. Vor allem war es eine abschüssige Straße, die ihn noch fröhlich machte, wenn er sie betrachtete. Dort war er im Schlitten, auf den Harzer Kurren, täglich in den Wintermonaten nach der Schulzeit über den Schnee herabgesaust.

Nachdem mein Vater eine neue Marmorplatte mit Inschrift für das Großelterngrab angeordnet hatte, besuchten wir noch die Falkenburg, die auf einem Berg mitten im Wald verborgen liegt. Sie schaut über Gipfel hoher, schlanker Buchen. Vom Herbstwald buntscheckig umkleidet und steil aufragend wie eine kleine Gralsburg, so sehe ich sie in meiner Erinnerung und höre zugleich im Geist aus den nassen Schluchten des herbstlichen Harzwaldes die Brunstschreie der Hirsche heute noch, nach sechsundzwanzig Jahren.

Ein kleines Flüsschen, das unten in den Wiesengründen floss, war weiter fort, gegen Aschersleben, kein reines Waldwasser mehr, da große Färbereien dort angelegt waren. Diese Wiesen und der kleine Fluss lagen dicht hinter dem Garten meines Großvaters. Auf einer Wiese dort hatte das Dienstmädchen einst meinen Vater als dreijährigen Knaben einen Augenblick unbeaufsichtigt gelassen. Da hatten. Zigeuner, denen wahrscheinlich das kräftige Kind gefallen hatte und die zufällig in der Nähe lagerten, meinen Vater ergriffen, hatten ihr Lager schleunigst abgebrochen und das gestohlene Kind schon eine Weile mit sich geschleppt, bis der Verlust bemerkt wurde und nachsetzende Soldaten die Zigeuner einholten, sie verprügelten und ihnen das Kind wieder abnahmen.

An dem Ufer dieses kleinen, jetzt so schmutzigen Flüssleins hatte mein Vater sich zum ersten Male als Erfinder betätigt. Hier stellte er als Knabe ein kleines Schaufelrädchen auf, das mit einem kunstvollen hölzernen Mechanismus versehen war, welcher, vom Wasser getrieben, die Strähnen der Strumpfwolle meiner Großmutter zu einem Knäuel aufwickelte. Hier schwamm auch die Geige meines Onkels Eduard, des jüngsten Bruders meines Vaters, von meinem Vater zum Dampfschiff bearbeitet, mit zwei Seitenrädern, Steuer und heizbarem Dampfkessel versehen, von einem Ufer zum andern. Das Höchste, was mein Vater in der damaligen Zeit als Spiel kannte, war das Bauen von kleinen Dampfmaschinen. Was heute für uns die Erfindung der Flugmaschine an Neuheit bedeutet, das waren damals um das Jahr 1830 die ersten Dampfmaschinen. Er erzählte oft, wie ihm der Kopf geglüht hatte und wie er sich mit seinen Hantierungen in die fernsten Lauben und Winkel des Gartens verstecken musste, um ungestört am Bau einer kleinen Dampfmaschine arbeiten zu können. Mehrmals zerbarsten ihm die kleinen Dampfkessel, die er sich zusammengelötet hatte, und er arbeitete trotzdem unter Lebensgefahr ohne jede Hilfe weiter. Anstelle der Schwungräder setzte er alte Uhrenräder, die er für seine ersparten Pfennige einhandelte. Beim Schlosser sowohl wie beim Uhrmacher machte er sich gut Freund und war in den Werkstätten als bescheidener und aufmerksamer Zuschauer gern geduldet.

Das Modell zu einer Dampfmaschine aber fand er in einem Preisbuch, das er in der Schule erhalten hatte, worin die Erfindungen der damaligen Neuzeit anschaulich vorgeführt waren.

Seine Begierde für Mechanik war so groß, dass er es endlich als vierzehnjähriger Knabe bei seinem Vater durchsetzte, zu einem Mechaniker in die Lehre geschickt zu werden. Aber das kostete lange Kämpfe, bis er die Zustimmung des Aktuars erreichte. Dieser wollte nichts von einem Handwerkerberuf wissen, denn seit Hunderten von Jahren, solange man zurückdenken konnte, waren die Vorfahren Juristen oder Offiziere gewesen und hatten dem Staate gedient.

Obwohl der arme Aktuar kaum die Mittel zum Studium auftreiben konnte, wollte er doch lieber seinem Sohn Stipendien verschaffen und ihn nach der alten Vorväter Weise zum Studieren veranlassen. Seine Natur sträubte sich gegen alles, was praktisches Geldverdienen hieß. Er hatte auch meinen Vater öfters in den Ferien nach Sandersleben zu Besuch des verwandten Superintendenten geschickt, vielleicht mit der Absicht, in dem Knaben die Liebe zum Pastorenstande zu wecken.

Aber nicht der Pastor dort in Sandersleben konnte den Willen des Knaben beeinflussen, sondern der Knabe beherrschte mit seiner Vorliebe für Dampfmaschinenbauten bald das ganze Pfarrhaus, und der Onkel Superintendent ließ sich von dem Jungen eifrig über die Kunst der Verwendung der Dampfkraft unterrichten. Dem Zuspruch dieses Herrn verdankte dann auch mein Vater, ebenso wie der Fürbitte der Mutter, dass mein Großvater, Heinrich Salomon Lebrecht, endlich dem Verlangen des Knaben nachgab und ihn in die Werkstatt eines Mechanikers eintreten ließ.

Die Mutter meines Vaters hatte mit Vorliebe den für die Maschinen und alles, was Technik und Mechanik hieß, begeisterten Sohn lebhaft mit ihrem eigenen Wissen, wo sie konnte, unterstützt. Es kam ihr dabei zugute, dass sie in der Jugend Latein, Mathematik und Physik mit ihren Brüdern zugleich bei ihrem Vater, dem Prediger Happach, studiert hatte, denn mein Urgroßvater mütterlicherseits bereitete seine Knaben jeden Abend im Hausunterricht selbst für das Abiturientenexamen vor. An diesem Unterricht in den langen Winterabenden pflegte meine Großmutter sich wie ein wissbegieriger Knabe zu beteiligen. An ihr hatte mein Vater einen Anwalt lebhaftester Art, als der standesherrliche Aktuar nichts davon wissen wollte, dass zum ersten Mal ein Dauthendey einen geschäftlichen Beruf ergreifen sollte. Sie selbst brachte den Knaben, da in Ermsleben kein Mechaniker zu finden war, nach Magdeburg in die Werkstatt eines solchen Meisters, den man, ich weiß nicht, auf welche Weise, ausfindig gemacht hatte.

Der vierzehnjährige Karl Dauthendey kam mit hochfliegenden Plänen, das Gehirn voll Maschinenbaugedanken, in die Lehre zu einem sehr groben Mann, und ein Jahr lang musste er am Schraubstock stehen, und zu seiner größten Enttäuschung durfte er nichts anderes lernen, als Schrauben und Schraubenmuttern zu feilen. Viele Tränen des Zornes und der Ungeduld musste der lebhafte und geweckte Knabe verschlucken. Denn seine Eltern hatten keine Ahnung, welchen Lehrweg man dem Knaben, der immer Dampfmaschinen bauen wollte, zu weisen hatte. Sie meinten es auf ihre Weise ausgezeichnet, und der Junge war zu stolz, als dass er jemals in einem Brief sich darüber beklagt hätte, dass er am Schraubstock immer nur Schrauben und Schraubenmuttern feilen musste.

Einmal deutete er wohl leise in einem Brief an die Mutter an, dass er, Maschinenbauer und Mechaniker zu werden, sich anders vorgestellt habe. Et finde, die Zeit vergehe, und es scheine ihm, als ob er nichts dazulerne, und beim Leben am Schraubstock könne er sich nicht vorstellen, wie er jemals eine richtige Maschine bauen werde.

Die Mutter hatte Karl, als sie ihn nach Magdeburg gebracht, auch in die Familie ihres Verwandten, des Regierungsrates Mellin, eingeführt. Dort war der Knabe während seiner ganzen Lehrzeit jeden Sonntag zu Mittag geladen und bewahrte durch diesen angenehmen Verkehr seine gute Art und Sitte, welche leicht in der Werkstatt des Mechanikers, beim rauen Verkehr mit Gesellen und Lehrlingen niederen Standes, gelitten hätten.

Aber noch etwas Besonderes kam ihm durch diesen Verkehr zugute und machte ihm das Andenken an die Stunden bei Mellins für sein ganzes Leben unvergesslich.

Er lernte nämlich vom Onkel Regierungsrat das Schachspiel, das Königsspiel unter allen Spielen, und ich will gleich hier bemerken: von seinem fünfzehnten bis zu seinem siebenundsiebzigsten Lebensjahr, das zugleich sein Todesjahr war, verbrachte mein Vater den größten Teil seiner Mußestunden, besonders in den älteren Jahren, mit der Pflege dieses edlen Spieles.

Er besuchte in seinen reifen Jahren auch verschiedene Schachturniere und gewann Ehrenpreise«. Aber das Spiel selbst ergötzte ihn nicht bloß, er gewann sich durch die Kenntnis des Schachs viele ernste Freunde und knüpfte Freundschaften am Schachbrett an, die bis an sein Lebensende währten. Einmal hat das Schachspiel meinen Vater aus Feuersnot gerettet. Das kam so:

Er war ein Sechziger, als ihn ein hartnäckiges Nierenleiden elf Monate ans Bett fesselte. Das größte Zimmer des Hauses, das sonst unser Wohnzimmer war, war in jener Zeit für ihn zum Schlafzimmer eingeräumt worden, und da er das Bett monatelang nicht verlassen konnte, besuchten ihn abends seine Schachfreunde und spielten oft bis Mitternacht mit ihm Schach. Manchmal aber spielte er, wenn kein Besuch da war, auch für sich allein, zog Meisterpartien nach und vertiefte sich in die Lösung von Schachproblemen, sodass oft bis zwei, drei Uhr nachts die Lampe neben seinem Bette brannte.

In einer Nacht hatte er wieder bis drei Uhr allein über ein Schachproblem nachgegrübelt und legte sich dann in die Kissen zurück, ein wenig erschöpft vom vielen Nachdenken, konnte aber nicht einschlafen. Immer wieder sah er, auch bei geschlossenen

Augen, die Figurenstellung des ungelösten Problems. Er lag mit dem Gesicht gegen die Wand, welche eine hellgraue Tapete hatte.

Auch in dem Ziermuster der Tapete sah er zuletzt mit offenen Augen immer wieder das Schachbrett, die Springer und die Turmstellung, die ihn beschäftigten.

Allmählich erschien es ihm, als tanzten alle Schachbrettfiguren an der Wand auf und ab, würden größer und schrumpften wieder zusammen. Mein Vater starrte mit weitgeöffneten Augen, nicht mehr an das Spiel denkend, sondern nur die Tapete betrachtend, auf die seltsame Figurenbildung, die sich zuletzt wie eine lebende Masse über die ganze Tapete bewegte.

Plötzlich war ihm, dem der Kopf vom hitzigen Nachdenken glühte, als begönne auch die Luft um ihn, wie von seinen Gedanken erhitzt, heiß zu werden. Er fuhr im Bett auf und sah, wie ein großes wallendes Feuer, das den Tisch bedeckte, von der Tischplatte neben seinem Bett bis zur Decke schlug und an der Tischkante auf Diele und Teppich heruntertropfte. Der Petroleumbehälter der großen Stehlampe auf dem Tisch war geborsten. Das Petroleum hatte Feuer gefangen und lief hellbrennend nach allen Richtungen und wollte eben auch mit seinem Flammenwirbel das Bett meines Vaters fassen. Dieser sprang auf und erstickte die nächsten Flammen mit seiner Bettdecke. Er musste dann, um sich zu retten, über das Fußende seines Bettes hinausspringen. Er, der immer Geistesgegenwärtige, ließ sich von der Feuersäule nicht erschrecken und schleifte aus dem Nebenzimmer Tischdecke und Teppich herbei und wurde bald Herr des ziemlich starken Zimmerbrandes. Das Feuer war wahrscheinlich dadurch entstanden, dass mein Vater mit dem Ellbogen an den grünseidenen Lampenschirm gestoßen war, als er ermüdet das Schachbrett auf dem Tisch vom Bett aus zur Seite geschoben hatte. Die dünne Seide hatte an dem heißen Zylinder Feuer gefangen und brannte, und von der Hitze des Schirmbrandes zersprang der Glasbehälter der Petroleumlampe.

Wäre mein Vater fest eingeschlafen und hätte nicht mit offenen Augen die Tapete an der Wand betrachtet und dem ungelösten Schachproblem nachgegrübelt, so hätte sich die brennende Petroleumflut vom Tisch, der dicht ans Bett geschoben war, unfehlbar über den Schlafenden ergossen, und er wäre im Schlaf verbrannt oder hätte wenigstens schwere Brandwunden erlitten. So machten ihn die seltsam tanzenden Schachfiguren an der Wand aufmerksam, und die Hitze der Flamme riss ihn im Bett hoch, ehe die Flammen ihn selbst erreicht hatten.

Beim Regierungsrat Mellin klagte der junge Mechanikerlehrling eines Sonntags seine Not, und der Regierungsrat selbst schrieb für ihn nach Hause, auf sein Bitten nahm man endlich meinen Vater von dem Mechaniker fort und brachte ihn zu einem Optiker in die Lehre, da ein Feinmechaniker nicht aufzufinden war.

In die Zeit der Jahre 183540 fielen die mannigfachsten Erfindungen, die das Jahrhundert verwandelten und einen ungeheuren Umschwung in Lebensweise und Gedanken mit sich brachten. Die Eisenbahn, die erste auf Schienen laufende Dampfmaschine, war in England erfunden. Bald darauf lief von Nürnberg nach Fürth der erste Dampfkraftwagen. Dieses war das umwälzende Ereignis im Verkehrswesen, das die tausendjährigen Reisegewohnheiten mit nie dagewesener Schnelligkeit verdrängte. Und in der Optik trat die Daguerreotypie, die Vorläuferin der heutigen Photographie, in die Welt, und mit Staunen konnten die Menschen ihr wahres leibhaftiges Spiegelbild zum ersten Mal festgehalten sehen. Dies alles war im Anzuge, als mein Vater bei dem Optiker, wo er Fernrohre zu bauen gedachte, zuerst einfache Brillengläser schleifen musste, was ihn nicht weniger langweilte, als es die Arbeit am Schraubstock und das ewige Feilen von Schrauben und Schraubenmuttern getan hatte.

Endlich waren die Lehrjahre vorbei. Ich weiß nicht mehr, welcher Zufall meinen Vater dann gerade nach Leipzig kommen ließ, jedenfalls war dieses ein Glücksfall für ihn. Dort in einem optischen Geschäfte, draußen in Lindenau bei Leipzig, arbeitete mein Vater einige Zeit und fing beinahe an, sein Leben, das sich ewig nur mit dem Zusammensetzen von Fernrohren und Herstellen von optischen Instrumenten beschäftigen sollte, trostlos zu finden, da seine Tatkraft und sein Ehrgeiz nicht genügende Aufgaben erhielten. Dort bei diesem Lindenauer Optiker wurde aber eines Tages das Pariser Modell einer *Camera obscura* gezeigt, und der Reisende, der diese Kamera mitbrachte, erzählte, dass man mit diesem optischen Apparat Spiegelbilder der Menschen festhalten könne. Zugleich zeigte er einige solche neuartige Bilder vor, welche, da sie auf Quecksilberplatten gearbeitet waten, hin und her gewendet werden mussten, bis man in richtiger Beleuchtung ein zartgraues Bild darauf erkennen konnte.

Der Besitzer der optischen Anstalt schüttelte weniger erstaunt als zweifelnd den Kopf über die neuen sogenannten Wunderbilder, die nach dem Erfinder Daguerre Daguerreotypien genannt wurden. Obwohl die handgreiflichen Beweise dem Herrn und Meister des optischen Geschäftes zugleich mit dem neuen optischen Apparat vorgezeigt wurden, lächelte er hochmütig und sagte, zwar nicht gleich öffentlich, aber sofort nachdem der Apparat ihm zur Verfügung gestellt worden war und er nichts damit ausrichten konnte: Die ganze Sache sei ein Pariser Schwindel.

In den ersten Tagen, als die neue *Camera obscura* vom Meister des Geschäftes noch nicht mit dem Wort Schwindel abgetan war, gingen in den Nachmittagspausen die Angestellten, die Ältesten der optischen Anstalt, um den geheimnisvollen Kasten herum und konnten sich nicht versagen, ihre Witze über das neue französische Wundertier zu machen. Kaum einer betrachtete die Kamera als eine ernstzunehmende wichtige und fortschrittliche Angelegenheit. Das neue unverstandene Geschöpf eines geistvollen Erfinders stand dann nach acht Tagen, nachdem vom Oberhaupt der Anstalt das Urteil »Pariser Schwindel« gefällt worden war, halb vergessen in einer Ecke und begann zu verstauben.

Mein Vater, der jüngste Angestellte dort, hatte sich immer in der Nähe des neuen Apparates zu schaffen gemacht, und es war ihm hinter dem Rücken des Geschäftsherrn an jenem Tage, als der Reisende die neue Erfindung erklärte, kein Wort der Auseinandersetzung verlorengegangen. Er hatte am selben Abend zu Hause in fieberhaftester Erregung jeden gehörten Satz aufgezeichnet, der ihm über die Behandlung der Kamera und der dazugehörigen Quecksilberplatten Aufschluss geben konnte.

Als nun die Kamera, von niemandem mehr beachtet, in einem Winkel wartete, wieder abgeholt zu werden, geriet mein Vater, welcher mit Eifer an die Möglichkeit der Herstellung der Wunderbilder glaubte, auf den Gedanken, den Apparat zu kaufen und eigene Versuche mit der verschrienen Kamera anzustellen.

Als er dem ältesten Angestellten Andeutungen seiner Absichten machte, lachte man ihn aus und sagte, er werde doch nicht klüger sein wollen als das Oberhaupt und die Ältesten des ersten optischen Institutes. Man stellte ihm auch noch vor, er könne gewärtig sei, sofort seine neue Anstellung zu verlieren, wenn er sich anmaßen würde, ein Besserwisser sein zu wollen.

Von all diesen nicht aufmunternden Entgegnungen ließ sich der junge Feuerkopf nicht abschrecken. Er hatte bereits, ohne in der Anstalt davon etwas zu erzählen, einem Onkel nach Dessau geschrieben und sich von diesem zur Anschaffung der Kamera, welche ihm für seine spätere Lebensbahn nützlich werden könnte, dreihundert Taler erbeten. Er beschrieb in großen Zügen die französische Erfindung und gab in begeisterten Sätzen Hoffnungen und Plänen Ausdruck und suchte den Onkel für die seltsame und wunderbare Erfindung zu gewinnen.

Dieser Verwandte, in welchen er jetzt die einzige Hoffnung setzte, um in den Besitz der Kamera zu kommen, war Kammerherr am Anhalt-Dessauischen Hofe. Einmal hatte dieser Onkel meinen Vater auf einer Reise durch Leipzig in Lindenau besucht und seinem Neffen gesagt, sollte er sich in irgendeiner Notlage befinden, so möge er sich an ihn wenden. Denn dem Kammerherrn hatte der junge Mann, welcher so glühend für Technik und Maschinenwesen schwärmte, nicht bloß durch seinen Eifer und seine Arbeitslust gefallen, sondern es hatte ihn auch besonders gerührt, dass zum ersten Mal ein junger Dauthendey mit dem Jahrhunderte alten Herkommen der Familie, nach welchem jeder Sohn studieren oder Offizier werden sollte, gebrochen hatte. Diese Selbsterniedrigung, die sich den Gesetzen einer neuen Zeit mutig anschloss und nach neuen, in der Familie noch nie gekannten Zielen griff, sollte nicht von den Familienmitgliedern verachtet, sondern unterstützt werden. Und aus diesem Vorsatz heraus hatte der Dessauer Kammerherr den jungen Familienabtrünnigen persönlich in Augenschein nehmen wollen, hatte der Onkel seinen Neffen in Lindenau besucht und ihm beim Abschied freundlichst seine Unterstützung angeboten.

Vor heilloser Angst, dass die Kamera abgeholt werden könne, ehe die Antwort aus Dessau gekommen war, konnte mein Vater nicht essen und nicht schlafen, bis endlich wirklich mit nächster Post die erbetene Summe anlangte. Und noch am selben Tag trat mein Vater vor den Herrn der Anstalt und fragte zum Erstaunen der auflauschenden anderen Angestellten, ob jene Kamera, jener französische »Kasten«, wie der neue Apparat von allen verächtlich genannt wurde, gekauft werden könne.

Höchst erstaunt sah der gefragte Meister den jungen Mann von Kopf bis zu Fuß prüfend an und sagte:

»Verkäuflich ist der Kasten schon, und ich bin froh, wenn mir der angepriesene Pariser Schwindel, der immer noch da im Wege herumsteht, sobald wie möglich aus den Augen kommt. Wissen Sie einen Käufer?«

»Ja«, sagte mein Vater mit hochklopfendem Herzen, »ich wüsste einen Käufer.«

Der Geschäftsinhaber meinte:

»Das ist mir lieb, wenn Sie einen Käufer wissen. Dann wird mir viel Scherere erspart. Das Ding taugt nichts und ist keinen Schuss Pulver wert. Erhalte ich einen Käufer, so erspare ich mir die Unannehmlichkeit, meine Anzahlung von hundert Talern zurückfordern zu müssen, denn die zweihundert Taler, die ich noch dazulegen soll, um den Schwindelkauf abzuschließen, würde ich niemals anwenden. Ich würde lieber die hundert Taler Anzahlung dreingeben und den Kasten, wie er ist, abholen und nach Paris zurückschicken lassen. Wer ist der Käufer, den Sie mir empfehlen wollen?«

Als mein Vater sich selbst als denjenigen nannte, der die Kamera zu kaufen wünsche, lachte der große berühmte und allbekannte Meister der Optik hell auf, klopfte meinem Vater gutmütig auf die Schulter und sagte:

»Mein lieber junger Mann, Ihr Eifer, den Sie für die Sache hegen, wäre ja ganz lobenswert, wenn er sich auf eine würdigere Aufgabe werfen würde. Diese Kamera habe ich mit meinem ältesten Angestellten untersucht, und es ist weder mir noch den ändern maßgebenden Herren gelungen, ein Bild noch die Ahnung von einem solchen auf die beigegebenen Quecksilberplatten zu zaubern. Humbug, nichts als Humbug ist das Ding da! Sie können sich bei mir bedanken, dass ich Ihnen nicht wie der Franzose das

Geld abfordere und Sie dafür einen Schwindel, mit dem nichts anzufangen ist, eintauschen lasse.«

»Ich möchte aber den Kasten doch haben«, wagte mein Vater mit hochrotem Kopf zu sagen.

»Sind Sie närrisch?« lachte ungläubig der erfahrene Meister. »Würden Sie ihn mir geben«, beharrte seinerseits mein Vater, »wenn ich Ihnen sofort den vollen Kaufpreis von dreihundert Talern zahlen würde?«

»Nun, wenn Sie durchaus Ihr Geld los sein müssen und sich nicht warnen lassen, von einem, der die Optik sein Leben lang betrieben hat! Dann müsste ich ja ein schlechter Geschäftsmann sein, wenn ich nicht wieder zu meiner Anzahlung, die ich schon verloren glaubte, kommen wollte.«

Während der »Alte«, wie die Angestellten den Geschäftsherrn unter sich nannten, noch verwundert den blutjungen Mann von Kopf bis Fuß betrachtete, zog dieser seinen Geldbeutel und zahlte zum allgemeinen Erstaunen dreihundert harte Taler auf den Tisch.

Der Meister lachte, machte den jungen Mann noch einmal aufmerksam, dass es nicht seine Schuld sei, wenn er die dreihundert Taler zu Luft gemacht habe, denn mit der Kamera sei niemals ein Geschäft zu machen. Und als mein Vater trotzdem darauf beharrte, den Versuch zu wagen, wurde ihm zur Antwort: »Es soll mich freuen, wenn Sie mehr Glück bei einem Versuch haben würden als ich und meine anderen Angestellten.«

Aber als nach Monaten harter eigensinniger Arbeit meinem Vater wirklich die ersten Daguerreotypbilder gelangen, war der betreffende Meister durchaus nicht erfreut, sondern fühlte sich dadurch, dass er vom jüngsten Angestellten in einer so großen Erfindung übertrumpft wurde, derart beleidigt, dass er ihm sofort die Stellung in der optischen Anstalt kündigen ließ, mit der Begründung: Wenn ein Angestellter so viel Aufmerksamkeit auf eine zweifelhafte ausländische Neuheit, wie die Daguerreotypie es sei, verwende, könne ihm unmöglich noch genug Zeit für ehrliche deutsche Arbeit übrigbleiben. Obwohl mein Vater sich niemals anders als an seinen freien Sonntagen und freien Wochenabenden mit der Behandlung von Quecksilberplatten und der

Kamera abgegeben hatte und keine seiner verpflichteten Geschäftsstunden versäumt hatte, wurde ihm doch aus Neid und Gehässigkeit dieser unverdiente Vorwurf der Unaufmerksamkeit im Beruf gemacht, wenn ihm auch niemand eine einzige Nachlässigkeit nachweisen konnte. Sofort nach Ankauf des mit dreihundert Talern bar bezahlten Apparates war natürlich der junge strebende Mann von selten der anderen Angestellten der Mittelpunkt täglicher Hänseleien geworden. Doch zugleich hatten alle auch eine größere Achtung und ein größeres Zutrauen zu dem bisher fast unbeachteten jungen Menschen.

Nachdem an jenem für meinen Vater so bedeutungsvollen Kauf tage der Meister die dreihundert Taler schmunzelnd und achselzuckend angenommen hatte, war mein Vater am Abend mit der sorgfaltig in ein Tuch eingepackten Kamera in seine Wohnung geeilt und hatte, getrieben von der Angst, es könne ihm jemand nachgeschickt werden, der den Kauf rückgängig machen solle, nicht rechts und nicht links gesehen, bis er in seiner Wohnung angekommen war, wo er sein Eigentum gut einschloss, nachdem er den optischen Apparat von jedem Stäubchen gesäubert hatte.

Seine Ungeduld, sich sofort an Versuche und Aufnahmen zu machen, musste er, so schwer es ihm ankam, bis zum nächsten Sonntag bezwingen. Auch sagte er sich, dass sein jetziges Zimmer, das in einer Straße lag, wahrscheinlich nicht genug Licht hätte, um darin Versuche anstellen zu können. Er musste also nicht bloß bis Sonntag mit den ersten Aufnahmen warten, sondern er musste sogar den Sonntag dazu benützen, ein anderes Zimmer ausfindig zu machen.

Bei einer Witwe, die ein Landhaus bewohnte, das in einem großen Obstgarten an der Lindenauer Landstraße lag, traf es sich, dass in der Gartenecke ein kleines Gartenhaus frei stand, und dieses bezog mein Vater am nächsten Sonntagabend.

Es verging aber noch geraume Zeit, ehe er ans Ziel kam und wirkliche Bilder mit der neuerworbenen Kamera in dem Garten, den ihm die Wirtin für seine Versuche freigiebig zur Verfügung stellte, anfertigen konnte. Und viele verzweiflungsvolle Stunden trieben dem jungen Mann Angsthitze ins Herz und in den Kopf, sodass er oft nahe daran war, den Kasten, wie es der Meister der optischen Anstalt getan, verächtlich in eine Ecke zu stoßen und für immer von den Versuchen abzustehen. Aber nicht bloß der Gedanke an den Hohn, der ihm dann allgemein von seinen Kameraden und nicht zuletzt vom Herrn des Geschäfts zuteilwerden würde, schreckte ihn davon ab, die Flinte ins Korn zu werfen und die Versuche der Daguerreotypie aufzugeben. Sondern vor allem war es das große Vertrauen, das ihm vonseiten seines Onkels, des Kammerherrn in Dessau, geschenkt worden war, das ihn mutig machte. Die dreihundert Taler sollten nicht zu Luft geworden sein, wie der Meister in Lindenau gesagt hatte. Nein, er wollte mit Zähigkeit und Ausdauer das erreichen, was man ja in Paris auch zustande gebracht hatte, nämlich: wirkliche Bilder von lebenden Menschen.

Aber niemand konnte ihm raten, wenn er jetzt an den langen Sommersonntagen im Garten stand und Versuche um Versuche erneuerte und bei aller sorgfaltigster Behandlung der Quecksilberplatte in der Kamera doch kein Bild zustande kommen wollte.

Der Gärtnerbursche sowohl als die Besitzerin des Landhauses, die den jungen eifrigen Mann gern bei der Arbeit beobachteten, beide ermüdeten nicht, sich stundenlang vor die Kamera hinzusetzen, wenn sie auch bis jetzt noch niemals den Erfolg irgendeiner Aufnahme erlebt hatten. Die guten Menschen wurden so vom Fiebereifer meines Vaters angesteckt, dass sie es waren, die ihn trösteten, wenn er verzweifelte, obwohl sie stundenlang wie Leichname vor der Kamera stillsitzen mussten und alle erdenklichen Qualen, das brennende Sonnenlicht, die Insekten des Gartens und die drückende Sonnenhitze, bereitwilligst und ohne zu murren ertrugen. Man sah es ihnen an, sie wollten mithelfen und danklos den jungen Menschen mit ihrer eigenen Ausdauer zur weiteren Ausdauer anspornen.

Mein Vater erzählte später immer: Man verstand damals noch nichts Genaues von den Grundbedingungen, die bei den Daguerreotypaufhahmen für den Erfolg eines Quecksilberbildes notwendig waren. Die ersten Bilder Daguerres waren zur Hälfte Zufallsbilder gewesen. Man wusste noch nichts vom Zeitmaß, von der Wichtigkeit der Lichtkraft und von den Wärme- und Kältegraden, welche die dazu verwendeten Chemikalien haben mussten. Von all diesem war bei der Gebrauchsanweisung der

Kamera nichts Näheres angegeben. Die Vorschrift lautete ungefähr so: Um ein Bild mit der Kamera zustande zu bringen, setze man die betreffende Person, deren Aufnahme man machen will, in helles Tageslicht, stelle die Linsengläser der Kamera vermittels der Schraube an der Messinghülse so, dass auf der matten Scheibe ein scharf gezeichnetes Bild wahrnehmbar ist. Die hergerichtete Platte setze man anstelle der matten Scheibe. Je nach Lichtstärke des Tageslichtes nehme man die Platte nach einer oder zwei Stunden mit sich in die Dunkelkammer, wo sie über Quecksilberdämpfen geräuchert werden muss. Die Zeitdauer des Räucherns muss ausprobiert werden.

Nur wenige Zusätze erläuterten das Verfahren, das damals noch dem Erfinder in Paris bald glückte, bald missglückte. Die wenigen Bilder, die bisher von Paris aus versandt worden waren, wurden nur von Geschäftsreisenden in den optischen Geschäften vorgezeigt und wieder mitgenommen. Chemikalien, Platten, Kameras nebst optischen Linsen wurden von diesen Reisenden für eine Anzahlungssumme den großen optischen Instituten zu Versuchen überlassen. Aber niemand bekam ein Bild in die Hand, da in Paris selbst kaum zehn Bilder vorhanden waren. Der Reisende, der im Auftrag eines Pariser optischen Geschäftshauses die Kameras in Deutschland zum Verkauf bringen sollte, hatte als Beweis höchstens zwei solcher Bilder bei sich, die als Kleinodien angesehen wurden und selten und unbezahlbar waren, ungefähr so, wie es in unseren Tagen noch das Radium ist.

Man kann sich leicht vorstellen, da in Deutschland noch niemand ein wirkliches Daguerreotypbild besaß, dass man immer noch an der Dauerhaftigkeit und Echtheit der Daguerreotypbilder zweifelte, weil man ein solches Bild nur für Sekunden in den Händen jenes Pariser Reisenden betrachten durfte. Sobald der Reisende fort war und das Bild mit sich genommen hatte und man mit dem Apparat, den er dagelassen, und mit Chemikalien und Platten ein Bild nicht sofort erzielen konnte, neigten die leicht zweifelnden Gemüter zur Annahme, dass hier nichts als ein französischer Schwindel, womit man den gutmütigen Deutschen das Geld aus der Tasche locken wollte, ausgespielt werde.

Selbst die Zeitungen stellten sich der neuen Erfindung zweifelnd gegenüber und eines Tages brachte der Leipziger Anzeiger eine

Erklärung. Darin hieß es unter anderem: »Der beste Meister der Optik, der in Lindenau und Leipzig und über ganz Sachsen höchste Achtung genießt und in allen deutschsprechenden Landen als Erster in seinem Fach gekannt, außerdem auch Leipziger Burger ist, hat sich vergeblich mit der neuen französischen Erfindung befasst. Es ist ihm trotz sorgfaltigster Arbeit mit jener *Camera obscura* kein Bild gelungen. Man muss annehmen, wenn ein so großer deutscher Meister der Optik eine neue Erfindung gründlich untersucht hat und dabei nichts herausgekommen ist, dass hier fein böser Pariser Schwindel vorliegt. Man warnt also alle diejenigen, die beabsichtigen, ihr Geld für eine Kamera fortzuschicken, dieses Geld lieber in deutschen Landen zu belassen, wo es bessere Verwendung finden kann.«

Und jener Zeitungsschreiber fügte noch im salbungsvollen Tone der damaligen bibelfesten Zeit hinzu:

»Flüchtige Spiegelbilder festhalten zu wollen, dies ist nicht bloß ein Ding der Unmöglichkeit, wie es sich nach gründlicher deutscher Untersuchung herausgestellt hat, sondern schon der Wunsch, dies zu wollen, ist eine Gotteslästerung. Der Mensch ist nach dem Ebenbilde Gottes geschaffen, und Gottes Bild kann durch keine menschliche Maschine festgehalten werden. Höchstens der göttliche Künstler darf, begeistert von himmlischer Eingebung, es wagen, die gottmenschlichen Züge, im Augenblick höchster Weihe, auf den höheren Befehl seines Genius ohne jede Maschinenhilfe wiederzugeben. Eine Maschine aber, die den Genius ersetzen will und die der Mensch allein mit seiner Berechnung entstehen lassen möchte, solch eine Maschine herzustellen, kommt der Anmaßung gleich, das Ende aller Schöpfung erreichen zu wollen. Dann muss der Mensch, der solches beginnt, sich klüger als der Schöpfer der Welt dünken.

Gott hat zwar bisher in seiner Schöpfung den Spiegel, der eitles Spielzeug des Teufels ist, großmütig geduldet. Wahrscheinlich aber übt er diese Nachsicht, damit insbesondere die Weibspersonen im Spiegelglase ihre Einfalt und ihren Hochmut sich vom Gesicht ablesen können. Aber kein Spiegel, weder dessen Glas noch dessen Quecksilber hat von Gott bisher die Erlaubnis erhalten, Menschengesichter in seiner Fläche festzuhalten. Gott hat niemals des Teufels Künste, die im Spiegel liegen, sich zu einer solchen Anmaßung versteigen lassen, dass sie das Ebenbild Gottes, das Menschengesicht, so leichten Kaufes in ihre Gewalt bekämen.

Nun: und derselbe Gott, der seit Jahrtausenden es nie geduldet hat, dass eines Menschen Spiegelbild unvergänglich bestehen bleibt, dieser selbe Gott soll plötzlich seinen urewigen Grundsätzen ungetreu werden und es zulassen, dass ein Franzose in Paris eine Erfindung teuflischster Art in die Welt setzt! Man muss sich doch klarmachen, wie unchristlich und heillos eitel die Menschheit erst werden wird, wenn sich jeder für seine Goldpatzen sein Spiegelbild dutzendweise anfertigen lassen kann. Es wird eine Massenkrankheit von Eitelkeitswütigen ausbrechen, denn wenn sich jedes Gesicht billig dutzendweise verschenken und bewundern lassen kann, so macht das die Menschen gottlos oberflächlich und gottlos eitel. Und wenn jener Musje Daguerre in Paris«, so schloss der Artikel, »hundertmal behauptet, mit seiner Maschine menschliche Spiegelbilder auf Silberplatten festhalten zu können, so ist dieses hundertmal eine infame Lüge zu nennen, und es ist nicht wert, dass sich deutsche gediegene Meister der Optik von dieser frechen Behauptung betören lassen.«

Am Ende dieses Artikels folgte noch ein klein gedruckter Nachsatz:

»Die Erfindung der Revolution und die Idee Napoleons, Europa zu einem einzigen Brüderreich machen zu wollen - alle diese Überspanntheiten will jetzt Herr Daguerre übertrumpfen, da er den Schöpfer der Welt überbieten möchte. Wenn dies überhaupt möglich wäre, so hätten längst in alter Zeit namhafte Männer wie Archimedes oder Moses Ähnliches vor ihm getan. Aber wenn diese klügsten Männer nichts von festgehaltenen Spiegelbildern wussten, so darf man den Franzosen Daguerre, der sich solch unerhörter Dinge rühmen möchte, von vornherein einen Narren aller Narren nennen, wie jeder in Deutschland, welcher der unsinnigen Erfindung Glauben schenkt, ein Esel aller Esel genannt worden muss.« So warnte der Leipziger Stadtanzeiger seine Leser ernstlich vor der *Camera obscura*.

Solche und ähnliche Zeitungsberichte fand mein Vater öfters, seit er die Kamera gekauft hatte, auf seinem Arbeitsplatz vor, wenn er morgens in das optische Institut kam, um seiner verpflichteten Beschäftigung nachzugehen. Die Angestellten dort, aufgestachelt von seinem hartnäckigen Festhalten an den Daguerreotypversuchen und nachdem sie sich durch Hänseleien und Witze genügend gesättigt, hatten sich jetzt darauf verlegt, ihn von allem, was über Daguerreotypie geschrieben wurde, auf dem laufenden zu halten. Und dass das nicht sehr ermunternd war, kann jeder aus obigem Zeitungsbericht ersehen. War der Meister in den Arbeitsräumen anwesend, so hielten sich alle, wie auf Verabredung, auffallend von meinem Vater zurück, und die, die gerade einer Arbeit wegen in seiner Nähe sein mussten, beschränkten sich auf die knappste Anrede. Alle hielt die bedrückte Furcht nieder, sie könnten sich in den Augen des Meisters schaden, wenn sie sich nicht vor ihm den Anschein gäben, als missbilligten sie im Grunde, wie der Geschäftsherr selbst, die Anmaßung des jüngsten Angestellten, der sich immer noch mit Versuchen abgab, die längst von Berufeneren in Lindenau und Leipzig als Schwindel und Tollhaushandlungen erklärt worden waren. War der »Alte« nicht anwesend, so kamen einige und forschten meinen Vater über seine letzten Ergebnisse aus, und er wusste ganz genau, dass sie bei nächster Gelegenheit dem Meister jedes seiner gesprochenen Worte hinterbringen würden.

Wären aber außerhalb des Geschäftes, im Garten in Lindenau, meinem Vater nur kleine Erfolge gelungen, so hätte er sich leicht über das kleinliche Benehmen seiner Arbeitskameraden im optischen Institut hinwegsetzen können. So war es ihm doch ein bisschen sauer, jeden Tag mit lächelnder harmloser Miene auf seinem Arbeitsplatz sein zu müssen, immer umlauert von Missgunst und Neid, und dafür nicht einmal zu Hause bei seinen Versuchen Ruhe zu finden, denn die Unruhe, dass mit der Kamera und mit den Platten vielleicht wirklich nichts für ihn zu erreichen sei, wuchs mit jedem Sonntag mehr. Mein Vater hatte nicht einen Menschen, mit dem er sich aussprechen konnte, und er musste bei allen Niederlagen, die er sonntags bei den Versuchen erlebte, während der ganzen Woche im optischen Institut den Glücklichen und Hoffnungsvollen spielen, um sich nicht vollständig dem allgemeinen Hohngelächter auszuliefern.

Die kostspieligen Daguerreotypieversuche verschlangen außerdem sein kleines Einkommen. Er musste der Frau, die ihm das Gartenhaus vermietet hatte, die Miete schuldig bleiben. Er musste auch den Onkel in Dessau nochmals um ein Darlehen zur Fortsetzung der Versuche angehen. Alles in allem war es ein Weg voll geheimer Bitternisse und hätte schwächere Naturen längst zum Verzicht des Vorhabens gebracht. Nur der Eifer, der meinen Vater für Maschinen und Maschinentechnik beseelt hatte, ließ ihn nicht gänzlich am endlichen Gelingen des Daguerreotypieverfahrens verzweifeln.

Den Leuten auf der Lindenauer Landstraße, deren Geschäftsweg täglich oder wöchentlich mehrmals an dem Garten vorbeiführte, in welchem sich mein Vater eingemietet hatte, war längst das seltsame Gebaren jenes jungen Mannes aufgefallen, der da hauptsächlich sonntags, aber auch manchmal ganz früh morgens an den Werktagen, beim Sonnenaufgang schon, hinter einem kleinen Kasten sich zu schaffen machte. Dieser Kasten stand auf drei Holzbeinen vor ihm, und an demselben war vorn ein kurzes Messingrohr, ähnlich einer kleinen Kanone, befestigt. Nicht weit von diesem geheimnisvollen Gestell saßen, zehn bis zwanzig Schritte entfernt, der Gärtner, ein Dienstmädchen oder die Dame vom Hause selbst. Diese Sitzenden starrten, ohne mit der Wimper zu zucken, mit stieren Augen nach der Richtung jener geheimnisvollen Maschine hin. Regungslos, sprachlos, wie mit offenen Augen eingeschlafen, konnte man oft nach langer Zeit, wenn man wieder vorüberkam, die Person, die da gesessen, immer noch in derselben gebannten Stellung wiederfinden.

Ebenso stand der junge Mann, der immer bei dem geheimnisvollen Apparat blieb, mit der Taschenuhr in der Hand, noch dort am selben Fleck.

Dass da irgendeine geheime Beziehung zwischen dem jungen Mann, dem Kasten mit dem kurzen kanonenartigen Messingrohr und der Person bestand, die jeweils in einiger Entfernung auf dem Stuhl wie versteinert saß, das begriffen alle, die bei dem schönen Sommerwetter draußen vor dem Gartenzaun vorübergingen oder fuhren. Denn selbst den Leipziger Postillionen, die mit der Abend- und Morgenpost auf der Landstraße vorbeikamen, war das fremdartige Gebaren der Menschen in jenem Garten aufgefallen. Viele von ihnen fuhren langsamer und zeigten mit der Peitsche den Reisenden in ihren Postkutschen den geheimnisvollen Apparat und die noch geheimnisvoller sich benehmenden dazugehörigen Leute im Garten. Denn oft sah man den jungen Mann, den niemand in Lindenau kannte, mit dem Kopf unter einem schwarzen Tuch verschwinden, das er hinten über den seltsamen Kasten gedeckt hatte. Einigen Bekannten hatte der Gärtnerbursche auf vieles Befragen endlich antworten können, dass jene geheimnisvolle Maschine von dem jungen Herrn eine »*Camera obscura*« genannt wurde.

Die Kinder von Lindenau, die den ganzen Sonntag über nicht vom Gartenzaun wichen, hielten sich, während sie ihre Nasen durch den Zaun steckten, mit beiden Händen die Ohren zu, in der Erwartung, dass aus dem kanonenähnlichen Messingrohr des Kastens vielleicht einmal ein Schuss ertönen könnte.

Mein Vater erzählte auch, dass viele Kinder gedacht haben müssten, er beschwöre unter dem schwarzen Tuch vielleicht einen Geist, und da ihm, wenn er mit dem Kopf unter dem. schwarzen Tuch hervorkam, die Haare zu Berge standen, so musste es wohl den Kindern erscheinen, als habe er unter dem Tuch mit dem geheimnisvollen Geist gerungen. Denn sie flohen immer alle mit entsetztem Geschrei jedes Mal, wenn er wieder unter dem Tuch hervor am Tageslicht erschien.

Während dieses Frühjahrs und Sommers spielten die Kinder von ganz Lindenau immer nur *Camera obscura*. Aber auch in den Lindenauer Köpfen der Erwachsenen spukten die sonderbarsten Wahnvorstellungen über diese Kamera. Die einen meinten, dass mein Vater das Sonnenlicht einfangen wolle, um Gold daraus zu machen; die anderen vermuteten, dass von dem Apparat vielleicht eine heilende Wirkung für bestimmte Krankheiten ausgehe, eine magnetische oder elektrische Wirkung. Eines Tages brachte man sogar einen Kranken, einen Gelähmten, in einem Rollwagen zu meinem Vater an die Gartentür. Dieser Lahme wollte durchaus vor den Apparat, der das Licht einfing, hingesetzt werden. Er wollte stunden, ja tagelang stillsitzen und hoffte bestimmt, dass jene Glaslinsen des Apparates, die das Licht einsammelten, ihn mit ihrer Kraft heilen und ihm den Gebrauch seiner Glieder wieder zurückgeben würden. Er ließ sich nur schwer überzeugen, dass dieses unmöglich sei, und mein Vater hatte alle Not, die unglaublichsten Fragen, die die ganze Nachbarschaft an ihn stellte, zu beantworten.

Da der Sommer dürr und heiß war, behaupteten einige, an der Dürre sei die verfluchte Kamera schuld, die in dem Garten dort stehe und wahrscheinlich viel zu viel Lichtstrahlen auf die Erde locke. So kämpfte auch hier, wie zu allen Zeiten, die blinde Torheit der Menschen gegen die harmloseste Erfindung der Welt an, solange sie sich dieselbe nicht erklären konnte und das Dasein derselben ihr noch nicht zur Gewohnheit geworden war.

Eines Tages, mein Vater nannte ihn noch nach fünfzig Jahren einen der schönsten und erhebendsten Tage seines Lebens, gelang es ihm, einen kleinen dreieckigen Fleck auf der Quecksilberplatte hervorzubringen, ein kleines haarscharfes Dreieck. Er betrachtete mit Verwunderung diese kleine Zeichnung, die nicht ein zufälliger Fleck in der Platte selbst zu sein schien, sondern der man ansah, dass sie der zugehörige Teil eines sonst noch verborgenen Bildes war. Nach langem scharfen Betrachten und Grübeln erkannte mein Vater, dass dieses Dreieck den Hemdausschnitt am Halse des Gärtnerburschen darstellte, den die Platte als den grellsten Fleck zuerst wiedergegeben hatte. Die Freude bei dem jungen eifrigen Arbeiter war außerordentlich groß. Das erste Anzeichen, dass es also möglich war, wenn auch bis jetzt nur in einem winzigen Stück, die Wirklichkeit festzuhalten, war ihm nun gegeben.

Die Maschine schwindelte also nicht! Man musste nur Geduld und Sorgfalt anwenden und mit peinlichster Genauigkeit Belichtungsdauer der Platten, Einfluss der Wärmegrade und alle möglichen bisher nie bedachten, zartesten Zustände bei Mischung und Handhabung der Chemikalien beachten. Mit stürmischer Ungeduld oder einfaltiger, oberflächlicher Behandlung ließ diese Wundermaschine nicht ihre Seele zum Reden in Bildern zwingen. Sie wollte zarter behandelt sein als der zarteste keusche Sinn eines jungen weiblichen Geschöpfes.

Nichts ähnlich Empfindliches hatte es jemals vorher im Männergewerbe gegeben, wie diese neue Kunst, die bei der Ausübung nicht bloß weiseste Geduld, sanfteste Behandlung, sondern auch schärfste, peinlichste Beobachtung vom Manne forderte. Hier handelte es sich bei jedem darum, erst das eigene Ich in Zucht zu nehmen, um das Ich dieser neuen Lichtmaschine beherrschen zu können. Man hatte es ja erstlich mit der Handhabung der optischen Linse zu tun, die, bis auf den kleinsten Teil eines Millimeters vor oder zurückgeschraubt, die Schärfe oder Unscharfe eines Bildes bedingte. Das allein wäre aber nichts weiter Besonderes gewesen, und der Hand, welche hastig arbeiten wollte, die Ruhe zur Einstellung der optischen Gläser zu geben, hätte vielleicht jeder noch zustande bringen können. Aber dass zur optischen Arbeit sich dann auch noch die Chemie gesellte, in Form der zubereiteten Silberplatten, dass *zwei* sonst ganz auseinanderliegende Gebiete sich plötzlich hier vereinigen und beide zusammenwirken sollten zur Herstellung *eines* Bildes, das war die Schwierigkeit der neuen Aufgabe. Doch selbst die chemische Zubereitung der Platten hätte man vielleicht auch noch zur Not mit einiger Geduld bald ergründen können. Aber die Einwirkung der Lichtstrahlen auf die chemisch zubereitete Platte - diese Berechnung der ewig schwankenden Einflüsse von hellen und dunklen Wetterstunden, von deren Einfluss mein Vater noch keine Ahnung hatte, außerdem das Feuchthalten und Verhindern des Eintrocknens der mit chemischer Lösung behandelten Platte, die an trockenen Tagen in ihrer Lichtaufnahme ganz anders arbeitete als an feuchten Tagen, alle diese ungekannten Hindernisse stellten sich wie finstere Berge in dem dunklen Raum, in welchem die Quecksilberplatten zubereitet werden mussten, der Willensanstrengung des jungen Mannes entgegen.

Man kann sich denken, dass nun der Anblick des dreieckigen Ausschnittes eines Vorhemdes auf der Silberplatte meinen Vater nach langen Wochen fieberhafter Tätigkeit in die größte Freude versetzte.

Er fiel dem Gärtner um den Hals und hob die Witwe an den Hüften in die Luft und drehte sie wie zum Tanz auf den Gartenwegen herum, nachdem er ihnen beiden das bedeutungsvolle Dreieck auf der Platte gezeigt und erklärt hatte. Die guten Leute, die viele Sonntage ihre freie Zeit dem Stillsitzen vor der Kamera geopfert hatten, konnten zwar nicht gleich recht begreifen, warum erst ein Stückchen weißes Hemd auf der Platte erschien. Sie hätten, wie es natürlich war, auch die zu dem Hemdfleck gehörige Person gern als Bild bewundern wollen.

Und wieder wurde versucht und versucht, bis endlich eines Sonntags ein kleines Dienstmädchen, das mit ihrem Soldaten draußen am Gartenzaun der Arbeit an der Kamera zugesehen hatte und auf den Wunsch meines Vaters zur Aufnahme hereingekommen war, in ganzer Person auf der Platte erschien. Sie bekam ein glänzendes Talerstück von dem beglückten jungen Lichtarbeiter zur Belohnung und wusste gar nicht, wofür sie eigentlich belohnt wurde. Auch ihr Soldat wurde vor die Kamera gestellt, und auch er erschien als Bild auf der Platte. Das waren die ersten Daguerreotypbilder in Deutschland.

Mein Vater selbst hatte ja noch nie andere Daguerreotypbilder gesehen als die wenigen französischen Bilder, die im optischen Institut in seiner Nähe herumgezeigt worden waren. Nun erlebte er es staunend, winzige, haarscharfe kleine Menschenspiegelbilder vor sich zu sehen, die die Gesichter mit allen kleinsten Falten und Fältchen in entzückender Naturtreue wiedergaben. Die Bilder waren nur *so* groß wie gewöhnliche Visitenkarten. Darauf war der ganze Mensch wie ein Zwerglein scharf wiedergegeben. Die Kleidernähte, die Knöpfe, am Boden ein paar herabgefallene Blätter von den Apfelbäumen, der Garten mit dem Gewimmel von winzigen Blättchen hinter der aufgenommenen Person alles das musste man erst lernen zu sehen, denn Holzschnitte, Kupferstiche oder Gemälde, die man bis dahin als Abbilder der Welt gekannt hatte, zeigten niemals mit so zierlicher Sorgfalt die haarscharfen Linien der Baumäste. Man sah jetzt die Schlagschatten und Lichter an jedem kleinsten Laubblatt. Man wunderte sich nur, nachdem man mit der Naturtreue der kleinen Spiegelbilder vertraut geworden war, dass die Personen und die Bäume, die auf diesen naturgetreuen Bildern zu sehen waren, sich nicht bewegten. Man erwartete, dass sie, wie alle Spiegelbilder, wie alle Menschen, die in einen Spiegel hineinsahen, sich auch bewegen müssten. Man getraute sich auch zuerst nicht, so erzählte oft mein Vater, die ersten Bilder, die er anfertigte, lange anzusehen. Man scheute sich vor der Deutlichkeit der Menschen und glaubte, dass die kleinen winzigen Gesichter der Personen, die da auf dem Bilde waren, einen selbst sehen könnten, so verblüffend wirkte die ungewohnte Deutlichkeit und die ungewohnte Naturtreue der ersten Daguerreotypbilder auf jeden, der noch nie ein solches Bild in der Hand gehabt hatte.

Wenn bei uns schon in Deutschland, bei der Nachahmung des Verfahrens, die ersten Bilder ein derartiges Erstaunen erweckten, dass man auf der Quecksilberplatte Menschen aus Fleisch und Blut zu sehen meinte und nicht glauben konnte, vor einem toten Bild zu stehen, wie grenzenlos musste da erst in Frankreich, in Paris und beim ganzen französischen Volke das Erstaunen über Daguerres Erfindung gewesen sein! Und es war auch wirklich nicht zuviel, wenn Ludwig XVIII. Daguerre auf seine Akademiebroschüre hin eine Ehrengabe überreichen ließ.

Es ist bewunderungswürdig, welche Ausdauer der Erfinder hatte, wenn man bedenkt, dass jener Mann, Daguerre, vom Jahre 1814 bis 1828 mit Niepe zusammen und dann, nach dessen Tod, bis 1838, allein, also im ganzen vierundzwanzig Jahre, am Zustandekommen jener kleinen Spiegelbilder, die man vermittelst der *Camera obscura* herstellt, arbeitete. Welch eine Fülle von Sorge, Unruhe, Zeit und Geldkosten und Aufwand von riesiger Ausdauer und Zähigkeit steckte in dieser Arbeit, als sie endlich nach vierundzwanzig Kampfjahren von Erfolg gekrönt wurde! Niepe ist darüber gestorben und hat die Früchte des Gelingens nicht mehr erlebt. Seine Erben erhielten vom Staat eine jährliche Pension von 4000 Fr. zugesagt und Daguerre eine solche von 6000 Fr. Aber es mussten vom Jahre 1839, wo die erste Denkschrift über die neue weltbewegende Erfindung der französischen Akademie überreicht wurde, nochmals zwei Jahre vergehen, bis die erste Kamera samt Platten und Angabe des Verfahrens nach Deutschland in das große Lindenauer Taubertsche optische Institut kam. Es ist dann verblüffend zu hören, dass der Meister dieser optischen Anstalt, nach oberflächlichen misslungenen Versuchen, mit einfacher Handbewegung kurz und bündig die ganze zeitbewegende Erfindung für einen Pariser Schwindel erklärte.

Natürlich hätte sich, wenn mein Vater nicht gewesen wäre, früher oder später irgendein anderer Mann in Leipzig, ernstlicher als das optische Institut, mit dem neuen Daguerreotypverfahren beschäftigt. Denn es gibt immer genug ernste junge Männer in Deutschland, die mehr Eifer für die Einführung neuer Verfahren an den Tag legen als altgewordene, sich unfehlbar fühlende Meister.

Dass mein Vater einer dieser ernsten jungen Deutschen war, die begeisterte Ergründer neuer Werte sind, dieses und nicht mehr will dieser Bericht bezeugen. Mein Vater hat sich nie in den Augen seiner Kinder auf den Platz eines großen Erfinders stellen wollen. Er wollte uns nur die Geschichte seiner Jugendzähigkeit berichten und uns mit seiner glühenden Begeisterung für alle Erfindungen auf den Gebieten der Technik und des Maschinenwesens zur Bewunderung hinreißen, die jeder bei einem Rückblick auf das neunzehnte Jahrhundert dem großen Aufschwung des menschlichen Geistes zollen muss.

Wer hätte das gedacht, sagte er immer, dass die Menschen einmal das Licht in ihrem Dienste arbeiten lassen würden! Ebenso den Dampf und die Elektrizität! Große Riesen, die seit ewigen Zeiten nach ihren eigenen Gesetzen taten, was sie wollten, hat der Mann des neunzehnten Jahrhunderts unter seine Gesetze gezwungen. Sie, die ehemals freien Riesenkräfte müssen jetzt dem Zwerg, dem Menschen, dienstbar sein.

Mein Vater war knapp einundzwanzig Jahre alt, als ihm im Frühjahr 1841 die erste Daguerreotypkamera unter die Augen kam. Im Juni 1841, als die Tage am längsten waren und das Jahr seinen Lichtgipfel erklommen hatte, gelang es ihm an einem Sonntag, die ersten Bilder nach dem Verfahren Daguerres in jenem Garten an der Lindenauer Landstraße herzustellen. Ein Jahr danach, im Mai 1842, zeigte er dann auf der großen Leipziger Ostermesse, in der Handelsbörse, einen Rahmen, gefüllt mit seinen ersten Bildern, öffentlich den erstaunten Leipzigern.

Bei solchen Berichten wie dem obigen, der von dem Kampf eines jungen Menschen und von seiner Willenskraft und Ausdauer handelte und weil dieser junge Mensch auch noch unser Vater war, hörten wir immer wieder, jeder tief in sich versunken, den Geschichten über jene »Lindenauer Zeit« zu, wie mein Vater jene atemlosen Wochen seines Lebens nannte. Und es konnten, wenn die Erzählungen mittags um zwei Uhr nach dem Essen beim Kaffee begonnen hatten, die Stunden bis zum Abend durchs Haus gehen, wir fühlten sie nicht. Wir lebten in anderen Zeiten und

Jahreszeiten. Wir merkten nichts mehr von der Gegenwart, und wenn mein Vater vom Sommer im Lindenauer Garten erzählte, wo die Kamera mitten im Sonnenschein aufgepflanzt gestanden und er und die Maschine glühend heiß geworden waren, sodass er oft befürchten musste, der Leim, der den Kamerakasten zusammenhielt, könne in der Sonnenglut weich werden, dann wenn zufällig unser Blick durch eines der drei großen Fenster des Wohnzimmers fiel, wo draußen am ersten Novembertag, an des Vaters Geburtstag, weiße große, wässerige Schneeflocken durch die Straßen taumelten, staunten wir und dachten: Ist es denn nicht Juni? Und wo ist denn der Garten und wo die Lindenauer Landstraße? -

Draußen war dann Novemberzwielicht, und die Hotelwagen rasselten wie immer vom Bahnhof durch die Kaiserstraße. Wir waren in Würzburg und nicht in Lindenau. Es war bald Winter und nicht Sommer, und das Dienstmädchen kam mit dem Kohleneimer und füllte frische Steinkohlen in den hohen, braunen Kachelofen, der bei der Tür in der Zimmerecke stand.

Mein Vater, welcher während des stundenlangen Erzählens seine großen Papyros geraucht hatte und der seine Zigarettentasche jetzt leer fand, schickte mich in sein Schreibzimmer, um sie aus dem Vorratskasten auf seinem Schreibtisch frisch *zu* füllen und sie ihm dann zu bringen. Denn zum Weitererzählen musste er Rauchvorrat haben.

Drinnen in meines Vaters Schreibzimmer, über einem Sofa, hing ein Bild von ihm aus der alten Zeit, umrahmt von einem altmodischen krausen Goldrahmen, wie diese um 1850 dem Zeitgeschmack gefielen. Es war ein Ölbild und zeigte meinen Vater als fünfundzwanzigjährigen schlanken jungen Mann in einem Sessel sitzend, den linken Arm auf einen Tisch gestützt, den Kopf in die Hand gelehnt. Auf dem gleichen Tisch neben ihm steht der kleine viereckige Kasten, die *Camera obscura,* der erste Daguerresche Apparat, der nach Leipzig gekommen war.

Ich muss mir das Bild genauer ansehen und vergesse darüber ganz, dass ich die Zigarettentasche füllen soll. Mein Vater trägt auf jenem Bilde an seinem vornehmen schmalen Leib einen schwarzen Rock, tief ausgeschnittene schwarze Weste und hechtgraue Beinkleider. Eine handbreite, hohe schwarze Krawatte ist unter dem Kinn in breiter Schleife gebunden. Die Ärmel des Rockes sind sehr eng, und die Weste sitzt eng um die schlanken Hüften. Die Kleidung sieht gewählt, aber nicht stutzerhaft aus.

Das junge, etwas blässliche Gesicht mit dem feinen Schnurrbart und dem dunkelblonden, auf der rechten Seite des Kopfes gescheitelten Haar und auch die blaugrauen Augen unter der breiten hohen Stirn scheinen mir so gut mit dem nachdenklichen Ausdruck zu der Kamera zu passen, die mir mit ihrem blitzenden kleinen Messingzylinder so vertraut und bekannt aus dem Bilderrahmen heraus zublinkt. Und wenn ich dies Bild, das heute im zwanzigsten Jahrhundert über meinem eigenen Schreibtisch hängt, wieder betrachte und mich hineinvertiefe, so bin ich bald nicht mehr in meinem Schreibzimmer im Sanderring 23, sondern im Geist in der Kaiserstraße 9, in unserem ehemaligen Hause, das mein Vater 1873 gebaut hat. Mein alter siebenundsiebzigjähriger Vater sitzt dort in jenem Hause für mich im Geiste immer noch im Lehnstuhl am Esstisch, und vor ihm auf der Tischplatte steht ein schwarzer Aschenbecher, der die Gestalt einer auf dem Rücken liegenden Fledermaus hat. Der Becher ist angefüllt mit Asche und Zigarettenresten, und auf der Tischplatte trommelt die linke mächtige Hand meines Vaters, an welcher der goldene Schlangenring mit dem großen, schön geschliffenen Diamant in der Dämmerung des Zimmers funkelt. Und seine Hand erwartet ungeduldig trommelnd, dass ich bald aus dem Nebenzimmer mit den Zigaretten zurückkehren soll, damit er weitererzählen kann.

Aber es war nicht in diesem Zimmer allein, wo uns mein Vater breit und eingehend von seinen Schicksalen zu erzählen pflegte; es war in der schönen Jahreszeit, im Frühling und Sommer, auf den Sonntagmorgenspaziergängen, die er über alles liebte und die für mich voll seiner Geschichten sind. Um sechs Uhr morgens traten wir gewöhnlich schon die Spaziergänge an, und in den frühsonnigen Straßen, in denen noch alles schlief, begegneten wir nur den Milchwagen, den Bäcker und Metzgerburschen und einigen frommen katholischen Kirchgängern, die bereits aus der Frühmesse kamen, in die sie schon um fünf Uhr gegangen waren.

Man muss sich dazu das Bild der alten sauberen fränkischen Stadt Würzburg vergegenwärtigen. Die Straßen sind vom Samstagabend her blank gekehrt, und die Morgensonne liegt weit gedehnt auf unserm Weg, auf der Theaterstraße und auf dem Residenzplatz. Die Schaufenster sind alle geschlossen. Kein Wagen fährt noch, und Trambahnen gab es nicht zu meiner Knabenzeit.

Aus der neumodischen Kaiserstraße, in der wir wohnten und die das geschäftstätige neunzehnte Jahrhundert in ihren Häusergesichtern zeigte, kamen wir in die Theaterstraße, in welcher die Rokokobauten vorherrschten. Und wir wandelten an den reizvollen geschweiften Türen und Treppen des achtzehnten Jahrhunderts entlang und kamen an zwei großen Standbildern von Heiligen vorbei, die damals den Eingang in die Eichhornstraße schmückten. Sie trugen die bewegte Linie des achtzehnten Jahrhunderts zur Schau, jener Zeit, die den Faltenwurf der Gewänder ein wenig theatralisch behandelte. Man vergaß beim Anblick dieser Standbilder, dass sie aus Stein waren. Man glaubte, den Wind in den Gewändern rauschen zu hören. Die beiden Heiligen waren in Größe und Darstellung den zehn Heiligenbildern ähnlich, die heute noch die Brückenpfeiler der alten Mainbrücke prächtig schmücken. Weiter im Morgen sah ich zur linken Hand das lange, schlichte und schmucklose Haus des Spitals »Zum heiligen Geist«, einen mittelalterlichen ernsten, ehrwürdigen Bau, der nach der Theaterstraße hin nur eine einfache Wand mit zwei Reihen Fenstern zeigt. Vor den meisten Fensterscheiben stehen dort im Sommer altmodische Blumen in Töpfen, rote Geranien, getreulicher Efeu und vielleicht dazwischen ein Rosenstock.

Hinter den Scheiben wohnen alte arme Würzburger Bürger, siebzig- und achtzigjährige Leute, die im Spital außer ihrer Kammer und ihrer einfachen Kost täglich ihren Schoppen Wein von der berühmten Heiligengeistkellerei der Stadt Würzburg erhalten.

In der frühen Morgenstunde öffnet hie und da ein weißhaariger Alter sein Fenster und füttert die Tauben, die vom altbraunen Ziegeldach des Bürgerspitals herunterflattern und pickend und gurrend in dichter Schar auf dem menschenleeren Pflaster sich's wohl sein lassen.

Dann am Theatergebäude entlang, das auch ein alter fürstbischöflicher Bau ist und mehr einem Stiftshaus als einem Theater ähnelt, leuchtet in der Ferne, über dem gepflasterten Residenzplatz, im Morgenlicht silbrigblau das Dach des ungeheuren und herrlichen Residenzschlosses, das das größte und schönste Schloss in Deutschland ist.

Und hinter dem Schloss, draußen vor der Stadt, am Ende des Rennweges, hinter dem großen Schlosspark mit seinen Terrassen, seinen Rokokolauben, Freitreppen und seinen Ulmengängen auf hohen Wällen, lagen in dem Ringpark, welcher anstelle der früheren, geschleiften Festungswerke der Stadt Würzburg entstanden ist, ganz im Tau die hohen Wiesen, besät mit gelbem Löwenzahn und weißen Margaretenblumen.

Immer, wenn ich an diesen Morgen weg jener längst vergangenen Sonntage denke, sehe ich unter den weiß und rosablühenden wilden Kastanienbäumen, unter feingefiederten und süßduftenden schlanken Akazien und bei üppigen breitblättrigen lila und weißblühenden Fliederbüschen jene blank-grünen Wiesen wieder, auf denen unter der lieblichen und keuschen Morgensonne ein Gewoge von Blumenkelchen glänzte.

In die Taufrische des Morgens regnete das Morgenlicht in die Laubgänge, und da war eine Wiese, die sich weithin sanft senkte und in deren Mitte heute noch ein mächtiges weißsteinernes Bild eines prächtigen Herkules steht, der, mit dem Löwenfell umgürtet, hochaufgerichtet, die sausende Keule schwingt, um die neunköpfige nemeische Schlange, die sich zu seinen Füßen ringelt, zu zerschmettern.

Diese liebliche, sich so fraulich und minniglich gebärdende blühende Wiese, auf welcher fußhoher, warmblauer Salbei seine Stängel zwischen den weißen Margaretenblumen reckte, voll nickendem rosa Türkenklee und umtönt vom Arbeitsgesumm der Bienen, die im frühesten Morgen zu singen schienen diese Wiese stach mit ihrem Frieden stark ab von der Kampfarbeit des steinernen Herkules, der die Manneskraft, den Mannesmut und die Mannesmühe mit seiner drohenden Gebärde, hoch über den Blumen stehend, verkörperte.

Noch ein paar Minuten durch einen Seitenweg weiter endete der Frühspaziergang in einem Garten, wo weißgedeckte Tische standen und einige wenige Frühaufsteher schon saßen und ihren

Kaffee einnahmen. Diese Morgenspaziergänger hatten sich alle seit Jahren gewöhnt, sich wie eine kleine Stammgesellschaft von Morgensonnenanbetern sonntags hier zu sehen. Beim Niedersetzen oder Aufstehen grüßten sie sich freundlich von Tisch zu Tisch.

Etwas so Huldvolles wie diese Morgenspaziergänge in Würzburg, im Mai und Juni, habe ich erst wieder bei einem Frühlingsaufenthalt in Japan erlebt, wo die wohlgesitteten japanischen Familien, schweigend und liebenswürdig lächelnd, sich morgens sechs Uhr zur Blütezeit der Päonien, im Mai, in einer bei Tokio gelegenen friedlichen Gärtnerei trafen. Leise wispernd saßen sie zu zweien und dreien, mit taubenblauer und mausegrauer Seide angetan, sauber frisiert, auf breiten Holzbänken, die mit roten einfachen Wolldecken belegt waren. Sie nippten ihren Tee aus winzigen Teeschälchen und bewunderten still die langen Reihen der kopfgroßen Päonienblüten. -

Viele Male, wenn ich neben meinem Vater diesen frühen Sonntagmorgenweg machte oder wenn wir in jenem Garten waren und er die Zeitung, die er nach dem Morgenkaffee gelesen, zurückgelegt hatte und ich vom Zaun des Gartens zurückkam, wo auf einem begrasten Eisenbahndamm draußen ein Schnellzug donnernd vorübergesaust war, dem ich reisebegierig nachgesehen hatte, fand ich ihn bei meinen Schwestern bereits wieder mitten im Erzählen, wozu ihn wahrscheinlich das Geräusch des Eisenbahnzuges angeregt hatte, der an dem sonnigen Frieden des Gartens wie ein eiserner Herkules vorbeigesprungen war.

Jeder Maschinenlaut, jede Dampfpfeife begeisterte meinen Vater, Vergleiche anzustellen zwischen der stillen Postkutschenvergangenheit, die er noch so gut gekannt, und der mit Eisen und Dampf und Eile arbeitenden Gegenwart, die erst in der zweiten Hälfte seines Jahrhunderts sich zu voller Kraft entwickelt hatte.

Er erzählte, wie er mit der ersten blumenbekränzten Eisenbahn die Fahrt von Leipzig nach Dresden, in zu jener Zeit noch offenen zugigen Wagen, in höchster Begeisterung mitgemacht habe. Die hohen Zylinder, die alle Herren damals als Kopfbedeckung trugen, und die großen runden Kapottehüte der Damen flogen bei dieser ersten Fahrt aus den Wagen ohne Dächer in die Felder. Der reichliche Rauch aus der Lokomotive drohte die Reisenden während der Fahrt zu ersticken. Man konnte wegen der umherfliegenden glühenden Kohlenteilchen kaum die Augen öffnen, und bei dem schrecklichen Luftzug, der die Köpfe abzurasieren schien, war an keine Unterhaltung während der Fahrt zu denken. Und trotz dieser Qualen überwog das Vergnügen die Schrecken, besonders das Vergnügen an der unerhörten Zeitersparnis. Eine Reise, zu der man sonst einige Tage gebraucht hatte, in einigen Stunden zurücklegen zu können, das war ein berauschendes Hochgefühl. Die fremdesten Menschen, die da zusammengepfercht, halb erstickt und schwarz berußt, ohne Hut, vom Luftzug heiser und von der Erschütterung des Fahrens da die Wagen noch keine Federung kannten halbtot und wie in tausend Stücke zerbrochen am Reiseziel ankamen, fielen sich dort vor Aufregung und Entzücken um den Hals und erklärten, dass das Wunder der Schnelligkeit, das Durchfliegen der Meilen so lebenskräftigend sei, dass alle erlittenen Schäden unfühlbar würden. Die Feuerwagen, wie man die ersten Lokomotiven nannte, mit all ihrer Unbequemlichkeit rüttelten damals das Bürgertum auf, das nahe daran war, in bequemlicher Biedermeierei zu verstocken.

Wenn die Sonne höher gestiegen war und wir um elf Uhr aus jenem Morgengarten nach Hause gingen, nahmen wir manchmal unsern Weg durch den Hofgarten, das ist der Schlossgarten von Würzburg. Finken, Goldammern, Rotkehlchen, Drosseln und Zeisige, alle Vögel, die da in den Büschen hüpften und sich unter dem Strahl des großen Springbrunnens ab und zufliegend badeten, lehrte mich mein Vater kennen. Alle hatte er als Knabe im Harz in aufgestellten Sprenkeln im Garten gefangen und sie in Käfigen gehalten.

Wenn ich heute wieder in jenen Schlossgarten durch eines der verschnörkelten schmiedeeisernen Tore eintrete, die Wunder der Schmiedekunst sind - da ihr Eisen nicht zu Gittern, sondern zu mächtigen rankenden Blumenhecken verarbeitet wurde, die den herrlichen Garten würdevoll abschließen, dann fallt mir immer beim Anblick der gestutzten runden Orangenbäumchen, die mit gelben Früchten in ihrem dunklen Laub in grünen Kübeln an der Front des Schlosses entlang und rund um den großen Springbrunnen aufgestellt stehen, die alte zugestutzte Art und Sitte ein, die noch in der ersten Hälfte des neunzehnten Jahrhunderts zugleich mit franzosischen Umgangsformen an kleinen deutschen Höfen gepflegt wurde. Bei dem Duft, der aus den tiefdunklen Taxushecken der Gartengänge kommt, und bei dem Wohlgeruch des Buchsbaumes, der die Tulpenbeete mit niedriger Hecke geradlinig einfasst, entstehen in mir die Vorstellungen, als öffne ich alte Schatullen, aus welchen alte Papiere, Aufzeichnungen und Bilder jener Zeit mich ansehen. Und ich stelle mir besonders in dem langen Gartenweg ein Erlebnis meines Vaters vor, das sich im herzoglichen Schlossgarten von Dessau abspielte, das ich aber immer deutlich, wie auf einer freien Naturbühne, hier in den Würzburger Hofgarten verlegte, sobald mein Vater uns seine Dessauer Hofgeschichte erzählte.

Es war im Juli 1843, als mein Vater in Dessau von der herzoglichen Familie und den Prinzen Friedrich und Albrecht von Preußen samt Gefolge Daguerreotypbilder herstellte. Aber ehe ich weitererzähle, muss ich noch einfügen:

Zwei Jahre waren seit der aufregenden Zeit seiner ersten Daguerreotypversuche in Lindenau verflossen. Jene angstdurchlebten Sonntagsstunden im Lindenauer Garten hatten für meinen Vater, nachdem der Sommer 1841 vorbei war, im Oktober ein unangenehmes Nachspiel. Die Überanstrengung, die wochenlange Sorge und Nervenanspannung und zuletzt die schmähliche Behandlung, die ihm von dem Meister des optischen Instituts zuteilwurde, der ihm eines Morgens ohne jeglichen stichhaltigen Grund die Anstellung gekündigt und damit den jungen Mann brotlos gemacht hatte alles dieses zusammen bewirkte mit einigen Erkältungen, die mein Vater bei Aufnahmen im Freien in dem herbstlich kühlen und nebelfeuchten Gartengelände sich zugezogen hatte, den Ausbruch eines heftigen Nervenfiebers, das ihn zwang, drei Monate zu Bett zu liegen. Die Besitzerin des Gartenhauses und ihr Gärtnerbursche pflegten den so gefährlich Erkrankten in aufopferndster Weise. Wochenlang schwebte mein Vater zwischen Leben und Tod. Endlich war die Kraft des Nervenfiebers gebrochen, aber nun ergriff das ansteckende Fieber auch den armen Gärtner, der sich so rührend an der Pflege beteiligt hatte, und als mein Vater im dritten Monat gesund wurde, brachte man den ändern Kranken in ein Spital nach Leipzig.

In der langen Krankenzeit hatte jene Dame, in deren Garten die ersten Daguerreotypbilder gemacht worden waren, aufs Mütterlichste und uneigennützigste für meinen Vater gesorgt. Die Genesung nach jener heftigen Nervenerschütterung dauerte bis zum Frühjahr.

Und als die ersten Störche mit dem Frühlingswind über die Ebene von Leipzig flogen und die Windmühlen, die dort zerstreut stehen und die mein Vater von seinem Krankenbett aus sehen konnte, sich wieder lebendiger drehten und die lange Lindenauer Pappelallee sich im Frühlingssturm bog, da durfte er seinen ersten Spaziergang machen. Der galt aber dem Kirchhof von Leipzig, wohin er tiefbetrübt, mit einem Kranz am Arm dem Trauerwagen folgte, welcher den treuen Gärtner, der im Spital gestorben war, zu Grabe fuhr.

Im Mai 1842 hatte dann mein Vater durch seine erste Ausstellung in der Handelsbörse auf der Leipziger Ostermesse mit einer Sammlung von ihm hergestellter Daguerreotypbilder einen so großartigen Erfolg gehabt, dass man ihn dazu gedrängt hatte, gegen Bezahlung Aufnahmen vom Bürgermeister, von Magistratspersonen, Leipziger Professoren und Handelsherren zu machen. Die vorher in seinem Sammelrahmen in der Handelsbörse auf der Ostermesse ausgestellten Bilder waren meistens Aufnahmen von Vorübergehenden der Lindenauer Landstraße gewesen, die aus Neugier in den Garten gekommen und die mein Vater in Ermangelung eines anderen Publikums auf den ersten Bildern den Leipzigern gezeigt hatte. Da waren Sonntagsspaziergänger, Soldaten, Dienstmädchen, Leipziger Studenten und Postillione auf den ersten Platten zu sehen gewesen, und der Eindruck dieser Bilder war manchmal ein sehr belustigender.

Nun aber erhielt mein Vater Bestellungen von allen Seiten und aus allen Kreisen der Stadt. Er wurde eingeladen, nach Chemnitz, Magdeburg und Halle zu kommen, was er auch tat. Auch hatte er auf Veranlassung verschiedener Professoren der Chemie in der Aula der Leipziger Universität als erster deutscher Lichtarbeiter einen Vortrag über die neue Lichtkunst halten müssen. Im Juli 1845 führte ihn dann die Einladung seines Onkels, des Kammerherrn, nach Dessau an den herzoglichen Hof.

Meinem Vater kam diese Einladung gerade recht, denn er hatte immer eine Sehnsucht ins große Weite. Und da in Leipzig, wohin er von kleinen Reisen zurückgekehrt war, ihm jetzt alles so glatt von der Hand gegangen und ihm, dem einzigen Lichtarbeiter der Stadt, alle Welt nachgelaufen war, um Bilder zu erhalten, so hatte er, der in seinem Fach oder auf Reisen Neues zu erleben wünschte, eben gründliche Langweile, als der Brief des Onkels eintraf.

Da er noch nicht vierundzwanzig Jahre alt war, also noch blutjung, zog er wie jeder mutige Jüngling lieber die Siebenmeilenstiefel an, als dass er schon gemächliche Hausschuhe austrat.

Die ersten Daguerreotypaufnahmen waren ihm von den Auftraggebern mit fünfzig und hundert Talern bezahlt worden, denn manche, die noch nie ein Bild von sich gesehen hatten, überkam beim Anblick der haarscharfen Wiedergabe ihres Selbst und bei deutlicher Wiedergabe sogar ihrer Kleidernähte und der winzigen Busennadel in der großen Halsbinde ein Taumel von Überraschung und Beglücktheit, der sich in eine außergewöhnliche Freigiebigkeit umsetzte.

Da mein Vater noch keine festen Preise für seine gelieferten Bilder anzusetzen verstand, waren einige entzückt über seine geschäftliche Unbeholfenheit und überhäuften den jungen Mann mit Geldbeträgen, die sie ihm aufdrängen mussten.

Ermüdet von diesem plötzlichen Glück, sehnte sich mein Vater aus Leipzig fort, hinaus in größeres Leben, wo noch so viele unbegangene Meilen vor ihm lagen, die er sehnsüchtig ins Auge fasste.

Es war an einem Julinachmittag in Dessau, als er, an den herzoglichen Hof eingeladen, im Schlossgarten neben seiner aufgestellten Kamera stand und den alten Herzog zur Aufnahme erwartete. Und an diesen Nachmittag aus dem Leben meines Vaters erinnert mich immer die lange Wandelpromenade, die sich an der Rückseite des Würzburger Schlosses im Würzburger Hofgarten hinzieht. Mein Vater erzählte uns, dass vom Schloss her, wo der Herzog kommen sollte, lange Teppichläufer in den Garten gelegt waren und an allen Ecken und Enden überflüssige Diener in glänzender Dienertracht aufgestellt standen.

Von seinem Onkel, dem Kammerherrn, der natürlich äußerst stolz auf seinen Neffen war, begleitet, sah er mit Verwunderung auf die vielen und zeitraubenden Vorbereitungen, die mit höfischer Umständlichkeit vom Grafen Strachwitz, dem Haushofmeister, geleitet wurden.

Es war ein schwüler Sommernachmittag, und der Himmel füllte sich mit schwer aufsteigenden Gewitterwolken. Mein Vater hatte die Aufnahme zuerst im Schloss vornehmen sollen, hatte aber das Licht in den Sälen zu ungünstig gefunden, da dunkle Stoffvorhänge und dunkle Wandbekleidungen die Räume in vornehme Dämmerung hüllten und dadurch Lichtaufnahmen vollständig unmöglich machten. Bei dem damaligen Zustand der Platten, die schon in der Sonne eine lange Belichtungsdauer nötig hatten, hätte der Herzog, um eine Aufnahme im Zimmer zu bekommen, vom Morgen bis Abend vor der Kamera stillsitzen müssen, woran natürlich nicht zu denken war.

So einfach die Sache auch lag, da der Herzog zur Aufnahme nur in den Garten kommen musste, weil die Kamera nur im freien Licht gute Bilder arbeitete, so schien es doch im ersten Augenblick, als verlange mein Vater mit diesem einfachen, selbstverständlichen Wunsch Unmögliches.

Der Haushofmeister schüttelte, tief erschüttert von der Zumutung, entsetzt den Kopf und meinte, eine Aufnahme vom Herzog im Garten zu machen, davon könne gar nicht die Rede sein. Man könne unmöglich seine Durchlaucht bemühen, wegen einer Aufnahme das Schloss zu verlassen und sich ins Freie zu begeben. Der Herzog wolle sich ja in großer Festtracht aufnehmen lassen und es sei niemals dagewesen, dass der Herzog zu Fuß in Festtracht das Haus verlassen hätte. In einem Wagen könne man ihn auch nicht zu dem Rasenplatz bringen, da auf den Gartenwegen keine Wagen fahren dürften und könnten. Seine Durchlaucht dürfe auch nicht in Schuhen zu Fuß über den Gartensand daherkommen. Das gehe durchaus nicht an, denn es verstoße gegen jede hergebrachte Sitte. An eine Gartenaufnahme zu denken, sei also ganz unmöglich. Der Herzog werde auch selbst niemals auf einen so anmaßenden Vorschlag eingehen.

»Gut«, sagte mein Vater, »dann tut es mir äußerst leid, dass seine Durchlaucht auf ein Daguerreotypbild verzichten muss. Ich möchte meiner Kamera sehr gern befehlen, dass sie im Zimmer ebenso schnell arbeitet wie im Freien. Aber die chemischen und optischen Vorgänge, die bei einer Daguerreotypaufnahme infrage kommen, haben ihre ebenso unerschütterlichen Gesetze, nach welchen sie handeln, wie der Hof seine Sittengesetze hat. Da die Kamera mir bei den Aufnahmen ihre Gesetze vorschreibt, muss ich mich nach meiner Kamera richten und nach der Kraft der Sonnenstrahlen, die mir ebenfalls ihre Vorschriften machen.

Will der Herzog nicht diese Naturgesetze, ohne welche keine Aufnahme möglich ist, anerkennen, so tut es mir leid, dass ich umsonst nach Dessau gekommen bin.«

Nach langen Beratschlagungen des Hofmeisters mit dem Hofe war endlich vereinbart worden, da die eigensinnige Kamera ihre eigensinnigen Gesetze habe, die vom Sonnenlicht vorgeschrieben würden, dass man sich doch mit dem Gedanken einer Gartenaufnahme befassen müsse. Damit aber der Herzog in großer Festtracht, unbeschadet seiner Würde, zu Fuß den Garten betreten könne, müssten auf dem ganzen Weg, den er bis zum Rasenrund zu machen hätte, wo ein vergoldeter und roter Samtsessel aufgestellt war, Teppichläufer über den Gartensand gebreitet werden.

Dieses war nun geschehen, und mein Vater erwartete mit Ungeduld den Augenblick der Aufnahme.

Man kann sich nun wohl sein Unbehagen vorstellen, als Gewitterwolken den Himmel mehr und mehr verdunkelten, sodass es unter den hohen Ulmengewölben auf dem Rasenplatz bald noch dämmeriger war als in einem Zimmer. Und er musste sich sagen: der Herzog, der kaum zu bewegen gewesen, in den Garten zu kommen, wird jetzt sehr ungnädig bei der Nachricht werden, dass nun auch eine Aufnahme im Garten unmöglich ist. Deshalb wandte sich mein Vater an den Grafen Strachwitz und bat, man möge den Herzog nicht erst in den Garten bemühen, da das aufsteigende Gewitter und der dadurch verdunkelte Himmel eine Aufnahme in diesem Augenblick ganz unmöglich machten.

Der Haushofmeister war außer sich. Er rief, er könne sich nicht die Ungnade des Herzogs zuziehen, der von der ganzen Daguerreotypangelegenheit nichts verstehe und dem, da er halb taub sei, man jetzt keine langen Erklärungen und Auseinandersetzungen mehr machen könne, weil er bereits fertig angekleidet sei und jeden Augenblick auf der Schlossplattform erscheinen müsse.

»Wir können jetzt nichts mehr rückgängig machen«, schloss der erregte Herr. »Solange es nicht in Strömen regnet, wird seine Durchlaucht nicht begreifen können, warum, wenn er sich endlich entschlossen hat, in dem Garten zu erscheinen, man nicht die Aufnahme vornehmen wolle«.

»Gut«, sagte mein Vater, »ein Bild wird bei diesem dunklen Wolkenlicht niemals möglich sein. Um den Herzog aber nicht zu beleidigen, wenn er kommt, werde ich eine Scheinaufnahme machen müssen, und an einem andern Tag bei besserem Wetter muss dann Durchlaucht unter irgendeinem Vorwand bewegt werden, sich nochmals zu einer wirklichen Aufnahme herbeizulassen. Zu diesem Zweck muss sich aber dann der Herzog zu mir ins Hotel bemühen, denn dieser Schlossgarten hier mit seinen uralten dunklen Baumgängen gibt mir keine Sicherheit für das vollständige Gelingen eines Bildes, während hinter dem Gasthaus, in dem ich wohne, ein neuangelegter Garten ist, dessen junge Bäume fast keinen Schatten geben und breite Sonne hereinscheinen lassen.

Wenn man mir verspricht, dass der Herzog dorthin kommen wird, werde ich nicht darauf bestehen, die Gartenaufnahme jetzt abzusagen, und will jetzt eine Scheinaufnahme vornehmen.«

Graf Strachwitz war entzückt über den Ausweg, den mein Vater gefunden hatte, und versprach von seiner Seite alles zu tun, damit der Herzog in den nächsten Tagen zu ihm in den Gasthofgarten käme, wenn nur mein Vater seinerseits sich jetzt nichts merken lassen und immer dem Herzog lächelnd erklären wolle, dass das Licht ausgezeichnet sei und die Aufnahme vorzüglich gelungen, damit man nicht durch augenblickliche Enttäuschung den herzoglichen Unmut heraufbeschwöre. Denn der alte Herzog habe sich wie ein Kind auf die Aufnahme gefreut und sich sorgfältig dazu herrichten lassen. Da er wisse, dass die Lichtbilder die kleinsten Fältchen und Kleidernähte wiedergeben, hätten die

Friseure und Diener seit Stunden an der Aufmachung des herzoglichen Äußern gearbeitet,

»Wenn es nur regnen würde!« seufzte mein Vater und bat den Himmel eindringlich um einige Regentropfen.

Da erschien endlich der lange, hagere Herzog, die Prinzessin Agnes am Arm, aufgeputzt in großer Galatracht auf der Plattform. Pagen hinter ihm trugen die Enden seines feierlichen Mantels. Er betrachtete einen Augenblick durch ein Lorgnon den Himmel und streckte die Hand in die Luft aus, um zu fühlen, ob es regne.

Eben fielen ein paar große Tropfen, und die musste der Herzog auf seiner großen Nase gespürt haben. Mein Vater war glücklich.

Graf Strachwitz hatte für alle Witterungsfälle einen roten zusammengeklappten Regenschirm in der Hand. Diesen spannte er jetzt eifrigst auf und ging dem Herzog und der Prinzessin entgegen und gab den Schirm einem Diener, der ihn über die herzoglichen Herrschaften halten musste. Diese schritten auf dem Teppich, da es nicht weiterregnen wollte, vorwärts, und der Onkel Kammerherr beeilte sich, meinen Vater dem Herzog zuzuführen und vorzustellen.

Die schwerhörige Durchlaucht hatte sich öfters beim Näherkommen zur Prinzessin Agnes herabgebeugt, und diese hatte mit lauter Stimme die Worte des Grafen Strachwitz vermittelt, welcher zur Seite der Prinzessin ging und auf die Regentropfen nachdrücklich aufmerksam machte.

Die Prinzessin, die in hellblauem Samtkleid erschienen war und einen Kranz aus weißen Rosen im Haar trug, war munter und, wie man sehen konnte, eifrig bemüht, den Herzog bei guter Laune zu erhalten. Dieser machte ein etwas grämliches Gesicht und wollte auf alle Falle, da man einmal gekommen war, zur Aufnahme niedersitzen. Seltsamerweise kam in diesem Augenblick die Sonne mit grellem scharfem Licht in den Garten. Wolkenschichten hatten sich zerrissen, und als sich eben mein Vater dem Herzog vorstellte, setzte der Donner ein.

Das helle Licht gewahrend, sagte mein Vater mit gutem Gewissen, als ihn der Herzog fragte, ob es denn ganz unmöglich sei, eine Aufnahme zu machen:

»Nein, durchaus nicht, Durchlaucht. Es ist ja wunderbares Licht.« Worauf der Herzog sich die Antwort meines Vaters zuschreien ließ, dabei aber behauptete, er habe sehr gut gehört. Er hatte den eben rollenden Donner, den er noch hören konnte, für die Stimme meines Vaters gehalten.

Nichts hätte diesen bei dem Herzog besser einführen können als dieser Donner, wiederholte später oft Graf Strachwitz. Denn sobald es donnerte, war der Herzog immer in bester Laune, da er dann glaubte, dass ihm sein Gehör wieder vollständig zurückgegeben sei.

Mein Vater, der alles bereitgestellt hatte, benützte gewandt die plötzliche Helligkeit, mit der die Sonne durch die Gewitterwolken in den dunklen Garten eingebrochen war. Der Herzog setzte sich, neben ihm stand die Prinzessin Agnes, und mein Vater machte rasch eine Aufnahme.

Graf Strachwitz, welcher glaubte, es handle sich nur um eine Scheinaufnahme, war nachher äußerst erstaunt und mit der Eigenart der Daguerreotypie versöhnt, als er hörte, dass mein Vater trotz des schlechten Wetters doch eine wirkliche Aufnahme gemacht hatte und dass das Gartenbild wider Erwarten wohlgelungen war.

Mein Vater betonte oft, wie komisch der Anblick gewesen, als der Herzog beim Näherschreiten die zwischen zwei Ulmen aufgestellte *Camera obscura* entdeckt habe. Eine Unruhe vor dem unbekannten Apparat habe sich über sein Gesicht verbreitet. Aber besonders unruhig sei er geworden, als mein Vater, nachdem der Herzog Platz genommen, den Apparat auf seine Durchlaucht richten musste. Und da dieser nicht wusste, dass ihn der junge Lichtkünstler unter dem schwarzen Tuch hinter dem Apparat durch die optischen Linsen beobachten konnte, fragte er durch Zeichen den Grafen Strachwitz, ob der Apparat gefährlich werden könne. Worauf der Graf wieder durch Zeichen ihm genügende Beruhigung einflößte. Denn den kleinen Kasten mit dem kurzen Messingrohr konnte man, wenn man wollte, für eine Höllenmaschine ansehen.

Mit sichtlicher Erleichterung stand der Herzog nach der Aufnahme vom Sessel auf. Aber das Ganze hatte ihm doch so viel Spaß gemacht, dass er den Erbprinzen rufen lassen wollte und die Damen und Herren seines Gefolges zur Aufnahme veranlasst hätte, wenn nicht jetzt der Gewitterregen plötzlich eingesetzt hätte und dadurch weitere Aufnahmen unmöglich geworden wären.

Man kann sich heutzutage kaum noch vorstellen, welches Aufsehen es in der kleinen Residenzstadt erregte, dass ein fremder blutjunger Mann von dreiundzwanzig Jahren im Handumdrehen die Gunst des schwer zugänglichen Herzogs und seines Hofes erlangte. Jedermann in der Stadt Dessau verwöhnte nun meinen Vater, und der Andrang derjenigen, die gleichfalls Daguerreotypaufnahmen von ihm wünschten, war bald derart gewachsen, dass der junge Lichtarbeiter nicht alle Wünsche befriedigen konnte.

Mein Vater war im ersten Gasthof der Stadt abgestiegen, und da die Dessauer Zeitungen geraume Zeit vorher lange Besprechungen über die neuen Daguerreotypbilder, über die zu erwartende Ankunft meines Vaters und seine Einladung an den herzoglichen Hof gebracht hatten, so war der Besitzer des großen Gasthofes entzückt, die junge Berühmtheit bei sich im Hause zu haben. Als mein Vater zum ersten Mal zu Hof fuhr, hat jener Gasthofsbesitzer es sich nicht nehmen lassen, mit Zylinderhut und weißen Handschuhen angetan, neben dem Kutscher am Bock Platz zu nehmen und mit dem jungen Mann ins Schloss zu fahren, um ihm dort den Kasten, der Kamera durch die Schlossräume und durch den Garten mit seinen weißbehandschuhten Händen nachzutragen.

Meinem Vater, der aus der großen Stadt Leipzig kam, erschien dieses Gebaren sehr kleinstädtisch und lächerlich, und er schämte sich etwas für den einfältigen, reichen Gasthausbesitzer, der es gar nicht nötig gehabt hätte, den Diener des dreiundzwanzigjährigen jungen Mannes zu spielen, wenn er nicht in hündischer Demut bei Hofe seine Bücklinge hätte anbringen wollen.

Es war kein Stolz im Bürgertum jener Zeiten mehr, und wenn die Fürsten und Adeligen vor solch kriechenden Geschöpfen, die nicht mehr den Namen Menschen verdienten, keine Achtung haben konnten, so war es auch zu verstehen, dass sie alle Bürger hochmütig und als Canaille behandelten. Es lag das meist an dem unwürdigen, feigen und augendienernden Benehmen, welches die Bürgerschaft von damals kennzeichnete. -

Einige Tage nach jenem ersten Hofbesuch stürmte dieser Wirt, als mein Vater gerade mit vielen anderen Gästen im Speisesaal an der Mittagstafel saß, wie ein Närrischgewordener herein und packte zwei Kellner. Diese mussten meinen Vater, der ruhig aß und nicht wusste, wie ihm geschah, samt dem Stuhl, auf dem er saß, aufheben und auf den Rücken des Wirtes setzen. So beladen rannte dieser, immer noch närrisch jubelnd, mit dem verdutzten jungen Mann rund um die besetzte Tafel, bis er ihn endlich niederließ und ihm und allen Gästen unter Luftsprüngen die laute Mitteilung machte: Soeben habe sich der Herzog samt dem Erbprinzen mit Gefolge angemeldet und wolle seinem Hause die unerhörte Ehre antun, heute Nachmittag im Garten zu erscheinen, um von Herrn Dauthendey weitere Aufnahmen machen zu lassen.

Die Gäste, welche ältere angesehene Dessauer Herren waren, beglückwünschten meinen Vater lebhaft zu der Freudenbotschaft.

Dieser arbeitete in Dessau freudig und gern und um so lieber, da er sah, dass seine Arbeit begehrt und geschätzt war.

Seine Aufnahmen gelangen ihm fast immer. Wenn der Herzog und der Hof jetzt öfters zu Aufnahmen in dem hellen Gasthausgarten erschienen, lief der vierzehnjährige Erbprinz immer hinter meinem Vater her, folgte ihm ins dunkle Laboratorium, wollte alles und jedes über die Herstellung der Platten und über die Aufnahmen wissen, machte dazwischen Witze über den Grafen Strachwitz und verlangte zuletzt, dass mein Vater ihm täglich Unterweisungen im Daguerreotypverfahren geben möchte, damit er, der Erbprinz, selbst Aufnahmen am Hofe machen könne.

Das tat mein Vater auch einige Male. Den ganzen Hof schien das Daguerreotypfieber gepackt zu haben. Es wurden Aufnahmen in der Reitschule von Prinzen und Prinzessinnen zu Pferde gemacht. Der Herzog ließ sich in allen möglichen Stellungen und Uniformen aufnehmen, und es war den ganzen Tag vom Hofe her ein eifriges Gefrage, ob und wann man die nächsten Bilder sehen könne. Immer waren Diener unterwegs, welche Anfragen machten oder Anmeldungen brachten. Und trat mein Vater morgens auf die Altane, die an der von ihm bewohnten Zimmerreihe entlang lief, so konnte er oft im gegenüberliegenden Schloss der Herzogin-Mutter, drüben auf der Schlossaltane, die alte Dame, den Erbprinzen und Prinzessin Agnes bemerken, welche die kleinen Spiegelbilder seiner Daguerreotypaufnahmen sich gegenseitig zureichten, sie im Morgenlicht hin und her wendeten und meinem Vater dann freundlich zunickten, sobald sie ihn bemerkten.

Man konnte au allen Gesichtern am Hofe täglich von Neuem sehen, dass mit der Daguerreotypie eine Befreiung vom Kleinlichkeitsgeist eingezogen war. Alle Hofleute standen ihren ungeschminkten Abbildern gegenüber und hatten nicht mehr schmeichlerische Ölbilder oder glatte Elfenbeinmalereien vor sich. Die ermüdende Verhimmelung schien mit einem Mal ein Ende zu nehmen, als die ehrliche Lichtarbeit der Daguerreotypie jetzt allen Fürstlichkeiten aufrichtige Bekenntnisse über ihr bisher nur verklärt gezeigtes Ich machte. Die sonst in Unnahbarkeit Entrückten sahen sich zum ersten Mal ungeschmeichelt als irdische Wesen im Bilde auf den kleinen Silberplatten dargestellt. Sie freuten sich alle, als wären, sie von einem Bann erlöst und durch die Aufnahmen meines Vaters aus einer Verzauberung befreit worden.

Man wollte den jungen Lichtkünstler nicht mehr vom Dessauer Hofe fortlassen. Er sollte wie der Onkel Kammerherr dort bleiben. Aber das war gar nicht nach meines Vaters Sinn, welcher sich sehnte, den kleinen herzoglichen Hof mit einem größeren Arbeitsfeld zu vertauschen.

Er sann gerade über einen schicklichen Grund nach, um der Verwöhnung, die ihm in Dessau täglich zuteilwurde, baldigst zu entkommen, als ihm ein Zufall den Grund zur Abreise von selbst in die Hand spielte.

Mein Vater hatte sich eine große, graue dänische Dogge ange-
schafft. Bei seinen Spazierfahrten, die er manchmal zu seiner Erholung unternahm, saß dieses prachtvolle Tier immer stolz aufgerichtet neben ihm auf dem Wagenkissen. Er hatte den Hund
sehr lieb gewonnen, und er konnte später noch nach vielen Jahren
niemals verstehen, welcher Schurke ihm den harmlosen Besitz
dieses Tieres missgönnt haben konnte. Wohl fanden sich jetzt in
Dessau manche Leute, die dem jungen Glückspilz die Hofgunst
neideten. Aber niemals hätte man annehmen können, dass der
Neid sich so weit versteigen würde, meinem Vater den schönen
Hund zu missgönnen. Und als die Dogge eines Tages auf geheimnisvolle Weise vergiftet wurde, kannte meines Vaters Ab-
scheu gegen die kleinstädtischen Neider keine Grenzen. Keine
Bitten, keine Vorstellungen vonseiten des Onkels und keine Auf-
forderung vonseiten des Hofes konnten meines Vaters aufge-
brachtes Herz von seinen Abreisegedanken abbringen.

Er machte seine Abschiedsbesuche. Sein plötzlicher Abreiseent-
schluss wurde tief bedauert. Da er sich aber von seinem Vorsatz,
Dessau zu verlassen, nicht abbringen ließ, wollte man ihm wenigstens die Wege in die Zukunft ebnen, so gut man konnte. Die
Herzogin versprach meinem Vater beim Abschied ein Empfehlungsschreiben an ihre Schwester, die Kaiserin von Russland,
nachzusenden. In diesem Brief wollte sie, für den Fall, dass mein
Vater nach Petersburg kommen sollte, ihn und seine Daguerreotypie der russischen Kaiserin aufs Wärmste empfehlen. Ein offe-
ner Brief an einen General Chambeau in St. Petersburg war dann
auch dem versiegelten Brief an die Kaiserin beigegeben. Darin
empfahl die Herzogin den Überbringer und den Brief der Sorge
des Generals, welcher den jungen Mann mit dem herzoglichen
Schreiben bei der Kaiserin von Russland einführen sollte.

Zuerst hatte mein Vater gar nicht im Sinn, die Reise nach Russland zu unternehmen. Als ihm aber dieser Brief in Aussicht gestellt wurde, der den Weg zur Kaiserin öffnen sollte, entschied er
sich kurz entschlossen für die Fahrt nach St. Petersburg.

Aber sicherlich hat er nicht geahnt, als er endlich den reichversie-
gelten Brief der Herzogin in der Hand Welt, dass dieses Schreiben seinen Lebensweg auf zwanzig Jahre hinaus und noch weiter
bestimmen sollte. Und wenn ihm jemand gesagt hatte, dass er

wohl mit diesem Brief nach Petersburg kommen würde, dass aber der Brief trotz der Adresse, welche eine Herzogin eigenhändig geschrieben und welcher, wie schon erwähnt, einer bedeutenden Vermittlungspersönlichkeit des Petersburger Hofes, einem General, übergeben werden sollte und wenn man noch dabei bedenkt, dass die Adressatin, die Kaiserin von Russland, die Schwester der Herzogin von Dessau war, dass dieser Brief niemals in die Hände der Kaiserin kommen sollte, so würde er das nicht für möglich gehalten haben. Dieses traf aber leider wirklich später zu.

Nicht durch jene herzogliche Empfehlung, welche niemals an ihre Adresse gelangte, kam mein Vater an den kaiserlichen Hof. Seinen aufsehenerregenden Arbeiten, seinem wachen Arbeitseifer, seinem jugendlichen Mut und nicht Empfehlungen verdankte er später die großen Auszeichnungen, die ihm vom russischen Kaiserhause und den höchsten russischen Fürstlichkeiten zuteilwurden.

Zweimal hat sich mein Vater in Petersburg verheiratet. Zwei Frauen, die dort geboren, aber von deutscher Abkunft waren, machte er sich nacheinander zu Lebensgefährtinnen. Sieben Kinder wurden ihm von beiden Frauen in Russland geboren. Ich, sein achtes Kind, bin der Einzige, welcher nach dem zwanzigjährigen russischen Aufenthalt meines Vaters und nach seiner Rückkehr nach Deutschland, im dritten Jahre nach seiner Ankunft, hier in Würzburg auf deutschem Boden geboren wurde.

Ich erinnere mich aus meiner ersten Jugendzeit, dass es mir nie richtig klar wurde, ob ich eigentlich nach Russland oder nach Deutschland gehörte, denn unser ganzer Haushalt war von russischen Einflüssen und hessischen Sitten immer stark durchsetzt. Alle großen Pesttage wurden nicht gerade doppelt gefeiert, aber doch war immer das Fest russischen Datums, welches zwölf Tage später fällt, eine Art Erinnerungstag bei uns. Wir ließen zu Weihnachten oder beim Osterfest das später fallende Fest im Gedenken an die vielen Petersburger Verwandten und zu Ehren meiner Petersburger Großmutter nicht unbeachtet vorübergehen.

Auch spielten das Teetrinken und der Samowar in unserem Haus eine große Rolle. Ebenso wurden zur Fastenzeit die russischen Speisen gegessen. Blinis mit russischem Kaviar, der aus Petersburg kam, Pirogen das sind verschiedenartig gefüllte russische Pasteten und die Tschisuppe, eine Weißkohlsuppe, wie sie zur Winterzeit im russischen Volke gebräuchlich ist. Außer den Papyros, den russischen Zigaretten, die mein Vater sich in Petersburg zu rauchen angewöhnt hatte und ohne die er uns undenkbar war, war es vor allem das tägliche Teetrinken, das, weil es damals in Deutschland noch nicht so gebräuchlich war wie jetzt, mich jedes Mal nach Russland versetzte.

Auch die russische Sprache, die mein Vater und meine Mutter vor den Dienstboten sprachen, wenn diese den Inhalt des Gespräches nicht verstehen sollten, wirkte zu meinem Fremdgefühl mit, ebenso das Russischsprechen meiner Stiefschwestern untereinander, welche sich in dieser Sprache in meiner Gegenwart laut ihre Mädchengeheimnisse mitteilen konnten, ohne dass ich den Inhalt begriff dies alles umgab mich nicht russisch sprechenden Deutschen in der Familie mit einer fremden Luft, sodass ich in den ersten Kinderjahren mich nicht so in Deutschland zu Hause fühlte wie meine deutschen Spielkameraden.

Obwohl kein Tropfen russisches Blut in meinen Adern ist, hat es mancher Jahre bedurft, bis ich mir völlig klar wurde, dass nicht Russland, sondern Deutschland meine Heimat war. Denn man hatte mich, als ich im vierten oder fünften Lebensjahr hier in Würzburg in eine Kinderspielschule geschickt wurde, auch in russische Kleider gesteckt. Ich trug immer Stulpstiefel, weite russische Pluderhosen, darüber einen schräg geknöpften Kittel, der um die Hüften von einem Gurt zusammengezogen wurde. Im Winter war ich in einen langen russischen schwarzen Samtmantel gekleidet; der war mit winzigen Goldknöpfchen schräg auf der Schulter geknöpft, mit Pelz verbrämt, mit dunkelroter Seide gefüttert, und außerdem war der Mantel von einem schmalen gestickten, echten russischen Seidengürtel zusammengehalten. Dazu trug ich eine schwarze Samtmütze mit Pelzbesatz und rotem Seidenfutter.

Mein Vater und meine Mutter freuten sich, an mir Jüngstem russische Erinnerungen zu pflegen. Für meine Mutter, die in Petersburg geboren und aufgezogen war, war meine russische Tracht ein so altlieber und gewohnter Anblick, dass sie daran kaum etwas Fremdes finden konnte.

Aber ich hatte in der Schule unter den Würzburger Kindern viel Pein und Befremdungen zu ertragen. Ich war wie ein weißer Sperling, den alle ändern misstrauisch umhüpfen durften, von einigen bestaunt, von den ändern verhöhnt.

Ich selbst aber ahnte gar nicht, dass meine Kleidung mir diese peinliche Sonderstellung errang. In meinem vierten und fünften Lebensjahr waren Kleider für mich nur notwendige Umhüllungen, und ich hatte keine Ahnung, da doch alle Kinder verschieden gekleidet waren, dass meine Kleidung so grundverschieden von den ändern war. -

Auch in unseren Zimmern gab es viele Dinge, an die sich russische Erinnerungen knüpften.

Die Totenmaske des Kaisers Nikolaus des Ersten hing weißleuchtend in meines Vaters Schreibzimmer über einem Bücherständer und darunter an einem Nagel ein sogenannter Totschläger, eine fußlange Waffe. Dieser Totschläger war aus Rohren zu einem daumendicken Stab geflochten, und an beiden Enden waren in ein feineres Geflecht eigroße Bleikugeln fest eingearbeitet. Diese Waffe hatte mein Vater nachts auf der Straße in Petersburg bei sich getragen, um gegen Überfälle gesichert zu sein; denn kleine Taschenrevolver kannte man damals noch nicht.

Außerdem waren da Jagdgeräte über den Türen angebracht: eine russische Jagdtasche aus hellfarbenem Leder, ein Pulverhorn und alte Jagdflinten, die mit Ladestöcken geladen wurden, welche Dinge alle, wenn ich sie ansah, mich sofort nach Russland versetzten, an den russischen Hof, auf die Petersburger nächtlichen Straßen, in russische Troikas und in russische Urwälder, wohin mein Vater, der in seinen Mußestunden auch ein leidenschaftlicher Jäger gewesen, mich oft mit seinen Erzählungen geführt hatte.

Zwischen all den Russlanderinnerungen trat aber von der Wand als lebhaftester Zeuge vergangener Zeit das Ölbild meines Vaters hervor, auf dem er an einem Tisch sitzt, den Kopf in die Hand gestützt, neben ihm die kleine Kamera, deren Messingrohr wie eine winzige Kanone leuchtet und die meines Vaters ganzes Leben bestimmte. Diese Kamera und nicht der herzogliche Brief, wie ich schon sagte, bahnte ihm seinen Weg an den russischen

Hof und brachte ihm die wechselvollsten Schicksale, machte ihn reich und arm, angesehen und verfolgt, brachte ihm Liebe und Hass ein und war sein Kummer und sein Trost bis an sein Lebensende.

Nachdem mein Vater den Entschluss zur russischen Reise gefasst hatte und vom Onkel Kammerherrn dazu beglückwünscht worden war, nahm er von seiner Mutter und von seinem Onkel, dem Oberprediger Happach in Sandersleben, Abschied.

Von allen Seiten wurde ihm von dieser Reise abgeraten, und niemand glaubte, dass er jemals wieder lebendig aus Russland heimfinden würde. Denn in den Gehirnen der besorgten Verwandten spukten damals die Vorstellungen, dass Russland Sommer und Winter tief im Schnee stecke und dass in Petersburg die Wölfe auf den Straßen herumliefen.

Mein Vater ließ sich aber nicht von derartigen Befürchtungen schrecken und reiste nach Lübeck, um dort ein Schiff zu besteigen, und kam im Oktober 1843 in St. Petersburg an.

Er hatte noch niemals das Meer gesehen und machte diese Auslandsreise auf einem großen Segelboot. Wohl gab es schon Dampfschiffe für den Verkehr zwischen Russland und Deutschland, aber er hatte den Abreisetag des letzten Dampfschiffes versäumt und entschloss sich, den Segler zu nehmen, der gerade am nächsten Tage abgehen sollte.

Von dieser Reise prägten sich eine Menge kleiner Zufälle in sein Gedächtnis ein, die er fünfzig Jahre später noch genau behalten hatte und die er uns immer wieder, wenn die Rede auf seine erste Meerfahrt kam, eingehend schilderte, sodass ich mich verpflichtet fühle, aus Hochachtung vor den Zufällen des Lebens auch einige dieser kleinen Ereignisse zu erzählen.

Im Gasthof in Lübeck hatte mein Vater bei Tisch den Kapitän jenes Segelschiffes kennengelernt, und dieser war es, der ihn überredet hatte, nicht auf das nächste Dampfschiff zu warten, sondern mit ihm auf dem Segelboot zu reisen.

Auch hier waren es wieder die Kamera und der neue Beruf, die Daguerreotypie, die dem jungen Mann sofort die Achtung des

Älteren verschafft hatte. Er machte vom Kapitän eine Aufnahme, und dieser gab das Bild seiner Frau.

Als die Abreisestunde gekommen war, erstaunte es ihn, dass der Kapitän, dieser große Hüne, seine winzig kleine Frau zu sich hochhob und küsste und dass dieser wetterharte Mann dabei Tränen in den Augen hatte, Tränen, die dem Seemann am Bart herabrollten. Mein Vater konnte sich nicht enthalten zu bemerken, dass dieser Abschied einem Abschied auf Nimmerwiedersehen gleiche. Worauf der Kapitän erzählte, seine Frau habe schon zwei Männer auf dem Meere verloren.

Später hörte er in Petersburg, dass dieser selbe Kapitän auf der Rückfahrt mit seinem Schiff untergegangen und mit Mann und Maus ertrunken war. Mein Vater hatte also ahnungsvoll diesen Abschied einen Abschied auf »Nimmerwiedersehen« genannt. Und der Gedanke, dass die kleine Frau, die nun den dritten Mann auf dem Meere verloren hatte, von ihm wenigstens ein Daguerreotypbild des letzten Mannes erhalten hatte, war ihm wohltuend.

Am dreiundzwanzigsten September segelte das Schiff von Lübeck ab, dreiundzwanzig Passagiere waren an Bord, aber statt der fünf Tage, die bei gutem Wetter gewöhnlich die Reisedauer wären, musste mein Vater dreizehn Tage auf dem Schiff verweilen, da große Windstillen eintraten. Er erzählte oft, dass in der spiegelglatten See weithin in der warmen Septemberluft viele Segelfahrzeuge mit schlaffen Segeln auf der Meeresfläche still, wie festgeankert lagen und wie schmerzlich und niederschlagend es war, wenn dann mitten über die tote See ein Dampfschiff eiligst herangefahren kam und brausend an ihnen vorüberzog.

Den Triumph, den die neuzeitliche Technik des Dampfes so sichtbar über die althergebrachten Segeleinrichtungen feierte, erlebten mein Vater und die Mitreisenden hier am eigenen Leibe. Das neumodische Dampfboot verschwand geschwind in der Ferne, nachdem es flott mit seiner Fahne gegrüßt hatte, indessen die alten Segelkasten viele Tage an demselben Fleck im offenen Meere liegen mussten und Muße hatten, sich untereinander mit verschiedenen Flaggenzeichen über ihr Reiseziel zu unterhalten.

Da auf dem Schiff, auf welchem mein Vater fuhr, auch eine Sendung wilder Tiere, Bären, Löwen, Tiger, Schlangen und Affen, an

Bord war, die von London nach Petersburg gebracht werden sollte, so gab es immerhin noch einige Unterhaltung, und der Kapitän erlaubte sich besonders mit dem Tierhändler viele derbe Späße, die man ihm gern gönnte, da dieser Händler zum Ärger der Mitreisenden in den Brusttaschen seines Rockes immer einige übelriechende neugeborene kleine Affen herumtrug und sich auch so affenbeladen bei den Mahlzeiten an den Speisetisch setzte.

Drei Witze des Kapitäns zeichneten sich besonders durch ihre Seederbheit aus. Einmal bei Tisch schlug er vor, er wolle an dem Reisenden, der dies wünsche, sechs Hühnereier so verstecken, dass niemand sie finden könne. Sam, so hieß der Tierhändler, erbot sich sofort, und der Kapitän schob ihm sechs Eier unter die Reisemütze. Die Mitreisenden, welche inzwischen aus der Kajüte gegangen waren, wurden herbeigerufen, und der Kapitän verständigte hinter Sams Rücken die andern durch Zeichen über das Versteck der Eier. Man unter suchte scheinbar einige Augenblicke Sams Taschen, bis einer plötzlich mit breiter Hand zum Schlage ausholte und dabei ausrief:

»Unter der Mütze müssen sie stecken!«

Dabei traf die große Hand mit wohlgezieltem Schlag die Mütze auf dem Kopfe des Händlers. Die gelbe Brühe der zerschlagenen Eier lief dem gefoppten Tierhändler über das Gesicht und über seine Kleider, und er hatte zum Schaden der verlorenen Wette und der beschmutzten Kleider auch noch das Hohngelächter aller Mitreisenden zu ertragen.

Ein andermal wettete der Kapitän wieder, er könne auf seinem Schiff, wenn er wolle, einen Menschen so verstecken, dass ihn auch die Matrosen nicht finden könnten. Der witzige Sam hatte nicht genug von der letzten Wette und wollte durchaus versteckt werden. »Aber nur, wenn Sie sich still verhalten«, hatte der Kapitän gesagt, »und Ihr Versteck nicht verraten, will ich Ihnen den Platz anweisen, wo Sie niemand findet.«

Der Kapitän ließ darauf den Tierverkäufer in ein leeres Fass steigen, das auf Deck stand. Danach stellte er um das erhöhte Fass eine Reihe Matrosen auf, von denen jeder einen Kübel voll Seewasser in den Händen bereithalten musste. Nachdem die übrigen

Mitreisenden sich wieder so gestellt hatten, als ob sie eine Weile nach dem Versteckten suchten, schütteten plötzlich alle Matrosen zu gleicher Zeit auf ein Zeichen des Kapitäns das Seewasser aus ihren Kübeln in das Fass, aus welchem der durchnässte Sam natürlich mit großem Geschrei herausfuhr. Wieder hatte er Schaden und Spott und die Wette verloren.

Zum dritten Mal spielte der Kapitän dem Vorwitzigen dadurch einen Streich, dass er den Matrosen erlaubte, als Sam einmal in den Mastkorb des Hauptmastes geklettert war und von oben auf den Kapitän und die Mitreisenden geschimpft hatte, die Strickleitern zu verwirren, sodass der Hinaufgekletterte den Rückweg abgeschnitten fand, demütig werden musste und gezwungen war, sich durch ein Trinkgeld von den Matrosen, die ihn so im Mastkorb gefangen hielten, loszukaufen.

Derartige Witze wären ziemlich nebensächlich, wenn nicht durch jene Person, der sie galten, durch jenen Tierhändler Sam, meinem Vater ein wichtiger Dienst geleistet worden wäre. Er bedauerte nämlich den Tierverkäufer, welchen der Kapitän zu sehr hänselte. Wenn auch jener Mann einige Zurechtweisungen für seinen Vorwitz verdiente, dachte mein Vater, so war dieser Gefoppte doch immerhin ein Reisender, der seinen Reiseplatz so gut wie die anderen bezahlt hatte. Und der ewigen Hänseleien des sich wichtig machenden Kapitäns müde, nahm er den armen Mann in Schutz und erklärte, wenn demselben noch ein Schabernack gespielt würde, 50 fühle er sich davon beleidigt und werde sich zu rächen wissen.

Das wirkte. Und da dem Tierhändler manch edles Tier seiner Sendung auf der langen Seefahrt verendet war und über Bord geworfen wurde, waren jetzt die Mitreisenden und bald auch der Kapitän geneigt, den Händler, der durch den Tod der Tiere große Geldverluste hatte, zu bedauern.

Kurz vor der Ankunft in Russland, als von der Tierladung beinahe die Hälfte der kostbaren Tiere verendet war, wurde selbst der Kapitän dem armen Sam gegenüber ganz von Mitleid erfüllt und war zu jeder Abbitte bereit, und er war es auch, der zuerst unter den Mitreisenden eine Sammlung zugunsten des schwer Geschädigten veranstaltete.

Dieser Sam gab meinem Vater später den Namen einer Familie an, an die sich der junge Mann wenden solle, wenn er in Petersburg nicht mehr im Gasthaus lohnen und ein stilleres Zimmer haben wolle. Und in dieser Familie fand mein Vater dann sonderbarerweise in der Tochter des Hauses seine erste Frau, die er liebte und heiratete.

Hätte er diesen gehänselten Sam nicht in Schutz genommen, so würde er wahrscheinlich niemals in jenes Haus gekommen sein und jenes Mädchen, das seine erste Frau würde, niemals kennengelernt haben.

Als die russischen Zollbeamten in Kronstadt an Bord kamen, um die Pässe nachzusehen, fragte auch einer, ob die Reisenden versiegelte Briefe bei sich hätten. Als mein Vater den großen versiegelten Brief der Herzogin von Dessau an die Kaiserin von Russland vorzeigte, staunte der Zollbeauftragte nicht wenig, machte eine tiefe Verbeugung, gab den Brief zurück und sagte, den dürfe er nicht öffnen.

Ganz anders benahm sich später der Geheimsekretär der Kaiserin, jener General Chambeau, der diesen Brief übermitteln sollte. Der tat, als ob dieses Empfehlungsschreiben einer Herzogin an ihre Schwester überhaupt wertlos sei.

Der junge Auswanderer, welcher noch von der ehrenvollen Aufnahme am Dessauer Hof verwöhnt war, glaubte nur das herzogliche Schreiben vorzeigen zu müssen, damit sich ihm unbedingt Tor und Tür in allen kaiserlichen Schlössern Petersburgs öffnen würden. Sehr erstaunt war er aber gleich, als bei seinem ersten Besuch in der Kanzlei des Generals der Kanzleidirektor ziemlich verstimmt war, als mein Vater verlangte, den Brief der Herzogin seiner Exzellenz selbst überreichen zu wollen. Da der General nicht zu Hause war, musste er einen zweiten Besuch machen und wurde dieses zweite Mal dann Herrn von Chambeau vorgestellt.

Mein Vater beschreibt diesen Herrn als einen kleinen, schwächlichen Mann mit scharfen wachsbleichen Gesichtszügen, unruhigem Blick und mit einem höfischen Schmunzeln um die Lippen. Er konnte kein Vertrauen in seine Person fassen.

Er erzählt in seinen Tagebuchblättern von dieser Begegnung: »In einen blauen Samtschlafrock gehüllt, kam der General aus seinem

Kabinett mir entgegen, nahm das Schreiben in Empfang, erkundigte sich, wie ich zu demselben gelangt sei und welchen Erfolg ich mir davon verspräche. Ich erwiderte, dass ich infolge dieser fürstlichen Empfehlung wohl mit Sicherheit auf Aufträge bei Hof rechnen könne und die Reise nach Petersburg zu diesem Zwecke unternommen habe.

Darauf antwortete mir seine Exzellenz in höhnischem Ton: *Das sind Luftschlösser, mein Lieber, die Sie sich da gemacht haben. Die russische Kaiserin ist nicht die Herzogin von Dessau, und man kann hier nicht so leicht wie dort vorgelassen werden. Im Übrigen ist die Kaiserin jetzt unwohl. Da kann ich mit solchen Nichtigkeiten nicht kommen. Lassen Sie Ihre Adresse in meiner Kanzlei. Wenn Ihnen etwas von Belang auf Ihr Schreiben zu antworten ist, werde ich Ihnen Mitteilung darüber machen lassen.*

Mit diesen Worten kehrte der General in sein Kabinett zurück und ließ mich stehen!

Solch ein beleidigender Empfang und diese kurze Abfertigung in einer für den jungen Mann so wichtigen Angelegenheit berührten diesen beinahe, als wäre er ein Bettler und als hätte er um eine Unterstützung nachgesucht. Seine deutsche ehrliche Gesinnung konnte es nicht fassen, dass sein Vertrauen auf das Empfehlungsschreiben und seine Hoffnungen, die damit zusammenhingen, nur Luftschlösser gewesen sein sollten. Er ahnte nicht, dass jener russische Beamte immer erst alle Briefe auf ihren goldenen Inhalt prüfte. Später sagte er sich oft: Hätte er dem Empfehlungsschreiben einige Hundertrubelscheine beigefügt, so wäre dasselbe auch erledigt worden, und die Luftschlösser wären zu wirklichen Schlössern geworden. Aber wie konnte ein junger Deutscher, der in ordnungsrichtiger und unbestechbarer Umgebung aufgewachsen war, auf den Gedanken kommen, einem Geheimsekretär der Kaiserin ein Geldgeschenk anzubieten! Er kannte noch gar nicht die russischen Verhältnisse und wusste nicht, dass die Bestechungsform in allen Beamtenkreisen so selbstverständlich war, wie die Steuerform dem deutschen Volke selbstverständlich ist. Hätte mein Vater aber von dem Bestechungswesen auch gewusst, so glaube ich trotzdem nicht, dass er sich dazu verstanden hätte, eine so gemeine Einrichtung zu unterstützen. Sein grunddeutscher gerader Sinn sträubte sich, solange er in Russland war, dies schändliche Treiben mitzumachen, und natürlich hat er sich durch diese Sonderstellung immer gründlich geschadet. Ja, zuletzt war sogar dieses der Grund, da er den Generalgouverneur und Oberpolizeimeister nicht bestechen wollte, wie diese ihm deutlich zu wissen taten, dass mein Vater sich sein Haus eines Tages überm Kopf abreißen ließ und nach zwanzigjährigem Aufenthalt Petersburg plötzlich den Rücken wandte, angeekelt von der niederen Denkungsart höchster Beamter, die nur denen Recht zusprachen, welche den Gesuchen an die Behörden die meisten Rubelscheine beifügten.

Unter anderen Umständen hätte mein Vater Russland wohl niemals verlassen. Aber Ungerechtigkeit und die stillschweigende Forderung, bei einflussreichen Beamten Bestechungen ausüben zu sollen, wenn er mit einem Baugesuch oder mit anderen Geschäftsgesuchen durchdringen wollte, an dieses konnte sich der ehrliche Mann auch nach zwanzigjährigem russischen Aufenthalt nicht gewöhnen, und er trennte sich dann von Verwandten und einem langjährigen Freundeskreis, gab den Platz seiner reichen Tätigkeit auf und wanderte in die ihm fast fremdgewordene Heimat zurück, angewidert von diesem in Russland so unausrottbar eingebürgerten Übel, das alle Schichten des Beamtentums dort wie eine ekelhafte Verseuchung belastet.

Mein Vater hatte aber nach jenem zweiten Besuch beim General Chambeau nicht sofort leichter Hand alle Hoffnungen auf die Wirkung des Empfehlungsschreibens bei der Kaiserin aufgeben können. Er ahnte ja noch nicht, dass die Exzellenz den Mut zur Frechheit haben würde, den Brief der Herzogin von Dessau an ihre Schwester gar nicht abzuliefern.

Die letzten Worte des Generals, dass der Überbringer des Briefes auf alle Fälle seine Adresse hinterlassen solle, ließen meinen Vater noch immer Luftschlösser bauen, und in seiner jugendlichen Treuherzigkeit malte er sich immer noch den Empfang am russischen Kaiserhofe aus und konnte an gar nichts anderes glauben, als dass man seiner Arbeit ebenso dringend hier in Petersburg bedürfe, wie dies vorher in Dessau der Fall gewesen.

So sprang er immer zu Hause in seinem Zimmer auf, wo er täglich mit Spannung die Antwort erwartete, und lief ans Fenster, sobald sich ein Wagen in der stillen Straße hören ließ. Denn jemand hatte ihm irgendwann mal erzählt, dass alle Befehle und Nachrichten aus kaiserlichen Kabinetten durch Kuriere überbracht würden. Sechs Wochen lang horchte er auf jedes Wagenrollen, immer tief erschüttert, wenn ein Wagen ankam, und immer tief enttäuscht, wenn derselbe am Haus vorbeifuhr, ohne zu halten und ohne die ersehnte Nachricht zu bringen. Er erzählt darüber:

»Inzwischen hatte ich meine Barschaft aufgezehrt und hatte schon manches Kleidungsstück verkaufen müssen, um meinen Unterhalt zu bestreiten. In dieser traurigen Lage trug der strenge russische Winter noch viel dazu bei, mich mut- und hoffnungslos zu machen, und so versuchte ich durch einen erneuten Besuch bei dem General Chambeau eine Entscheidung über Hoffen oder Verzichten herbeizuführen. Wiederum musste ich zweimal meinen Besuch wiederholen, bis mich die kleine Exzellenz empfing.

*Was wollen Sie denn schon wieder? Ich habe Ihnen doch gesagt, dass ich Ihnen nötigenfalls Nachricht zugehen lassen würde!* war die Antwort seiner Exzellenz auf meine Bitte, mir doch sagen zu wollen, ob ich überhaupt noch auf Aufträge bei Hofe rechnen könne. Dann erging sich der General in lästernden Äußerungen über einen jungen Mann, der einstens ebenfalls von der Herzogin von Dessau als Kunstgärtner empfohlen worden war. *Diesen jungen Mann,* sagte er, *habe ich in Peterhof angebracht und habe ihm zu seiner Ausrüstung noch achthundert Rubel vorgestreckt, ohne Anerkennung und Lohn dafür zu bekommen. Wie soll man da Lust haben, ferner solche Ankömmlinge zu unterstützen?*

Als ich auf diesen Schlusssatz seiner Erzählung erwiderte, dass ich nicht gekommen sei, um eine Unterstützung zu erbitten, sondern die Vermittlung meines Empfehlungsschreibens erwarte, antwortete er mit höhnischem Lächeln:

*Was warten Sie denn auf Hofarbeiten! Machen Sie hier ein Geschäft auf. Verschaffen Sie sich einen Ruf. Vielleicht erhalten Sie dann Aufträge bei Hofe!*« -

Mit diesem Ausspruch wurde meinem Vater der letzte Hoffnungsschimmer, der für ihn am Empfehlungsschreiben an die Kaiserin haftete, ein für alle Mal ausgelöscht. Der kaiserliche Sekretär hatte ihn damit verabschiedet, und nun war ihm klar, dass er auf nichts zu rechnen hatte, auf keine kaiserlichen Aufträge. Er war von jetzt ab ganz allein auf seine eigene Kraft und Findigkeit angewiesen.

Wie schwer muss dem jungen Mann dieser Tag gewesen sein! Er, der in Deutschland samt seiner Arbeit gesucht, begehrt und verwöhnt worden war, stand hier auf russischem Pflaster, hatte bei dem monatelangen Warten sein erspartes Geld in der teuren Stadt zusetzen müssen, war arbeitslahm herumgegangen, tagelang, wochenlang, hatte wahrscheinlich die Paläste betrachtet, die Schildwache davor, den Hofwagen auf dem Newsky nachgesehen, die an den in Scharlachrot gekleideten Kutschern und Dienern schon von Weitem erkenntlich waren, hatte, wenn die Fensterreihen des Winterpalastes abends an der Newa entlang leuchteten, sich hinauf geträumt in die spiegelnden Säle, sah sich empfangen und begrüßt und fühlte schon Ordensabzeichen an der Brust.

Er musste vielleicht auch dabei an einen Tag in Dessau denken, als er eine Aufnahme der Prinzessin Agnes machte. Sie war eines Tages in schwarzem tiefausgeschnittenem Samtkleid bei ihm vorgefahren, und ihre linke Brust schmückte ein großer brillantener Ordensstern. Dieses war der einzige Schmuck des schwarzen Kleides gewesen.

Da die Daguerreotypiebilder aber Spiegelbilder waren, so wäre der Orden auf dem Bilde nicht auf der rechten, sondern auf der linken Brust der Daguerreotypplatte wiedergegeben worden. Um dieses zu vermeiden, näherte sich mein Vater während der Aufnahme der Prinzessin, um den Orden von der einen Brustseite auf die andere Seite zu bringen. Er war so eifrig und mit solchem Ernst in seine Arbeit, ein gutes Bild zu erreichen, vertieft, dass er gar nicht daran dachte, zuerst die Erlaubnis zu erbitten, den Orden von der Prinzessin abzunehmen und ihn an einen ändern Platz zu stecken. Er hatte nur der Prinzessin eine kleine Erklärung gegeben, warum der Orden auf dem Bild, wenn er das nicht abändere, an die falsche Seite zu sitzen käme. Dann hatte er äußerst zart und behutsam die Änderung vornehmen wollen. Aber kaum näherte er zu diesem Zwecke seine Hände der Brust der jungen Prinzessin, so fuhren die anwesenden Hofdamen, die diese begleitet hatten, entsetzt dazwischen, sodass mein Vater ganz betroffen zurücktrat. Die Prinzessin jedoch rief den Hofdamen zu: »Meine Damen, lassen Sie doch Herrn Dauthendey selbst tun, was nötig ist. Dem Künstler muss man Vertrauen schenken und Freiheit im Handeln gestatten!«

Dieses und viele andere Bilder seiner glücklichen Arbeitstage in Deutschland fielen ihm jetzt hier in den russischen Straßen ein, als er, vom General Chambeau plump abgefertigt, durch Petersburg irrte und auf die russischen Ladenschilder hinstarrte, deren Lettern er nicht lesen konnte. Er hörte fremde Worte rufen, die er noch nicht verstand, Rufe der russischen Straßenverkäufer, die am Fahrdamm entlang standen und teils in Kästen, die sie an Riemen vor der Brust hängen hatten, teils auf Brettern, die sie auf den Köpfen tragen, Äpfel, Hosenträger, Hemden, Stiefel, Kuchen und Schnaps feilboten. Er sah sie ihre Waren zur Schau halten und hörte sie diese mit lauten Ausrufen in einer Sprache anpreisen, die ihm unverständlich ins Ohr hallte und ihn von Neuem hin zu deutschen Erinnerungen fliehen ließ.

Es war ja nicht bloß der Dessauer Hof gewesen, der ihn verwöhnt und ausgezeichnet hatte. In Halle, Chemnitz, Magdeburg und Hamburg, in all diesen Städten, die er vor der Reise nach Lübeck noch flüchtig besucht und wo er überall Aufträge erhalten hatte, waren Grafen, Landräte, Regierungspräsidenten von dem jungen Lichtkünstler entzückt gewesen. Er war auf Gütern eingeladen und in vierspännigen Wagen abgeholt worden. Manche hatten ihn, nachdem die Aufnahme gelungen war, mit hundertjährigem Wein bewirtet. Er musste auch der Abschiedsbesuche bei den Verwandten vor seiner Reise nach Petersburg gedenken. Der Oberprediger Happach in Sandersleben hatte das Auswendiglernen seiner Sonntagspredigt aufgegeben und die Predigt einem Hilfspastor übertragen, um diesen Sonntag zu einem Fest zu machen für meinen Vater, seinen Neffen, den er nicht genug ausfragen konnte über den Herzog, seinen Landesherrn, und den Dessauer Hof. Und die vornehmsten Bürger waren am Abend bei jenem Onkel eingeladen worden, als mein Vater zu Besuch war, und fühlten sich beglückt, einen Mann in ihrer Nähe zu haben, der eben hochgeehrt aus der kleinen Landeshauptstadt kam und ein wenig Hofluft mit sich brachte.

Auch jene Stunde fiel meinem Vater hier in den Petersbürger Straßen ein, als er in Dessau am Bahnhof angekommen war und ein Herr vom Hof, ein Professor Schwab, welcher mit der Herzogin Astronomie studierte, den jungen Mann in einem Hofwagen vom Zuge abgeholt und ihn auf Wunsch der Herzogin empfangen hatte, um ihn in das Hotel »Erbprinz« in der Kavalierstraße zu fahren.

Und mein Vater musste mitten auf der Straße, während er dies alles bedachte und unter den Russen wildfremd und einsam in der großen Barbarenstadt wanderte, leicht auflachen. Den Ärger über den General Chambeau hatte er fast vergessen über der Erinnerung an ein Vorkommnis, das er mit seiner schönen dänischen Dogge in Dessau erlebt hatte und das ihm hier im russischen Menschengedränge jetzt einfiel.

Bei seiner Ankunft in Dessau, als ihn der Professor im Hofwagen zum Hotel fuhr, hatte er damals seine Dogge, die in einem Hundekasten befördert war, auf dem Bahnhof vergessen. Ins Hotel kam bald darauf ein Bahnbediensteter, der wünschte, der junge Herr möge schleunigst auf den Bahnhof kommen. Die Dogge, welche man aus dem Hundekasten herausgelassen, hatte sich auf einen großen Haufen Koffer gelegt, darunter sich auch der Koffer meines Vaters befand. Der Hund lag knurrend auf dem Gepäck und wies jedem die Zähne, der sich den Koffern nähern wollte, bis sein Herr sich endlich auf dem Bahnhof zeigte und das treue Tier ihm freudig entgegensprang. Diese und ähnliche Erinnerungen machten den jungen Ausgewanderten jetzt die raue Fremde vergessen.

Er fühlte sich auf einmal nach der niedrigen Behandlung von selten des Generals bei den Heimaterinnerungen wieder stark werden. Er ging nach Hause in sein Zimmer, das er von jener Familie, die ihm der Tierhändler Sam empfohlen, seit Wochen gemietet hatte, denn das Leben im Gasthaus auf Wasiliostroff, im Kaufmannsstadtteil von Petersburg, war ihm zu teuer geworden. Mit Schrecken hatte er nach der ersten Woche bemerkt, dass auf der Rechnung fabelhafte Preise standen und dass seine dreihundert Dukaten, die er bei sich hatte, solchen Angriffen nicht lange standhalten würden.

Die Leute, bei denen er jetzt wohnte, lebten in sehr dürftigen Verhältnissen. Es war eine deutsch-holländische Familie. Die fleißigen Söhne unterstützten die Eltern. Die Familie war in Mitau eingewandert. Eltern und Kinder waren dann als Israeliten nach Petersburg gekommen und hatten, da damals das Gesetz galt, dass Juden nicht länger als vierundzwanzig Stunden in der russischen Hauptstadt verweilen dürften, sich teils griechischkatholisch, teils protestantisch taufen lassen und dadurch das Aufenthaltsrecht in St. Petersburg erworben. Die Söhne in der Familie waren wohlhabende Geschäftsleute geworden.

Bei diesen alten Leuten, welche Olschwang hießen, war mein Vater sehr gut aufgehoben. Er hatte sie über den Zweck seiner Reise aufgeklärt, und der Alte hatte ihm auf seinen Wunsch die Adresse des Generals Chambeau verschafft und ihn selbst zur Wohnung des Generals hingeführt. Jetzt aber, da der letzte Hoffnungsschimmer erloschen war und das Empfehlungsschreiben keinen Sinn und keinen Wert mehr hatte, nachdem es in die Hände des Generals gekommen war, vermied mein Vater sich bei der Familie, bei der er wohnte, über seine Notlage auszusprechen. Er lebte eingeschlossen in seinem Zimmer und schrieb, um sich zu zerstreuen, die Erinnerungen seiner ersten Seereise nieder.

Als sein Geld ausgegangen war, hatte er manches Kleidungsstück verkaufen müssen und sich nur von trockenem Brot genährt. Am Tage des letzten Besuches beim General Chambeau besaß der junge Mann nur noch ein Stück Schwarzbrot *zu* Hause und wusste sich augenblicklich kein Geld mehr zu verschaffen, denn er konnte der großen Kälte wegen keine Kleidungsstücke mehr entbehren. Er hatte sogar einmal versucht, seine geliebte Kamera zu verkaufen, aber niemand wollte ihm das fremdartige Instrument abnehmen.

Auch Versuche, in mechanischen oder optischen Geschäften Arbeit zu finden, hatte er unternommen. Aber nach tagelangem Suchen wurde ihm überall der Bescheid, dass die Russen, wenn sie auch nicht so sorgfältig arbeiteten, wie die Deutschen, billigere Arbeitskräfte seien.

Und nun saß mein Vater in düsterer Stimmung, von aller Welt verlassen, zu Hause in seinem Zimmer. Vor ihm lag der angefangene Bericht seiner Seereise. Viele Tage des langen Wartens hatte er sich mit dem Niederschreiben der kleinen, Reiseerlebnisse die Zeit verkürzt. Er, der gewöhnt war, nie untätig zu sein, hatte des ganz wertlosen Empfehlungsbriefes wegen so viele Wochen seine Zeit und sein Geld verlieren müssen.

Vor ihm auf dem Schreibpapier schaukelte in seinem Geiste das große Segelboot, das ihn hergebracht, voll mit Passagieren - das aber in dieser Stunde, ohne dass er davon wusste, längst untergegangen war und als Wrack auf dem Meeresgrund lag. Er ahnte nicht, dass der hünenhafte Kapitän, dessen Lebenskraft unversiegbar schien, als Leichnam draußen im Meer trieb und nur noch den Fischen eine Nahrung war.

Mein Vater machte, vor dem Schreibpapier sitzend, in Gedanken viele Male die Seereise, auf welcher alle Dinge für ihn Flügel gehabt hatten, wogegen jetzt in der Not rund um ihn allen Dingen die Flügel gebrochen schienen und er selbst ähnlich einem verlassenen Schiffswrack in dem Menschenmeer der großen russischen Hauptstadt sich hoffnungslos verloren vorkam. Er erinnerte sich, seufzend über die weißen Papierbogen gebeugt, so gut des Tages, da die erste russische Stadt, die alte Seefestung Kronstadt auftauchte, Mast an Mast standen dort ungeheure russische Flottenschiffe im Hafen -wie ein Wald ohne Blätter, so schrieb er es hier in die Erinnerungen nieder. Während das Schiff in Kronstadt stillgelegen und die Zollbeamten erwartet hatte, machte ihn und alle Passagiere ein seltsamer Anblick staunen.

Auf all den im Hafen friedlich verankerten russischen Kriegsschiffen lagen lange Reihen von Matrosen, einer mit dem Kopf im Schoße des andern. Diese langen Menschenketten zogen sich in dieser seltsamen Stellung unübersehbar über die ganze russische Motte hin. Durch die Fernrohre konnten die verwunderten Deutschen beobachten, wie die russischen Matrosen in der lagernden Stellung einer dem andern den Liebesdienst des Lausens taten. Die ganze Bemannung der russischen Flotte war hier in gemächlicher Weise emsig mit dem Suchen von Läusen beschäftigt.

Auch ohne die Wimpel und Flaggenzeichen, welche von allen Masten die russischen Farben verkündeten, hätte jeder Fremde bei dem Anblick der sich lausenden Flotte gleich wissen können, dass man russisches Fahrwasser erreicht hatte und sich nicht mehr in deutschen Gewässern befand.

In der Ferne auf bewaldeten Hügeln lag das Lustschloss Peterhof. Der Verkehr von unzähligen kleinen und großen Booten wurde ungemein lebhaft, als das Schiff in der Newa stromaufwärts fuhr. In der Ferne tauchte das Kennzeichen Petersburgs, der blanke Goldpunkt der ungeheuren goldenen Kuppel der Isaakskirche, auf. Und noch einmal landete der junge Mann jetzt im Geiste an der Nikolaibrücke auf Wasiliostroff.

Dann aber war es, als risse jede Stunde seinen Hoffnungen eine und mehrere Schwungfedern aus. Als ob ein Fluch auf ihm laste, seit er die fremdartige Stadt betreten, so verfolgte ihn Enttäuschung über Enttäuschung. Und er fand sich mit seinem jugendlichen geraden Sinn nicht mehr in den Verwicklungen des Schicksals zurecht und verstand nicht, weshalb ihm von jedem neuen Tag die Hände geknebelt wurden, warum er nicht Arbeit finden konnte, wo er doch gern arbeitsam gewesen wäre.

Er fragte sich: Was ist denn aus dem Segen geworden, den meine Eltern mir gaben? Warum hat sich dieser Segen in Fluch verwandelt? - Und er ging in seiner trostlosen Verlassenheit und Verzweiflung auf Jahre in seiner Erinnerung zurück, sah auf das Jahr 1839 hin, als er nach fünfjähriger Lehrzeit aus Magdeburg wieder nach dem kleinen Städtchen Ermsleben heimgekommen war, als die Hochzeit der ältesten seiner beiden Schwestern gefeiert wurde und sein Vater gleich nach dieser Hochzeit gestorben war. Er erinnerte sich des Polterabends, da Freunde dem Brautpaar unter dem Fenster ein Standchen brachten, das mit einem Choral anhub. Da war mein Großvater ans Fenster getreten, hatte wie von einer Todesahnung getrieben das Fenster geschlossen und zu meinem Vater gesagt:

»Karl, das ist keine Hochzeitsmusik. Das ist Begräbnismusik.« Aber dann war der alte Herr doch mit seinen Universitätsstudiengenossen, dem Regierungsrat Bobbe und dem Oberprediger

Happach, welche zur Hochzeit geladen waren, sehr vergnügt gewesen.

Doch nach der Abreise des Brautpaares befiel ihn bald die Gesichtsrose. Während er im Fieber lag, platzte ein überheiztes Ofenrohr im Krankenzimmer. Der dabei erlittene Schrecken beschleunigte den Tod. Die Ärzte behaupteten, die Entzündung der Gesichtsrose habe sich durch die Erschütterung des Schreckens auf Nieren und Unterleib geworfen. Kurz, ehe er das Bewusstsein verlor, zeigte man ihm ein paar gemalte Bilder der Neuvermählten, deren Hochzeit er neulich erst gefeiert hatte. Er küsste sie und sagte: »Lebt wohl!« Dann legte er die Hand segnend auf den Kopf meines Vaters, verlor das Bewusstsein und verschied.

Bei der Beerdigung war der Leichenzug unter strömendem Regen auf dem Ermslebener Kirchhof angekommen. Aber als der Sarg in die Gruft gesenkt wurde und der Pastor Bäse die Leichenrede sprach, kam die Sonne wunderbar leuchtend durch die Wolken, schien bis ins Grab hinein und füllte die dunkle Grube mit ihrem versöhnlichen Licht an.

Vier Wochen später, im Januar, war mein Vater mit seinem ältesten Bruder nach Leipzig gewandert, wo er kurze Monate in einigen mechanischen Werkstätten gearbeitet hatte, bis er in das optische Institut von Tauber in Lindenau kam, wo ihn ein Jahr danach die Daguerreotypie zum Helden des Tages machte.

Bis dahin und bis zu seiner Ankunft in Petersburg hatte ihn immer der Segen seines toten Vaters begleitet, so sagte er sich jetzt. Und er hatte ja auch nicht gegen den Willen der Mutter gehandelt, als er nach Petersburg gereist war. Wohl hatte sie gemeint, als sie von seinem Auslandsplan hörte: »Bleibe im Lande und nähre Dich redlich.« Aber als sie gesehen, wie sehr es meinen Vater in die Ferne zog und wie er sich am russischen Kaiserhof im Geist aus- und eingehen sah, da hatten Mutter und Sohn verabredet, die Reise vom Eintreffen des Dessauer Empfehlungsbriefes abhängig zu machen. Zwar hatte die Herzogin von Dessau vor meinem Vater zu ihren Hofdamen gesagt: »Erinnern Sie mich daran, für Herrn Dauthendey ein Empfehlungsschreiben für meine Schwester, die Kaiserin von Russland, abzufassen.« Aber das Schreiben war nicht sofort eingetroffen. Die Herzogin war nach

Karlsbad gereist, und die Hofdamen hatten vielleicht vergessen, die Herzogin an ihr Vorhaben zu erinnern.

Vom Eintreffen dieses Empfehlungsschreibens wollten Mutter und Sohn die Reise nach Russland abhängig machen. Kam das Empfehlungsschreiben, so wollte die Mutter dies als eine Fügung Gottes ansehen und den Sohn in die Ferne ziehen lassen, in das Land der Bären und des Schnees. Dann war mein Vater nach Lübeck gereist, hatte dort Aufnahmen gemacht und auf das herzogliche Schreiben gewartet. Bis ihm eines Tages die Mutter den Brief der Herzogin zuschickte, ihm zugleich ihren Segen gab, ihm zu der Reise Glück wünschte und sagte, dass sie, wie er, hochfliegende Hoffnungen auf seine Zukunft am russischen Kaiserhof setze. -

Sollte er nun, nachdem die Blicke aller Freunde und Verwandten mit Spannung auf seine russischen Erfolge gerichtet waren, seine großen Enttäuschungen nach Deutschland melden, und sollte er kleingemacht und hilfesuchend in die Heimat schreiben, wohin man ihm natürlich gern zurückgeholfen hätte?

Nein, dazu war er zu stolz. Bis der Brief nach Deutschland gekommen wäre und bis er wieder Rückantwort erhalten hätte, müsste er ja doch auch hier Hilfe finden können. Denn wenn das letzte Stück Brot verzehrt war, das er sich eben anschickte als einzige Mahlzeit heute zu essen, musste ihm doch der Himmel endlich einen Ausweg gezeigt haben. Und er faltete die Hände und wiederholte sich immer wieder: Ich habe doch den Segen meiner Eltern! Ich habe doch die Reise begleitet von allen Segenswünschen der Mutter angetreten. Wo bleibt jetzt Gottes Hilfe?

Und immer wiederholte er sich, was ihm seine gute Mutter eingeprägt hatte: »Verzweifle nicht, wenn es Dir schlecht gehen sollte. Wo die Not am höchsten, ist Gottes Hilfe am nächsten.« -

Mein Vater beschrieb uns oft besonders lebendig diesen Augenblick der Schicksalswende, die, ohne dass er es ahnte, jetzt eintrat.

»Oft schon hatte ich Gott um Hilfe angerufen«, erzählte er. »Meine Not war aufs Höchste gestiegen. Ein Stückchen Schwarzbrot war der letzte Rest meiner Nahrung. So weit musste es aber erst kommen, wenn sich die Trostworte erfüllen sollten. Die Not war jetzt am größten und Gottes Hilfe am nächsten. Auf eine ganz unerwartete Weise trat die Wendung meines Schicksals ein.

Es war um die Mittagsstunde. Ich hatte eben den Rest meines Brotes verzehrt und war mit der Beschreibung meiner Seereise beschäftigt, welche ich zu meiner Zerstreuung begonnen hatte, als mein Hauswirt in mein Zimmer trat. Ich dachte nicht anders, als dass er, wie öfters schon, um ein Pfeifchen *Varinas* bitten würde, einen Tabak, den ich aus Deutschland mitgebracht hatte. Doch als ich ihm denselben zureichte, dankte er mit den Worten:

*Das ist nicht der Zweck meines Kommens, mein lieber Herr Dauthendey. Ich habe heute ein ernstes Wort mit Ihnen zu reden.*

Diese strenge Anrede führte mich auf den Gedanken, dass er die Zahlung der noch rückständigen Miete fordern werde und zu allem Unglück nun auch noch die Kündigung der Wohnung kommen würde. Ich sagte daher:

*Sie werden mir Vorwürfe über die rückständige Miete machen wollen?*

*Auch das nicht*, erwiderte er. *Ihr Mangel an Vertrauen als Deutscher zu uns Deutschen ist es, worüber ich Ihnen Vorstellungen machen muss. Sie sind in Not, in bitterster Not. Wir wissen alles! Ihre entbehrlichsten Sachen haben Sie schon verkauft, essen seit Wochen kein Mittagessen mehr, leben nur noch von Brot und Wasser und sitzen und grübeln und grämen sich ab über den Misserfolg Ihrer Empfehlung. Halten Sie denn unverschuldete Not für Schande, weil Sie sich nicht mit uns aussprechen und beraten wollen? Haben Sie doch Vertrauen zu uns! Ich werde Sie mit meinen Söhnen bekannt machen, denen es wie vielen ändern anfangs hier nicht besser ergangen ist.*

Nach dieser Rede des guten Alten, welcher ich zuerst mit bangem Herzen gefolgt war, fühlte ich mich wie von einem Banne befreit, und im Vorgefühl nahender Hilfe dankte ich ihm herzlich. Als er sich hierauf verabschiedete, sagte er dann noch:

*Für diesen schweren Gang, lieber Herr Dauthendey, würde ich nun doch noch ein Pfeifchen Varinas*[1]*«* -

Das war also die Hilfe in der Not. Und die Hilfe kam reichlich und vielseitig. Die Söhne des alten Olschwang, welche von, meines Vaters Empfehlungen an den Hof Kenntnis hatten, fanden zwei Kapitalisten, von denen der eine ihm Geld zur Ausstattung eines Daguerreotypateliers vorstreckte, indes der andere den Bau des Ateliers in die Hand nahm mit der Abmachung, dass sie ein halbes Jahr den Gewinn, den das Geschäft tragen würde, mit meinem Vater teilen und sich von diesen Einnahmen nach einem halben Jahr bezahlt fühlen sollten. Außerdem statteten sie meinen Vater gleich nach dem Besuch des Alten mit einem Gesellschaftsanzug und Wäsche aus und luden ihn auf das Hochzeitsfest ihrer Schwester ein, welches Fest am nächsten Abend stattfand. Auf dieser Hochzeit, knapp vierundzwanzig Stunden, nachdem mein Vater weltverlassen und verzweifelt einsam auf seinem Zimmer gesessen und keinen Ausweg gesehen hatte - vierundzwanzig Stunden nach diesem denkwürdigen harten Augenblick der Verzweiflung tanzte er schon champagnerfröhlich zum ersten Mal mit seiner zukünftigen Frau. Natürlich wusste er bei diesem Feste noch nicht, dass jenes siebzehnjährige, schöne und geistvolle Mädchen, die zweite, noch unverheiratete Tochter des alten Olschwang, seine Frau werden würde, aber es verstrickten sich doch schon an diesem Abend die jungen Herzen der beiden.

Solch schnellen Umschwung bringt das Schicksalsspiel fertig, und viele Male hat uns mein Vater noch nach fünfzig Jahren diesen Wettersturz seines Lebens vom Prost zum Frühling begeistert geschildert. Immer schloss er mit dem Ausruf: »Seit ich dieses erfahren, darf man mir nie mehr etwas Schlechtes über Juden sagen. Es gibt unter Juden und unter Christen, wie unter allen Menschen der Welt, natürlich auch Leute mit niederer Gesinnung. Aber so edel, wie diese jüdische Familie an mir gehandelt hat, so großmütig, wie sie mich als Fremden in ihre Familie gezogen, mich, der ich gar nichts mehr besaß als meine Ehrlichkeit und Jugend, das findet man selten. Daran können sich viele christliche Familien ein Beispiel nehmen, viele, die immer von Mitleid reden und mitleidlos handeln. Denn wenn auch die Familie getauft war, so verändert der Jude natürlich dadurch nicht seine Volksabstammung und seine Zugehörigkeit zum jüdischen Volke, so wie kein getaufter Franzose und kein getaufter Italiener ein Deutscher oder ein Russe werden kann. Darum spreche ich von der *jüdischen* Familie und muss sagen, dass diese sich zu mir christlicher benahm, als jener General Chambeau, der von mir eine Geldbestechung erwartete, ohne die er seine Vermittlung nicht zur Verfügung stellen wollte.«

Von nun an war der Glücksstern meines Vaters auch in Russland im Aufsteigen begriffen.

Ein halbes Jahr, nachdem er sein Atelier dort gegründet hatte, und da sich sein junges Herz nach der Arbeit einsam fühlte, verlobte er sich und heiratete bald darauf Anna Olschwang. Er beschrieb sie uns eingehend:

»Sie war ein junges Mädchen von siebzehn Jahren, von schönem Wuchs und feinen Körperformen, geistreich und redegewandt und von so edlem Charakter und guter Gesinnung, dass ich in der Verbindung mit ihr mein Lebensglück erblickte. Dass sie aus armen Verhältnissen kam, hielt mich nicht ab, sie zur Frau zu nehmen, da ich mich auf meine Arbeitskraft verließ und eine Ehre darin suchte, ohne jede Beihilfe einen Hausstand zu gründen, um damit die uneigennützige Liebe zu meiner Frau zu beweisen.«

Mit Vorliebe erzählte uns mein Vater auch von einem heftigen Gespräch, das er kurz nach seiner Verlobung mit dem Petersburger Pastor Dr. Fromann hatte. Er nannte diese Begebenheit meistens launig ein Pfaffenstückchen, und ich erinnere mich, dass er immer, wenn bei einem Gänsebraten das beste Stück, das sogenannte Pfaffenstück, für ihn abgeschnitten wurde, das Petersburger Pfaffenstück aus seiner Erinnerung zum besten gab.

Es war bei seiner Anmeldung zum kirchlichen Aufgebot, als er in Petersburg nach seiner Verlobung den Pastor Dr. Promann besuchte. Dieser machte ihm die Hölle heiß, dass er ein griechisch-katholisches Mädchen zur Frau nehmen wolle. Da er doch Protestant sei, müsse er eine Protestantin heiraten. Und der Pastor führte allerlei biblische Sprüche an, aus denen hervorgehen sollte, wie sündhaft es sei, wenn man eine Andersgläubige zur Ehefrau begehre.

Mein Vater erwiderte ihm ruhig, er habe sich die Angelegenheit reiflich überlegt, habe seiner Braut das Wort gegeben und er selbst halte jede Religion für gleich seligmachend. Der Pastor fuhr auf und wetterte und schrie und schilderte die Verdammnis, die auf allen Mischehen ruhe, und sagte ihm, welches Unglück es zwischen die Eltern bringen müsste, wenn die Kinder nicht im Glauben beider Eltern aufwachsen würden, und er meinte, dass mein Vater die Folgen gar nicht voraussehen könne, die daraus entstünden, wenn seine Kinder griechisch-katholisch erzogen werden müssten und er Protestant sei. Darauf antwortete mein Vater:

»Herr Pfarrer, dass Sie mich wortbrüchig machen wollen, das ist noch viel sündhafter als mein Vorhaben.«

Darauf nahm er seinen Hut und wollte das Zimmer verlassen. Der Pfarrer erschrak, als er den Mann so fest entschlossen sah, und verstand, dass dieser sich nun wahrscheinlich gar nicht in der protestantischen Kirche trauen lassen würde. Das wollte er aber doch nicht durch seine Rede erreicht haben. Darum lief er meinem Vater nach und bat um Nachsicht und entschuldigte sich damit, dass sein Amt es ihm zur Pflicht mache, jeden, der eine Mischehe eingehen wolle, mit eindringlichen Vorstellungen zu ermahnen.

Lebhaft erzählte uns mein Vater: »Am zwanzigsten August 1844 wurden wir nach allen Regeln der kirchlichen Wissenschaft und Kunst griechisch-katholisch getraut. Die Äußerlichkeiten hierbei, das Halten goldener Kronen über unseren Köpfen während der Trauung und die tanzähnlich ausgeführten Rundgänge um den Altar, hätten mich zum Lachen verleiten können, wenn mich nicht die Gedanken an den Ernst und an die Bedeutung meines Schrittes davor behütet hätten.«

Mein Vater war ein durch und durch gottesfürchtiger Mensch, aber er hat sich niemals um die Formen und Vorschriften der Religionen gekümmert und hat nichts davon wissen wollen, dass Äußerlichkeiten dazugehören sollten, um Zwiesprache mit seinem Gott zu führen. Er stellte sich Gott auch nicht als menschenähnlich vor, sondern er betete die Weisheit, die Güte, die Kraft der Welt als eine Art Dreieinigkeit an, die in den verschiedensten Formen und Zuständen ihn zur Bewunderung und Hingabe auffordern konnte. So erzählte er uns auch, dass einmal bei einer Schweizer Reise auf dem Rigi-Kulm vor Sonnenaufgang das herrliche Alpenglühen ihn so hingerissen habe, dass ihn die Bewunderung zwang, sich von der lauten Zuschauermasse der Hotelgäste, die auf ein Glockenzeichen in Morgenkleidern zum Alpenglühen herbeigeeilt war und vor dem Hotel stand, zu trennen, um sich auf die Knie zu werfen und in seiner Erschütterung zu Gott zu beten. Er hatte sich unter ein paar Bäume in ein dichtes Gebüsch geschlichen und war dort in die Knie gesunken. Die Tränen waren ihm aus den Augen gestürzt, und er hatte dem Weltgeist nur einige Worte heißen Dankes für die Schönheit, die dieser im Alpenglühen über den Morgen ausgebreitet, stammeln können. Die in der grauen Frühdämmerung rot leuchtenden Alpenspitzen hatten ihn mit solcher Seligkeit erfüllt, dass er noch nach Jahren Tränen in die Augen bekam, wenn er von jenem festlichen Naturschauspiel sprach.

Mein Vater las niemals Romane, und von Gedichtbüchern hatte er nur Schiller und Goethe im Hause. Er verachtete alle weichlichen Unterhaltungsbücher und hielt nur technische Zeitschriften, die ihn über die Fortschritte der Elektrizität, des Maschinenbauwesens, der Photographie und Chemie auf dem laufenden hielten. Ich erinnere noch wohl einen Nachmittag, als mich mein Vater, wie ich Knabe war, in eine Fabrik auf dem Wege nach Zell bei Würzburg mitnahm, nachdem kurz vorher die Erfindung des künstlichen Eises die Welt in Staunen gesetzt hatte. In dieser Fabrik war soeben eine Einrichtung zur Anfertigung von Kunsteis dem Betrieb übergeben worden. Ich sehe noch die großen Rohre vor mir, in welchen durch Verwendung von 'Glyzerin das Kunsteis hergestellt wurde, und der Anblick der viereckigen, schön geglätteten, undurchsichtigen weißen Eisbalken, die eben angefertigt worden waren, machte auf mich den kindlichen Eindruck, als müssten es Stücke aus säuerlichem Eiszucker sein. Mein Vater aber ging, umgeben von den Werkführern und den Arbeitern, umher und ließ sich alle Einzelheiten erklären, und seinen gespannt lauschenden Ohren entging kein Wort. Ich sehe noch, wie er beim Fortgehen an alle Arbeiter Trinkgelder austeilte und wie er entzückt war über den wunderbar arbeitenden Motor, den er gesehen hatte. »Welch ein Fortschritt, welch eine Zeit!« sagte er zu mir. »Junge, das kannst du gar nicht verstehen, wie mich das erschütterte, was ich eben hier sah, mich, der ich die Uranfänge der umständlichen schwerfälligen Dampfmaschinen noch miterlebt habe und jetzt eben den ersten Motor in Tätigkeit sah, der einfach und selbstverständlich, lautlos und sicher und im Gleichtakt arbeitete, als wäre er das stählerne Herz aller stählernen Maschinen. - Das redet mir keiner ein, dass sich Gott nur in der Kirche finden lässt. Als ich eben den Motor sah, sah ich ein Gotteswunder, sah ich Gottes Geist, der sich dem verständigen Menschen nach schwerer Gehirnarbeit in großartigen Erfindungen auch auf dem Maschinengebiet offenbart. Nicht bloß Menschen, nicht bloß Tiere, nicht bloß Blumen und Bäume - auch Maschinen sind herrliche Gottesgeschöpfe.« Diese Bewunderung der Maschinen hörte ich hunderte Male aus dem Munde meines Vaters. Nur war ich damals nicht alt genug, um mit ihm gleicher Ansicht sein zu können, und er schloss gewöhnlich solche Gespräche mit den Worten: »Ich weiß, dass du noch nicht die Schönheit von Maschinen verstehen kannst, und ich nehme dir dies auch gar nicht übel. Du hast noch mit deiner eigenen Entwicklung zu tun, und man kommt in meinen Jahren erst dazu, den Menschengeist als einen Gottesgeist zu bewundern.« -

Niemals zwang uns mein Vater, in die Kirche zu gehen. Er sagte nur manches Mal: »Es ist dazwischen auch gut, in großer Menschengemeinschaft Gott zu besuchen, wenn man das Bedürfnis dazu empfindet, mit ändern verbrüdert, von einem' guten Prediger sich bedeutungsvolle tiefe Worte aus der Bibel wiederholen zu lassen. Das kann nicht schaden, wenn die Menschen, die sich sonst nur im Alltag des Geschäftsverkehrs kennen, sich auch einmal friedlich ohne Zweck und Eigennutz an einem gottgeweihten Platze zusammenfinden und sich einmal mit ändern Augen als nur mit Geschäftsaugen betrachten.«

Es kam aber vor, dass mein Vater uns sonntags zu großen Waldausflügen mitnahm und dass ich der Kirchenpflicht, die mir als Schulknabe oblag, nicht nachkommen konnte. Wurde dieses gerügt und meinem Vater schriftlich vom Religionslehrer mitgeteilt, dass ich wieder einmal den Sonntagsbesuch der Kirche versäumt hatte, so regte sich mein Vater nicht darüber auf. Ich erfuhr später, dass er einmal dem Religionslehrer zurückgeschrieben hatte, der Wald könne ein ebenso erhebendes Gotteshaus sein wie die Kirche und die Natur habe ihn immer erhebend und gottesfürchtig gestimmt. Deshalb sehe er keinen Grund, seinem Sohn die Waldspaziergänge, die außerdem noch gesundheitlich notwendig seien, sonntags bei schönem Wetter zu versagen.

Ich selbst war nicht wenig stolz über diese vernünftige Ansicht meines Vaters, denn mir war der Kirchenbesuch und das Anhören der Predigten, von deren Inhalt mein junges Gehirn nichts begriff - ebenso wie das Absingen klagender Kirchenlieder, während zu den Kirchenfenstern die herrlichste lebenskräftige Sommersonne hereinschien -, eine unverständliche Einrichtung von sehen der Erwachsenen. Statt in der Kirche offensichtliche Heuchelei zu treiben, atmete ich natürlich lieber Waldluft ein und ließ mir von meinem Vater die verschiedenen Waldbäume erklären und die Namen der Vögel nach ihren Stimmen nennen. Gleiche Liebe für die Natur hege ich heute erst recht, wo sich mir fast jeder Spaziergang beim Heimkommen in seinem Echo in ein Gedicht verwandelt.

Ehe ich nun weitererzähle, wie mein Vater nach der Verheiratung in Petersburg im Jahre 1844 endlich an den kaiserlichen Hof gerufen wurde und geschäftlich mit vielen russischen Fürstlichkeiten zu tun bekam, muss ich hier noch vorausbemerken, welche Entwicklung die Daguerreotypie nahm und wie mein Vater diese Entwicklungsstufen fortgesetzt im Auge behielt und nicht bei dem Anfangsverfahren stehenblieb, keine Kosten und keine Auslandsreise scheute und sich alles Neue in seinem Beruf, wenn er es oft auch schwer erringen musste, anzueignen bestrebt war.

Schon ehe er nach Petersburg reiste, war er vom damaligen Privatdozenten Hankel in Leipzig mit einem Professor Böttger aus der Schweiz bekannt gemacht worden. Von diesem lernte er für dreißig Reichstaler das Isenringsche Verfahren, das darin bestand, die silbernen Daguerreotypbilder mit Farben zu schmücken. Dabei spielte vonseiten des Professors B. ein leichter Betrug mit, denn dieser hatte angegeben, das Farbenverfahren, das er lehren werde, sei ein chemisches Verfahren. Aber dann entpuppte es sich später als ein höchst einfaches mechanisches Verfahren, in dem die Farben nur in Pulverform mit feinen Pinseln auf die Platten aufgetragen wurden. Der Herr »Professor« Böttger hatte seine Neuheit vom Maler Isenring in Zürich gelernt und lehrte sie jetzt auf seinen Reisen weiter und ließ sich diese Belehrung über alle Maßen gut bezahlen.

Die Daguerreotypie, bei welcher der Besteller nach jeder Aufnahme nur ein Bild erhalten konnte und immer wieder für das nächste Bild eine neue Aufnahme machen lassen musste, bürgerte sich aus dem Grunde, dass die Bildaufnahme zeitraubend war, schwer ein. Als der erste Reiz der Neuheit geschwunden war, erlahmte die Lust des Publikums an diesen Bildern, sodass mein Vater sich schon mit dem Gedanken trug, wieder zu seiner von Jugend an so geliebten Mechanik zurückzukehren, und zu diesem Zweck neben seinem Atelier in St. Petersburg bereits eine mechanische Werkstatt einzurichten begann. Denn die Erfindungen in der Mechanik waren in jener Zeit neu und wunderbar, und nur das fortschrittliche Neue hatte für den lebhaften jungen Mann Lebensreiz. Zugleich aber drangen aus Zeitungen und Zeitschriften die Nachrichten nach Petersburg, dass sich ein Engländer mit Versuchen befasse, Daguerreotypbilder auf Papier anzufertigen, aber dies sei ihm noch nicht vollständig gelungen. Mein Vater begann mit ähnlichen Versuchen, als ihn eines Tages ein Deutscher aus Leipzig besuchte, ein Silhouettenschneider, den er zufällig einmal kennengelernt hatte. Dieser zeigte ihm die ersten wohlgelungenen Talbottypien, wie man damals nach dem Erfinder Talbot die neuen Papierbilder nannte, die heute Photographien heißen. Diese Bilder hatte nach Talbots Verfahren ein Freund meines Vaters namens Wehner in Leipzig angefertigt. Sofort schrieb ihm mein Vater, und dieser antwortete, dass er das Verfahren für sechshundert Reichstaler lehren würde. Aber Geld war damals in den Händen meines Vaters noch nicht wie Spreu vorhanden. Er gab alles, was er einnahm, für Atelierabzahlung und neue Einrichtungen aus; auch im Hausstand war noch alles dürftig bestellt. Die sechshundert Taler, wodurch er die neue Photographie hatte lernen können, waren weder bei Verwandten noch bei Freunden aufzutreiben.

Da kam eines Tages seine junge Frau von ihren Markteinkäufen stürmisch nach Hause, stürzte noch im Hut und Mantel auf meinen Vater zu und verlangte, dass er ihr einen Kuss gäbe. Als er dies getan, verlangte sie einen zweiten und dritten Kuss, und dann jubelte sie auf: »Karl, ich habe dir das Geld verschafft!«

Der junge Ehemann war verblüfft und von freudiger Überraschung überwältigt und wollte natürlich schleunigst die näheren Umstände der plötzlich zustande gekommenen Hilfe wissen.

Meines Vaters erste Frau war als junges Mädchen gezwungen gewesen, sich und ihren Angehörigen zu helfen, und man hatte sie einige Zeit als Vorstandsdame in einem großen Modegeschäft verwendet. Ihre große Gewandtheit und ihr sicheres Auftreten hatten ihr diese verantwortliche Stelle trotz ihrer siebzehn Jahre verschafft.

Nun erzählte sie freudig erregt, sie habe auf dem Markt eine Dame getroffen, die früher sehr oft in das Modegeschäft gekommen war und die sich dort immer gern mit ihr unterhalten und über Kleiderfragen beraten hatte.

Kaum hatte diese Dame, welche Madame Funk hieß, erfahren, dass sie jetzt verheiratet sei, habe diese sie zum Frühstück eingeladen und sie habe mit ihr fahren müssen, um ihr von ihrem jungen Eheleben zu erzählen. Dabei habe sie auch berichtet, wie glücklich es für sie und meinen Vater wäre, wenn er im Auslande die Photographie lernen könne, dass ihnen aber die Mittel dazu fehlten.

Während die junge Frau noch erzählte, war der Mann der Dame eingetreten, welcher, sobald er von der Angelegenheit hörte, sich bereit erklärte, die sechshundert Taler vorzustrecken.

Am gleichen Abend noch war mein Vater mit seiner Frau bei jenen liebenswürdigen Leuten zum Tee geladen, wo er sich aufs Herzlichste für die große Hilfsbereitschaft bedanken konnte. Er erzählte später noch immer: Eine seiner glücklichsten Lebensstunden sei es gewesen, als er nach einem Jahre die ganze Summe schon zurückzahlen konnte, da das neue Photographieverfahren, das er in Deutschland lernte, ihm wirklich dann in Petersburg das erhoffte Glück brachte.

Es war im dritten Jahre seiner Ehe, als mein Vater, welcher im achtundzwanzigsten Lebensjahr stand, nach dreijähriger Abwesenheit von Deutschland die Heimat wiedersehen sollte. Statt des erhofften Goldes, das er durch jenen herzoglichen Empfehlungsbrief in Russland ernten zu können geglaubt hatte, war ihm die Liebe einer hingebenden Frau in Petersburg beschert worden etwas, das er am wenigsten von seiner russischen Reise erwartet hatte.

Viele Deutsche waren in diesen drei Jahren in seinem Hause aus- und eingegangen. Sie waren meistens wie er mit großen Hoffnungen nach Petersburg gekommen, und er nennt in seinen Aufzeichnungen einen Porzellanmaler, einen Schauspieler, einen Klavierlehrer, welche die langen Winterabende mit ihm und seiner jungen Frau verbrachten und denen er versucht hatte Stellungen und Verdienst zu verschaffen. Aber diese drei Jahre hatten geschäftlich nicht mehr die großzügige Art, die sein erstes Auftreten mit der Daguerreotypie kennzeichnet. Dafür lernte er aber die Liebe und ein häusliches Leben kennen, Verinnerlichungen, die er vorher noch nicht erlebt hatte.

Nun aber trat mit der Auslandsreise, die er zur Erlernung der Photographie unternehmen musste, seine Arbeitstätigkeit wieder in größere Bahnen.

Diese Reise, die er am achtundzwanzigsten Februar 1847 im Schlitten mit der Fahrpost nach Deutschland antrat, denn Eisenbahnen gab es zwischen Deutschland und Russland noch nicht, diese Reise muss eine wahre Folter gewesen sein, denn er brachte neun Tage und neun Nächte im Postschlitten zu, und es ist ein wirkliches Wunder, dass er all diese Qualen und Gefahren überstanden hat und bei dieser neuntägigen Fahrt über russischen Schnee, durch russische Wälder nicht Gesundheit und Leben einbüßte.

Er schilderte diese Reise also:

Da wir in Petersburg achtundzwanzig Grad Kälte hatten und mir warme Reisekleider fehlten, so versorgten mich die guten Punks auch noch mit einem Pelz, einer Pelzmütze und Pelzstiefeln und steckten mir bei der Verabschiedung sogar eine Flasche Kognak und eine große Schlackwurst in den Schlitten. Der einzige Mitreisende war ein englischer Kurier, welcher von Rothschild in London eine Fuhre Gold an den Bankier Stieglitz in St. Petersburg abgeliefert hatte, um die damals niedrig stehenden Staatspapiere anzukaufen. Dieser Kurier war ein ebenso lustiger als welterfahrener Mann. Im Auftrage seines Bankhauses hatte er schon ganz Europa bereist und manches Abenteuer erlebt. Seinem Mut und seiner Ausdauer hatte ich es zu verdanken, dass ich die neuntägige beschwerliche Schlittenreise von Petersburg bis Berlin aushielt.

Meine ersten Klagen wurden durch die schiffsartig schaukelnden Bewegungen des Postschlittens hervorgerufen, denn die Wege waren durch das in Russland so beliebte Schnellfahren wellenförmig ausgehöhlt worden. Es war nicht möglich, sich im ruhigen Stillsitzen zu behaupten, denn der Oberkörper wurde bald nach rückwärts, bald nach vorn geschleudert, und um die Stöße einigermaßen abzuhalten, musste man im Schlitten eine halb stehende, halb sitzende Stellung einnehmen. Als ich zu meinem Mitreisenden äußerte, dass ich eine solche Fahrt unmöglich neun Tage aushalten könne, lächelte und spottete der abgehärtete Engländer und stellte mir vor, dass ich mein Reisegeld bis Berlin bezahlt hätte und an den wichtigen Zweck meiner Reise denken solle. Die Schlittenfahrt werde höchstens vier Tage bis zur Grenze dauern und von Königsberg ab würden wir dann wahrscheinlich in einem Wagen nach Berlin fahren können. Diese Mahnungen und das Beispiel des widerstandsfähigen alten Engländers ermutigten mich dann trotz der Rippenstöße, welche der Schlitten fortgesetzt austeilte, weiterzufahren.

Am zweiten Tage machte ich den Versuch, mich endlich einmal in eine andere erträgliche Lage zu bringen. Ich hatte bemerkt, dass man einen kleinen offenen Schlitten mit Poststücken hinten an den unserigen angebunden hatte, und bat den Schirrmeister, mir eine Erholung dadurch zu verschaffen, dass er mich bis zur nächsten Station in diesem kleinen Schlitten fahren lassen möchte. Doch dabei war ich von einer Folter in die andere gekommen. Dieser langangebundene Schlitten wurde auf den glatten ausgefahrenen Wegen in weiten Kreisen so hin und her geschleudert, dass ich jeden Augenblick befürchten musste, hinausgeworfen zu werden. In dieser angstvollen Lage schrie ich, man solle anhalten, damit ich umsteigen könne. Allein man konnte oder wollte mein Rufen nicht hören und ließ mich diese vermeinte Erholung bis zur nächsten Station genießen. Die große Kälte von achtunddreißig Grad Réaumur und die Schneemassen in den Wäldern, durch welche wir zu fahren hatten, steigerten die Qualen und Gefahren unserer Reise stündlich. Die Pelzkleidung bot gegen die ungeheuere Kalte nicht Schutz genug, und der Schnaps, den wir, um uns warmzuhalten, wie Säufer vertilgten, war uns nach eintägiger Fahrt schon ausgegangen. In der Gefahr, jetzt zu erfrieren, ermutigte mich der alte Engländer wieder und sagte: ‚Bis morgen früh müssen und werden wir es noch aushalten. Dann kommen wir nach Riga, wo es den guten Kümmel gibt, von dem wir uns dann eine Batterie Flaschen mitnehmen werden.'

Mit vier Pferden, nach russischer Art breit gespannt, waren wir von St. Petersburg abgefahren. Diese Zahl musste aber später verdoppelt und verdreifacht werden, denn in den Wäldern lag der Schnee so hoch, dass er den Pferden bis an die Bäuche reichte, sodass wir bei einem Gespann von zwölf und sechzehn Pferden noch steckenblieben und von herbeigeholten Bauern ausgeschaufelt werden mussten. Dieses geschah zwischen Dorpat und Königsberg dreimal, davon einmal mitten in der Nacht, wo uns hungernde Wölfe umlagerten und Appetit auf unsere armen abgerackerten Pferde zeigten. Es waren drei angstvolle Stunden, die wir hier im Walde zubringen mussten, bis der berittene Postillon vom nächsten Ort mit den Schneeschauflern zurückkehrte. Er hatte, ehe er Hilfe holend fortritt, die Pferde von den Zugsträngen befreit, und diese, die Wölfe witternd, stellten sich sogleich alle mit den Köpfen zusammen, um mit den Hinterhufen ausschlagen zu können. Wir tauten mit unseren Zigarren in den dickgefrorenen Fensterscheiben kleine Löcher auf und erwarteten jeden Augenblick den Angriff der Wölfe auf unsere Pferde. Wir zählten die im Dunkeln funkelnden Wolfsaugen und fanden, dass nur vier Wolfsbestien herumstrichen, welche den Kampf mit unseren sechzehn Pferden wohl nicht aufzunehmen wagten. Unser alter russischer Postschirrmeister, der zu uns in den Wagen gestiegen war, um hier die Rückkehr des Postillons abzuwarten, vermahnte uns immer: ‚Meine Herren, nur nicht schlafen! Dann sind wir verloren. Wir wollen erzählen, singen, saufen, damit wir nur wach bleiben. Diese Ermahnung war nicht nötig. Denn unsere Besorgnis, dass sich die Wolfsgesellschaft vergrößern könnte, ließ kein Schlafgefühl bei uns aufkommen.

Als wir endlich erlöst wurden, freuten wir uns auf die Ankunft in Königsberg, wo wir nach ausgestandener Angst und voll großer Müdigkeit nach dieser qualvollen Fahrt die erste Nachtruhe zu halten hofften. Doch auch diese Erquickung wurde mir versagt. Meine Füße waren durch die lange Fahrt so angeschwollen, dass ich die Stiefel nicht ausziehen konnte und bei Schmerzen und Übermüdung eine jammervolle Nacht verbrachte.

Die Beschwerden dieser Reise hatten den englischen Kurier weniger angegriffen als mich. Er erzählte, dass er bei seinem letzten Geldtransport von London nach St. Petersburg noch weit mehr

Gefahren für Gut und Leben ausgesetzt gewesen sei. Von Rothschild in London habe er den Auftrag gehabt, mit seinem schwerbeladenen Postwagen nach zwölf Tagen in St. Petersburg einzutreffen. Seine Postkutsche war außer den Fässern voll Gold noch mit großen Ballen Brabanter Spitzen beladen gewesen, welche als Konterbande durchgeschmuggelt werden mussten und die dem Millionär auch einen erklecklichen Nebenverdienst eintragen sollten. *Jetzt versetzen Sie sich in meine Lage, erzählte der Engländer. Ich war der alleinige Begleiter dieses Schatzes, dessen Vorhandensein ich, um möglichen Raub und Mordgelüsten vorzubeugen, vor jedermann verschweigen musste. Meine Ladung wurde vom Zollamt an der russischen Grenze als eine Sendung an den Kaiser bezeichnet, welche Behauptung von Mund zu Mund und Ort zu Ort weiterverbreitet wurde. Als ich mich an der Grenze von dem reich belohnten Zolldirektor verabschiedete, überreichte er mir noch die Uniform eines kaiserlichen Kabinettkuriers, welche ich auf meiner Weiterreise tragen und damit den Schein einer kaiserlichen Sendung wahren sollte. Außer den Anstrengungen, Hindernissen und Gefahren auf der Weiterfahrt durfte ich auch Tag und Nacht nicht schlafen, um die Neugierde von meiner Wagenladung abzuhalten, und kam deswegen wie abgeschlachtet am zwölften Tag in St. Petersburg an.*

*Herr Stieglitz erwartete mich schon unter der Pforte seines Palastes und rieb sich schmunzelnd die Hände, als er mich mit der englischen Geld- und Spitzensendung in seinen Hof einfahren sah. Dass ich nach diesen übermenschlichen Leistungen auf eine reiche Entschädigung gerechnet hatte, wird doch wohl jeder gerechtfertigt finden. Doch was meinen Sie, lieber Herr Dauthendey, womit der Herr Baron meine Mühe und Verantwortlichkeit belohnte? - Eine silberne Zigarrentasche war es, womit er mich abspeiste -*

Unsere Reise von Königsberg nach Berlin wurde in einem Postwagen fortgesetzt. Die Kälte hatte nachgelassen, die Wege waren ziemlich schneefrei, und hier und da erblickten wir schon grünende Wiesen und Felder. Wir fuhren von Königsberg aus mehr bergab als auf ebenen Wegen und hatten auch auf dieser Fahrt noch Gefahren zu überstehen, die uns das Leben hätten kosten können.

Es war morgens gegen acht, als wir von einem Berg herunterzufahren hatten, wobei der Postillon aus Vorsicht den Hemmschuh angelegt hatte, ohne zu bemerken, dass die Landstraße mit Glatteis überzogen war. Der einseitig angelegte Hemmschuh bewirkte, dass die stillstehenden Wagenräder wie eine Schlittenkufe rutschten. Die Pferde konnten dem ungeheueren Wagendruck nicht widerstehen, und die Postkutsche drehte sich im Halbkreis gegen einen Abgrund, und nur dadurch, dass der Wagen sich an einem einzelnstehenden Baum festhakte, wurde ein Absturz verhütet. Aber vom herumgeschleuderten Wagen hatte die Wucht der Schleuderkraft das Wagenverdeck abgerissen, und alles darauf befindliche Gepäck war in den Abgrund gestürzt. Auf der nächsten Station ging dann das Verhör los, wobei der Postillon und der Landstraßenwärter, welcher Letztere bei Glatteis hätte Sand streuen müssen, sehr schlecht weggekommen sein mögen.

Dieses war nur eine Kleinigkeit und kann sich überall ereignen, aber eine weit größere Gefahr drohte uns bei der Überfahrt über das Eis der Weichsel bei Dirschau. Dieser Fluss war im Auftauen begriffen. Der für die Winterzeit über den zugefrorenen Strom für Schlitten und Wagen hergestellte Weg, der aus Reisig und Schnee besteht, war eben noch auf dem tauenden Eise sichtbar und schaukelte sich wie eine Schiffsbrücke im Wasser. Die Überfahrt war schon seit einigen Tagen verboten worden; doch da am diesseitigen Ufer keine Wache stand, wagte unser Schirrmeister dieselbe. Die Vorstellungen, die wir ihm gemacht hatten, um ihn von dem Wagnis abzubringen, waren nutzlos gewesen, und da wir noch tagelang auf den Aufgang des Eises hätten warten müssen und dabei unser Reisegeld verloren hätten, so entschlossen wir uns, mitzufahren. Noch einige Hundert Schritte war der Weg ziemlich fest. Dann aber kamen Senkungen, mit Wasser angefüllt. Wir wollten durchaus aussteigen. Aber der Schirrmeister machte uns darauf aufmerksam, dass die Pferde schon im Wasser gingen. Das Wasser würde weiterhin noch tiefer werden und wir würden uns zu Fuß einer Gefahr aussetzen, die nicht geringer wäre als die Weiterfahrt im Wagen. Wir zweifelten angstvoll an einer glücklichen Überfahrt und mussten dennoch diesem Wagehals nachgeben. Der schwerbeladene Postwagen wankte bald nach links, bald nach rechts und schnitt oft so tief in das morsche Eis ein, dass ihn unser Gespann von acht Pferden nur mit größter Anstrengung weiterziehen konnte. Dabei wateten die Pferde bis zu den Knien im Wasser und hatten Mühe, selbst fortzukommen.

In unserer Aufregung, dass unser Wagen beim kürzesten Stehenbleiben weiter einsinken und durchs Eis brechen könnte, schrien wir alle aus Leibeskräften auf die armen Pferde los, die außerdem mit grässlichen Peitschenhieben angetrieben wurden, und so gelangten wir über die gefährlichsten Stellen fort und kamen endlich, von Angst, Schreien und Aufregungen erschöpft, an das jenseitige Ufer. Hier hatten sich viele Leute angesammelt und unsere waghalsige Fahrt wurde mit Schrecken beobachtet. Zugleich erwarteten uns aber auch am Ufer die Polizei und die Flussbeamten und fluchten und wetterten auf uns los, weil wir gegen das Verbot die Überfahrt erzwungen hatten. Der Schirrmeister wurde ins Verhör genommen und wird wohl später für seine Keckheit haben büßen müssen.

Nach diesen vielen Ängsten und Martern trafen wir am neunten Tage unserer Reise in Berlin ein. Von der sitzenden Stellung steif, in der ich neun Tage hatte verharren müssen, kamen mir meine Beine jetzt wie Stelzen vor. Ich konnte nur mit Mühe ein Hotel erreichen. Meine Waden waren so geschwollen, dass ich die Stiefelschäfte herunterschneiden musste. Nachdem ich mich ausgeruht und ein wenig erholt hatte, reiste ich nach Leipzig, um mir bei Wehnert das Talbottypieverfahren (Photographie) zeigen zu lassen, dessentwegen ich diese Reise unternommen hatte. Dann fuhr ich am ersten Mai auf einem Dampfschiff voller Hoffnungen nach St. Petersburg zurück.« -

Oft in den späteren Jahren, als die Bahn schon nach Petersburg führte, lachte mein Vater über die Menschen, die ihm »die gute alte Zeit« preisen wollten. Er sagte:»Ich brauche mich nur an die Umständlichkeit, an die Qualen und Todesängste jener Winterreise im Postschlitten von Russland nach Deutschland zu erinnern und dagegen jetzt das blanke Schienengeleise, die glatte stählerne und kraftvoll arbeitende Lokomotive zu betrachten und an die Wagen zu denken, in welchen die Reisenden jetzt gut gewärmt in Schlafabteilen, Zigaretten rauchend und Tee trinkend, vor Wölfen und Eisschollen und Unbequemlichkeiten sicher, von Berlin in einem Tag und einer Nacht Petersburg erreichen - um mich niemals in meinem Leben nach *der guten alten Zeit* zurückzusehnen.« -

Auf dieser Reise nach Deutschland machte mein Vater auch einen Besuch in Sandersleben und sah seine Mutter zum letzten Mal. Sie starb ein paar Jahre später. Ein Aquarellbild, das die alte gute Frau Dorothee Dauthendey, welche 1786 geboren war, in weißer Haube und schlichtem braunen Hauskleid zeigt, hängt in meinem Schreibzimmer, und ich betrachte es gern. Die Frau mit den starken Augen, dem guten, etwas breiten Mund und den kernigen Backenknochen war immer die tüchtige Mutter und Kameradin ihres Sohnes gewesen. Mit ihren Kenntnissen von Physik und Mathematik hatte sie den Knaben bei seinen ersten kleinen Maschinenbauten lebhaft unterstützt, und in späteren Jahren war es ihre erworbene Lebensweisheit, die ihr für das Geschick ihrer Kinder immer den richtigen Ratschlag geben ließ.

Zurückgekommen nach Petersburg, hatte mein Vater zuerst bei seinem neuen Atelierbau und bei einem Patentgesuch noch manchen Widerstand zu bestehen. Es handelte sich um ein Patentgesuch, das ihm das alleinige Ausübungsrecht der Photographie in Petersburg sichern sollte. In dieser Angelegenheit wandte sich mein Vater an den Herzog von Leuchtenberg.

Der Herzog von Leuchtenberg hatte sich in Katharinenhof bei Petersburg eine galvanoplastische Fabrik gebaut, in der der Bronzeschmuck und die Riesenfiguren der im Bau begriffenen Isaakskirche hergestellt wurden. Der Herzog war auch Vorstand der Kunstakademie. Er war Künstler und Techniker zugleich. Er, der Schwiegersohn des Zaren Nikolaus, ging wie ein schlichter Arbeiter mit aufgestreiften Hemdsärmeln in seiner Fabrik umher. An ihn wandte sich mein Vater bei seiner Rückkunft. Er zeigte dem Herzog bei einem Besuch in der Katharinenhofer Fabrik einige der neuen Photographien, die sich von den Daguerreotypbildern dadurch unterschieden, dass sie nicht auf Silberplatten, sondern auf Papier hergestellt waren.

Der Herzog betrachtete die neuen Bilder eingehend, sprach ohne Umstände freundlich und einfach zu meinem Vater, wie ein Arbeiter zu einem Arbeiter, und riet ihm wegen des Patentes eine Eingabe niederzuschreiben und diese Schrift im Leuchtenberger Palast in Petersburg abzugeben. Dieses tat mein Vater dann auch. Der Kabinettsbeamte dort sagte ihm, dass er in acht Tagen sich Bescheid holen möchte. Nach acht Tagen aber, als mein Vater wiederkam, wurde ihm zur Antwort, dass die Papiere verlegt worden seien.

Mein Vater hatte vergessen, einige Hundert Rubel für den Beamten in dem Briefumschlag beizufügen. Er hatte sich als Deutscher immer noch nicht in die selbstverständliche russische Bestechungssitte hineinfinden können. Der Herzog von Leuchtenberg war inzwischen seiner Gesundheit wegen nach Palermo gereist. Mein Vater wollte des Herzogs Rückkehr abwarten, um weitere Schritte zu tun, aber der Herzog starb in Sizilien, und nur seine Leiche kam nach Petersburg zurück.

In dieser Zeit der Enttäuschung starb auch meinem Vater ein kleines Töchterchen, das Olga hieß und erst ein Jahr alt war. Unglücke kommen nie allein, sagt man, aber jedes Unglück wird endlich doch vom Glück abgelöst, und unser alter Familienspruch auf dem Dauthendeyschen Wappen, »Im Glücke Mäßigung, im Unglück Geduld«, hielt den Betroffenen in diesen schweren Stunden aufrecht, bis ein plötzlicher Glücksumschlag in seinem Schicksal eintrat. Eine große Glückswelle machte jetzt alle früheren bitteren Stunden schnell vergessen.

Mein Vater hatte in den Petersburger Zeitungen Ankündigungen erlassen, dass er das Talbotsche photographische Verfahren als Einziger und erster in Russland ausübe, und es waren manche gekommen, die jene neuen Bilder machen ließen. Aber noch war das »Sichfotografierenlassen« nicht allgemein geworden.

Da fuhr eines Tages die Generalin Buturlina am Atelier vor. Sie war die Geliebte des Kaisers Nikolaus. Sie sah sich die Bilder der neuen Erfindung an und sagte zu meinem Vater:

»Ich habe vor, dem Kaiser ein großes Album zu schenken, das mit den Bildern aller fürstlichen Personen, aller Hofleute und aller höchsten Staatsbeamten angefüllt werden soll. Da bei den neuen photographischen Bildern Uniformen und Verdienstauszeichnungen bis in die kleinsten Kleinigkeiten sichtbar gemacht werden können und da man ja auch die Bilder mit Farben schmücken kann, so hoffe ich, dem Kaiser mit diesem Album eine große Freude zu bereiten.«

Die Generalin schrieb sofort die Namen von sechzig Personen auf; und die Namen von anderen, von mehreren Hundert, versprach sie zu schicken.

Als die Dame fortgegangen war, war mein Vater wie betäubt von diesem plötzlichen Auftrag für den Hof. Dass seine erste große Arbeit dem Kaiser gelten sollte, zu dem er nun doch, auch ohne Bestechung der Beamten und ohne Empfehlung, nur durch seine eigene Arbeit gelangen würde - dieses Bewusstsein ließ seine Freude ganz gewaltig anschwellen.

Die Generalin Buturlina beherrschte damals das Herz des Kaisers noch unumschränkt, und nur sie durfte sich mit oder ohne dessen Einwilligung erlauben, den ganzen Hof und die höchsten Beamten in das Atelier meines Vaters zu befehlen. Die Fürsten, Grafen, Minister und Generäle fuhren nun täglich in langen Reihen am Hause vor und gaben die Karte der Generalin Buturlina dort ab. Leibjäger und Adjutanten begleiteten die Herren. Eine Abteilung von Polizeisoldaten musste sechs Wochen lang in der Straße, in der meines Vaters Atelier lag, an der Haustüre unter den Kutschern die Ordnung aufrechthalten, denn das Vorfahren der vier- und sechsspännigen Hofwagen hemmte den Straßenverkehr, und die hochmütigen Hofdiener und Kutscher stritten um die Rangordnung und um das Vorrecht beim Vor- und Abfahren.

Das Atelier meines Vaters barg in diesen Wochen Schätze von Millionenwert, denn die mit Brillanten besetzten Orden wurden zu Hunderten in Kästchen zurückgelassen, ebenso die schweren goldbestickten Hofkostüme und Uniformröcke.

Zwanzig junge Maler der kaiserlichen Akademie hatten den Auftrag, die bestellten Photographien im Hause meines Vaters mit Farben zu schmücken, und vor ihnen standen auf Tischen die Orden aufgereiht und hingen über Stühle gebreitet die Hoftrachten und Uniformen. Der kaiserliche Hofmarschall, Fürst Wolkonsky, erschien eines Tages zur Aufnahme, begleitet von einem Kammerdiener, welcher aus einer Kiste Haufen von Orden auskramte. Obgleich schon die Brust des Fürsten dicht ordensbesetzt war, wollte er doch, dass noch irgendwo an ihm Orden angebracht werden sollten. Als mein Vater die Ordensüberladung für unschön erklärte, ließ der Fürst die übrige Ordensmasse auf einen

Tisch neben sich ausbreiten, damit sie doch mit aufgenommen würde.

Nach zwei Monaten war das Album fertiggestellt. Bevor aber die Generalin Buturlina dem Kaiser dasselbe überreichte, ließ sie meinen Vater zu sich kommen, sprach ihre Freude über das gelungene Werk aus und riet ihm freundlichst, sein Atelier nach der Hauptstraße Petersburgs, auf den Newskij-Prospekt, zu verlegen, damit das Gedränge der Hofwagen, das in der Seitenstraße mit viel Aufregung verbunden war, in Zukunft vermieden würde. Die Generalin selbst bewirkte sofort beim Gouverneur Schulgin die baupolizeiliche Erlaubnis, sodass der Neubau auf dem Newskij-Prospekt gleich in Angriff genommen werden konnte. Das Atelier befand sich dort in einem großen Prachthaus am Alexanderplatz, dem Alexandertheater gegenüber.

Von jetzt ab besaß mein Vater, kaum dreißig Jahre alt, zwei große Ateliers in Petersburg. Er selbst leitete das eine an der Spitze vieler Angestellten am Newskij-Prospekt, und für das andere in der großen Stallhofstraße stellte er sich einen Geschäftsführer an. In allen Hofkreisen und in allen Zeitungen wurde das Album, das er für den Kaiser angefertigt hatte, bewundernd besprochen. Die älteste Tochter des Kaisers Nikolaus, spätere Königin von Württemberg, die Großfürstin Olga Nikolowna, empfing daraufhin meinen Vater im Winterpalast, und diesen Empfang beschrieb mein Vater in seiner scharf beobachtenden Art folgendermaßen.

Er erzählte:

»Im Auftrag der Großfürstin Olga Nikolowna kam eines Tages unter Mittag ein vielbesternter General, der Kabinettssekretär der Großfürstin, bei mir vorgefahren. Er forderte mich, hochmutig aufgeblasen, ein wenig von oben herab auf, mit ihm sofort nach dem Winterpalast zu fahren. Er sagte, die Großfürstin wolle sich aufnehmen lassen und ich müsse heute noch im Schloss den geeignetsten Saal dazu aussuchen.

Meine Empfangszimmer waren im Augenblick dicht besetzt von Offizieren, Ministern und Hofherren, und ich deutete auf die Anwesenden und erwiderte dem General, dass ich augenblicklich nicht frei sei, aber dass ich mich am nächsten Tag einfinden würde. Darauf warf sich derselbe Herr in die Brust und rief: *Ich habe unbedingten Befehl, Sie mitzubringen, und ich darf keine Entschuldigung annehmen!*

Vor dem derben Auftreten dieses Grobians erschraken die bei mir anwesenden Hofleute derart, dass sie sich sofort alle schleunigst empfahlen und am nächsten Tag wiederzukommen versprachen, obwohl sie lange gewartet hatten und Tage vorher angemeldet gewesen waren. Niemand wollte den General in der Ausführung seines hohen Befehles hindern. Nur ich selbst war von diesen barsch gesprochenen Worten so erregt, dass meine Arme zuckten und ich von meinem Hausrecht Gebrauch machen wollte. Aber ich beherrschte mich und sagte nur: *Ich glaube kaum, dass Ihr rücksichtsloses Befehlen hier in meinem Hause die Billigung der Großfürstin finden wird.* Damit deutete ich ihm an, dass ich mir bei Hof Genugtuung für sein schroffes Benehmen verschaffen wollte.

Ich kleidete mich rasch um und bestieg dann mit dem General den kaiserlichen Schlitten, mit dessen prachtvollem Dreigespann wir in kürzester Zeit im Winterpalast ankamen.

Der Novembertag war düster. Weit über der Stadt lagerte ein dicker, gelbgrauer Nebel. Das Tageslicht war so schwach, dass es kaum für Atelierarbeiten ausreichte und gar nicht für Zimmeraufnahmen geeignet war. Nachdem ich über eine Stunde lang durch alle Räume, durch die kaiserlichen und die prinzlichen Gemächer geführt worden war und weder in diesen noch in den angrenzenden Balkons genügende Helle für eine Bildaufnahme gefunden hatte, musste ich vorläufig eine Aufnahme der Großfürstin im Winterpalast für unmöglich erklären.

Dieses entrüstete den Kabinettssekretär, welcher natürlich keine Ahnung hatte von den physikalischen und chemischen Wirkungen, mit denen ich rechnen musste. Er rief aus:

*Aber Sie müssen doch wenigstens einen Versuch machen, um die Großfürstin von der Unmöglichkeit zu überzeugen!*

Ich entgegnete ihm: *Wenn man der Sonne befehlen könnte, bei der Aufnahme mitzuwirken, so würde ich keinen Versuch scheuen. Aber da sich die Sonne nicht zu Hof befehlen lässt, würde jeder Versuch jetzt aussichtslos sein, und ich möchte die Großfürstin nicht unnütz bemühen.*

Der General führte mich noch auf einen nach der Newaseite hin gelegenen Balkon. Aber auch dieser war im Nebellicht zu schwach beleuchtet. Auf dem Rückweg durch die Säle bemerkte ich in einem großen Gemach eine aufgestellte Staffelei, auf welcher ein angefangenes Ölbild stand. Ich blieb einen Augenblick stehen, um das Bild zu betrachten. Währenddessen hörte ich, dass im Hintergrund des Saales eine Tür geöffnet wurde, und als ich mich umwandte, sah ich eine junge Dame in prunkloser Toilette auf mich zukommen.

*Die Großfürstin!* schrie mich jetzt der Kabinettssekretär an und kroch seiner Herrin entgegen, um mich ihr vorzustellen.

Aus dem aufgeblasenen Menschen schien plötzlich ein geducktes Tier geworden zu sein, das auf allen vieren ging.

Ein Zufall hatte die Großfürstin in das Zimmer geführt, und sie war sichtlich erfreut, mit mir über ihr Vorhaben zu sprechen. Während ich einfach aufgerichtet wie ein Mensch zu einem Menschen mit der Fürstin sprach, war der Kabinettssekretär in eine so tiefe Verbeugung zusammengeknickt, dass sein Hinterteil höher in die Luft stand als sein Kopf. Maschinenmäßig drehte und senkte er sich, wenn die Großfürstin eine Frage an ihn richten musste, und solange unsere Unterhaltung dauerte, verharrte er in dieser Stellung der Selbsterniedrigung.

Ich staunte über diese Dressur bei Hof und ergötzte mich zugleich daran, dass der dünkelhafte Sekretär ein solches Dressurstückchen vor mir ausführen musste. Auf Wunsch der einsichtsvollen Großfürstin, welche sehr wohl verstand, dass ich die Sonne nicht in meiner Kamera mitbringen konnte, wurde die Bildaufnahme bis zum hellen Frühjahr verschoben. Ich hatte dann das Vergnügen, auf ihr Landgut nach Zarskoje-Selo zu kommen, wo die Großfürstin sich in Schweizer Bäuerinnentracht als Kuhmelkerin von mir aufnehmen ließ. Sie war immer sehr liebenswürdig und plauderte im reinsten Deutsch mit mir. Sie erzählte mir, dass sie male, und wenn sie nach Petersburg zurückkomme, wolle sie Unterricht bei mir in der Photographie nehmen. Über mein Album für den Kaiser war sie begeistert, und seit sie die wohlgelungenen Bilder darin gesehen, mache ihr das Ölmalen keine Freude mehr.« -

Unter den vielen Aufnahmen, die mein Vater mit der Zeit am Petersburger Hof zu machen hatte, war noch eine besonders eigentümliche, die des Grafen Tscheremetjeff. Dieser war der »blaue Graf« genannt. Nach dem Tod seiner Gemahlin war ihm jede andere Farbe als Blau zuwider, und er und seine Umgebung kleideten sich stets himmelblau. Alle Gemächer, die er bewohnte, alle Gegenstände, die er benutzte, mussten blaue Farbe zeigen. Sein ganzer Haushalt, seine Diener mussten sich in Blau kleiden. Niemand wurde vorgelassen, der in einer ändern Farbe erschien. Er besaß die schönsten Schlösser in Kathrinenhof und Peterhof, aber er bewohnte sie nie. Er blieb im Sommer immer in der Stadt. Er hatte über achtzig Pferde im Stall, aber er ging fast immer zu Fuß. Furchtsam und ängstlich ging er stets mit zwei Stocken und zwei Dienern spazieren. Jeden Morgen machte er einen Gang durch alle Zimmer und Säle seines Palastes, um die dort aufgehängten Thermometer zu prüfen, die immer fünfzehn Grad Réaumur zeigen mussten. Von diesen Eigenheiten abgesehen, war der Graf ein herzensguter Mensch, wohltätig und vaterlandsliebend. Im Krimkrieg stellte er dem Kaiser Nikolaus ein vollständig ausgerüstetes Husarenregiment zur Verfügung, das er während der ganzen Kriegszeit verpflegen ließ. Graf Tscheremetjeff war einer der reichsten Adeligen in St. Petersburg. Er besaß Gold- und Silberminen und hatte Ländereien mit achtzigtausend Leibeigenen. Von allen Leibeigenen ließ er sich den gleichen Obrok (Erbzins) zahlen, gleichviel, ob sie reich oder arm waren, denn manche von ihnen waren Millionäre geworden. Alle seine Leibeigenen verehrten den Grafen, wie Kinder einen guten Vater verehren. Wenn er einmal zufällig am großen Basar in der Stadt vorüberkam, wo viele von ihnen Handel trieben, so stürzten die Leibeigenen, auch wenn sie schon reiche Kaufleute geworden waren, heraus auf die Straße, um den Grafen fußfällig zu begrüßen.

Einer der Vorfahren des Grafen Tscheremetjeff war Küchenjunge bei Peter dem Großen gewesen und hatte sich dadurch beliebt und verdient gemacht, dass er dem Zaren einen gegen ihn in der Küche geplanten Giftmord verriet. Als Belohnung dafür ließ ihn Peter zum Soldaten heranbilden. Nachdem er sich im Feldzug gegen Karl den Zwölften in der Schlacht bei Poltawa ausgezeichnet hatte, ernannte ihn Peter der Große zum Feldmarschall und schenkte ihm Güter und Ländereien.

Mein Vater erzählte weiter, wie ihn die Ängstlichkeit des Grafen Tscheremetjeff dazu gebracht hatte, im Palast des Grafen drei Wochen zuzubringen, bis der Graf sich zur Aufnahme entschließen konnte, die der Kaiser Alexander der Zweite befohlen hatte. Denn nach der Krönung des Kaisers Alexander in Moskau sollte der ganze Krönungszug mit allen fürstlichen Gästen und Würdenträgern, die sich daran beteiligt hatten, auf Wunsch des Kaisers gemalt werden. Das geplante Riesenbild wurde von der Petersburger Kunstakademie ausgeführt. Alle, die sich an dem Festzug beteiligt hatten, mussten sich dahinbegeben, um ihr Bild dort zuerst von meinem Vater aufnehmen zu lassen. Hierzu wurde auch der Graf Tscheremetjeff eingeladen. Obwohl dieser aus Ängstlichkeit und Schüchternheit weder an der Krönung in Moskau noch am Einzug in St. Petersburg teilgenommen hatte, so wollte der Kaiser doch, dass diese bei Hof so beliebte Persönlichkeit mit auf das Krönungsbild aufgenommen werden sollte. Das große Bild war bereits fertig, nur der Kopf des Grafen Tscheremetjeff fehlte darauf. Er konnte sich nicht entschließen, zu einer Aufnahme in die Kunstakademie zu kommen. Endlich gelang es dem Maler des Bildes, Professor Ladernier, den Grafen zu überreden, sich in seiner Wohnung photographieren zu lassen. Der Graf Tscheremetjeff schickte daher seinen Haushofmeister zu meinem Vater, um diese Angelegenheit näher zu besprechen. Es wurde verabredet, dass mein Vater täglich einige seiner Angestellten in den Palast des Grafen schicken sollte, welche alles zur Aufnahme herrichten mussten, damit in der Stunde, in welcher der Graf sich photographieren lassen wollte, alles bereit sei. Man nahm an, dass es Wochen dauern könne, bis der ängstliche Graf sich zur Aufnahme entschloss.

Mein Vater, blau gekleidet, ebenso seine Angestellten in blauer Kleidung, mit der photographischen Kamera, die blau bemalt war, stellten sich nun täglich im Tscheremetjeffschen Palais ein. Mein Vater sah sich öfters die Säle und die Kunstwerke des Schlosses an, und so wie er vorher im Winterpalais herumgewandert war, wanderte er jetzt stundenlang in diesem Schloss herum und bewunderte die Pracht desselben.

Die gräfliche Hauskapelle glich einer Schatzkammer für Gold, Silber und Edelsteine. Die Stallungen, die mit achtzig Rossen der Orloffschen Rasse besetzt waren, waren mit Granit, Marmor und Messing ausgestattet - für die damalige Zeit ein unerhörter Aufwand. Im Hof wurden täglich auf langen Tischen Haufen goldenen und silbernen Tafelgeschirrs aufgestellt und gereinigt.

Den zur Aufnahme geeignetsten Platz hatte mein Vater auf einem Balkon gefunden, wo eine fünf Meter hohe Marmorgruppe stand, welche, da sie ein wenig im Wege war, trotz des Sträubens des Haushofmeisters fortgeschafft werden musste.

Mehrere Wochen hatte man bereits den Grafen auf diesem Balkon erwartet, ohne dass er erschienen wäre. Da hörte mein Vater eines Tages die Orgel in der Hauskapelle spielen, und neugierig begab er sich dahin. Er sah darin einen kleinen untersetzten Herrn vor dem Altar knien. Dieser trug einen blausamtenen Schlafrock, und mein Vater schloss daraus, dass der einsame Beter der Graf sei. Er mochte das Bedürfnis gehabt haben, sich innerlich noch für die Aufnahme vorzubereiten, denn kurz darauf erschien er auf dem Balkon zur Aufnahme. Er zeigte eine große Ängstlichkeit vor dem Messingrohr der Kamera und bekreuzigte sich dreimal, als dasselbe auf ihn gerichtet wurde.

Um den Grafen ein wenig zu beruhigen, erklärte ihm mein Vater den ganzen Verlauf der photographischen Bildaufnahme und nahm eine solche erst an einem seiner Angestellten vor, worauf sich dann der Graf zur Sitzung entschloss. Die schnelle Aufnahme entzückte den Grafen Tscheremetjeff dann so, dass er nachher meinen Vater einlud, mit ihm in sein Arbeitskabinett zu kommen, bei ihm eine Zigarette zu rauchen und ihm über die neue Erfindung ausführlich zu erzählen. Die Aufnahme seines Bildes bezahlte er mit dreitausend Rubeln.

Diese und ähnliche Aufnahmen und die Einnahmen aus zwei großen Ateliers machten meinen Vater rasch zu einem reichen Mann. Er konnte sich Diener und Reitpferde halten und seinen Töchtern französische und englische Erzieherinnen. Außer dem Reiten war die Jagd sein Hauptvergnügen in jener Zeit. In den Sümpfen, draußen in den Urwäldern bei Lachta und bei Kalamega, jagte er Wildenten, Wölfe, Bären und Füchse, Aus dieser Zeit wusste er später eine Unmasse Geschichten zu erzählen, Reiter-geschichten und Jagd- und Jagdhundgeschichten, von denen ich einige behalten habe und hier berichten will.

Mein Vater ist immer leichtbeweglich, mutig und Gefahr verach-tend gewesen. - Mehrmals in der Woche ritt er aufs Land. Denn er wohnte im Sommer mit seiner Familie in verschiedenen Land-häusern, mal in Pargola, mal in Kalamega, mal in Peterhof. Bei diesen Ritten sind ihm mehrere Abenteuer begegnet.

Auf seinem Weg aufs Land musste er eines Sommers auf der Isaaksbrücke die Newa überschreiten. Diese Brücke wird bei der Durchfahrt großer Schiffe in der Mitte geöffnet, sodass drehbare Brückenbogen zur Seite gewendet werden und die Schiffe mit ihren hohen Masten und Schornsteinen die so entstandene Durchfahrt benützen können. In dieser Stunde der Durchfahrt müssen Wagen, Reiter und Fußgänger auf dem Brückenbogen zusammengedrängt warten, bis die Brückenlücke wieder ge-schlossen ist und die Brücke von Neuem dem Verkehr übergeben wird.

Mein Vater hatte eines Tages von einem Tscherkessen ein sehr mutiges Pferd gekauft. Er kam mit seinem neuen isabellenfarbe-nen Pferde scharf auf die Brücke gesprengt, im Augenblick, als eben die Brückenwärter eine Kette quer über den Brückenweg spannten. Dieses war das Zeichen, dass die Brücke nicht mehr gangbar sei. Der bewegliche Brückenbogen war bereits eine Pfer-delänge von dem gegenüberliegenden Brückenpfeiler abgedreht worden. Auf dieser und auf jener Seite der Brücke standen die Equipagen und die Fußgänger in breiter Reihe dicht gedrängt hinter der vorgespannten Kette. Aber das lebhafte Pferd, das mein Vater an diesem Tage zum ersten Mal ritt, wollte nicht ge-horchen und sprengte hochaufgebäumt über die Kette fort. Mit einem Ausruf des Entsetzens glaubte die Menschenmenge, dass Pferd und Reiter hinunter in die Newa stürzen würden. Aber das Tscherkessenpferd hatte eine wunderbare Schwungkraft in den jungen Gliedern und kam sicher auf die andere Seite des weit geöffneten Abgrundes hinüber. Nun verwandelte sich der allge-meine Schrecken in einen allgemeinen Beifallsausbruch. In allen Equipagen klatschten Herren und Damen dem Reiterkunststück Beifall, denn mein Vater hatte dem edlen Tier, als es sich vor dem

Abgrund bäumte und unfehlbar mit ihm hinuntergestürzt wäre, die Sporen derart in die Weichen gedrückt, dass das schäumende Pferd vor Schmerz den Sprung über die Brückenlücke gewagt hatte. -

Ein andermal ereignete sich ein Zwischenfall komischer Art. Mein Vater hatte rückwärts am Sattel seines Pferdes seinen zusammengerollten Regenmantel angeschnallt, und in demselben lag, eingewickelt in einem Packpapier, ein großer roher Kalbsbraten, den er mit hinaus aufs Land bringen wollte. Denn es war Samstagabend, und der Diener hatte vergessen, den Braten mitzunehmen. Mein Vater ritt vergnügt durch die Abendlandschaft und war durch mehrere Orte gekommen, als er merkte, dass die Leute am Wege stehenblieben und mit erschreckten Gesichtern sein Pferd anstarrten. Er sah an sich und seinem Pferd hinunter und konnte nichts Ungewöhnliches finden. Den Kalbsbraten hatte er ganz vergessen. Dieser aber war durch die Erschütterungen während des Rittes herabgeglitten, wurde aber immer noch vom Riemen gehalten. Das Papier hatte sich gelöst, und der Braten baumelte als blutige Fleischmasse unter dem Bauch des Pferdes. Auf dem »Sehnsuchtshügel«, wie eine kleine Anhöhe am Eingang des Dorfes Kalamega genannt wurde, saßen abends gewöhnlich in Gruppen alle Damen, die in dem Dorf zur Sommerfrische wohnten, und erwarteten ihre Männer aus der Stadt zurück. Ein allgemeines Gelächter empfing meinen heranreitenden Vater und den jetzt im Staub nachschleifenden Kalbsbraten. -

Die Jagdlust hegte mein Vater noch bis in seine ältesten Tage. Noch in Würzburg hatte er jahrelang eine eigene Jagd gepachtet, und bis zu seinem fünfundsiebzigsten Lebensjahr, bis zwei Jahre vor seinem Tode, ging er noch auf den Anstand und machte beschwerliche Treibjagden im Spessart mit.

Als ich ein Knabe von zehn Jahren war, nahm er mich oft auf seine Jagdausflüge in die Nähe von Würzburg mit. Ganz früh am Morgen, vor Sonnenaufgang, saßen wir dann nebeneinander in einer Waldecke und warteten auf einen wechselnden Rehbock oder auf äsende Hasen oder saßen am Waldrand, wo in den Kohlrübenstauden eines Ackers plötzlich die langen Löffel eines Hasen auftauchten. Manchmal war auch eine ganze Hasenfamilie zu sehen. Die kleinen jungen Häschen schlugen Purzelbäume, indessen die alte Häsin auf den Hinterpfoten saß und argwöhnisch gegen den Wind schnupperte.

Ich erinnere einmal, es war eines Spätnachmittags am Waldrand von Eßleben. Mein Vater hatte wie immer aus abgeschnittenen Buchenzweigen eine kleine Laube hergestellt, in welcher wir von den Blättern verdeckt saßen. Die Mücken, die zur Abendstunde schwärmten, setzten sich auf meine Hände und sogen mein Blut. Doch ich wagte mich kaum zu rühren und ertrug die Stiche ruhig, um meinen aufmerksam lauschenden Vater nicht zu stören. Er erwartete einen wechselnden Bock, der aber nicht kam, wahrscheinlich weil in der Ferne noch Bauersleute auf einem Acker arbeiteten.

Plötzlich duckte sich mein Vater, der auf einem aufklappbaren Sitzstock hockte, zog mich zu sich heran und zeigte mir eine spielende Hasenfamilie, die sich mit Purzelbaumschlagen vergnügte. Es war mir, als sähe ich ein kleines graues Zwergvolk, das da aus dem Wald in der Ackerfurche erschienen war. Doch als mein Vater das Gewehr an die Wange legen wollte, um den Hasenvater abzuschießen, ergriff mich ein entsetzliches Leid.

»Ach, schieße doch nicht!« wagte ich zu sagen. Mein Vater nickte, ließ das Gewehr sinken und meinte: »Du hast recht. Sie spielen zu schön. Aber Du wirst niemals ein Jäger, mein Junge.« Und er küßte mich, stand auf, und wir gingen heim ohne Jagdbeute. Dieses war das letzte Mal, dass er mich mitgenommen hat. Seine Weidmannslust schien in meiner Gegenwart, durch mein Mitgefühl für die Tiere, nicht in dem Grad in ihm aufkommen zu können, wie es nötig war, um die Flinte kaltblütig abzuschießen.

Wenn er von der Jagd heimgekehrt war und seine Jagdsuppe gegessen hatte, welche aus einer Kalbsbrühe mit geschnittenen Nudeln bestand, dann konnte er stundenlang die fränkische Jagd mit seiner früheren russischen Jagd vergleichen. Eine kleine Geschichte aus Russland ist mir wegen des Schreckens, den mein Vater dabei ausgehalten, besonders in Erinnerung geblieben.

Es war in einem mächtigen, fast undurchdringlichen russischen Urwald, wo er mit einigen Jagdfreunden jagte. Die Herren hatten sich im Wald zerstreut, um einen Fuchsbau zu umkreisen. Mein Vater war allein und musste über einen schmalen Wassergraben springen, er stützte zu diesem Zweck sein geladenes Gewehr mit dem Kolben auf den Boden auf, so, dass der Lauf des Gewehres unter seinen rechten Arm zu stehen kam. Während des Sprunges streifte seine Jagdtasche den Gewehrhahn so unglücklich, dass der gespannte Hahn zuschnappte und der Schuss losging. Mein Vater war beim Hinüberspringen über den Graben ausgeglitten und in die Knie gefallen und hielt das Gewehr während seines Sturzes fest an sich gedrückt. Als der Schuss krachte, sank er vor Schreck vollends zu Boden. Er griff unter seinen Arm und bekam die Hand voll Blut. Er war jetzt sicher, dass die Kugel ihm unter der Achselhöhle in die Brust gedrungen war. Er war so erschrocken und erschüttert, dass er sich nicht aufzurichten wagte, denn er glaubte, der Blutverlust würde ihn dann derart schwächen, dass er nicht weiterkommen könne.

Er erwartete, die Wirkung der eingedrungenen Kugel bald zu spüren. Da er von Geschossenen gehört hatte, dass der Schmerz der Wunde sich erst nach einigen Minuten einstellte, so rechnete er schön mit dem Leben ab und empfahl seine Frau und seine zurückgelassenen Kinder der Gnade des Himmels.

Nach einigen Minuten, welche ihm natürlich wie Jahre dünkten, untersuchte er zum zweiten Mal eingehend die Wunde und merkte, dass die Kugel, als sie den Lauf verlassen, ihm nur eine Streifwunde im Fleisch beigebracht hatte, dass sein Rock unter dem Arm zwar versengt und verbrannt war, dass er selbst aber keine nennenswerte Verletzung davongetragen hatte.

Wie neugeboren richtete er sich auf. Es war in ihm schon eine fest abgeschlossene Sache gewesen, dass er hier jetzt im Urwald, fern von den Seinen, umkommen müsse. Unvergesslich für alle Zeiten war ihm deshalb der Augenblick, als er merkte, dass er unverletzt geblieben und leben durfte.

Oft erzählte er uns auch von russischen Entenjagden, die er mitgemacht hatte auf Booten, die mit Birkensträuchern am Rand besteckt waren, dahinter die Jäger die Enten erwarteten. Man hatte einige künstliche Entenpuppen aus Lack rund um das Boot ausgesetzt. Sobald die vorüberziehenden Wildenten die schwimmenden Lackenten sahen, ließen sie sich nieder und wurden geschossen.

Mein Vater hatte einen sehr schönen Jagdhund, einen Setter, der »Fock« hieß. Dieser war aus der kaiserlichen Hundezüchterei und ein ausgezeichneter Vorsteh- und Treibhund, ein vorzüglicher Taucher und, was bei einem Jagdhund selten ist, ein treuer Wächter im Hause. Bei einem Einbruch, der einmal nachts in Petersburg in der Wohnung verübt wurde, verjagte er durch sein Gebell die Diebe, die bereits zwei Türschlösser ausgesägt hatten. Der arme Hund starb leider später an der Tollwut. Er war von einem tollen Hunde bei einer Rauferei gebissen worden. Mit Schaum vor dem Maul und mit tollen, irren Augen verkroch er sich unter die Möbel. Niemand durfte sich ihm nähern. Er, der vorher die Kinder des Hauses auf seinem Rücken hatte spielen lassen und sie herumgetragen, lag jetzt von Fieberfrost geschüttelt und wies jedem, der sich ihm näherte, die Zähne. Sein prächtiges schwarzseidenes weiches Fell klebte im Fieberschweiß nass um seinen Leib. An den Möbeln hing der Schaum der Tollwut, und niemand wagte sich in die Zimmer. Man rief meinen Vater, der in der Stadt war, schleunigst in die Landwohnung hinaus. Mein Vater sagte sich, als man ihn abhalten wollte, ins Zimmer zu gehen, in dem der Hund versteckt lag: Das Tier wird mich kennen und mir nichts tun. Und er hatte recht. Der treue schöne Fock kam zitternd unter dem Sofa hervorgekrochen, als er meines Vaters Schritte hörte. Er konnte kaum noch gehen; die erstarrten Hinterbeine schleifte er nach. Mein Vater, welcher nicht glauben wollte, dass der Hund toll sei, streichelte ihn, bis der irre Blick und die geröteten Augäpfel des Tieres ihn aufmerksam werden ließen. Er setzte dem fiebernden Hund Wasser zum Saufen vor. Aber obwohl dem Tiere die Zunge lechzend und dampfend aus dem Maule hing und der Schaum ihm aus den Kiefern triefte, rührte er das ihm gereichte Wasser nicht an. Er verkroch sich wieder. Mein Vater lockte endlich den kranken Hund, der nur ihm noch gehorchte, in einen hingehaltenen Sack. Darin wurde Fock verschnürt und zum Tierarzt gebracht. Dieser stellte die Tollwut fest. Mit Tränen in den Augen musste mein Vater sein treues Tier verlassen. Er besuchte es noch am nächsten Tag und kam gerade in den Augenblicken hin, als der Hund in den letzten Zuckungen lag, die Augen nochmals öffnete, meinem Vater die Pfote reichen wollte und dann verendete.

Die Möbel, alles, was der Hund in seiner Tollwut berührt hatte, mussten verbrannt werden, und mein Vater, welcher Fock gestreichelt, gewaschen und gepflegt hatte, fürchtete eine lange Zeit, dass er vielleicht eine kleine Wunde am Finger gehabt haben könnte und selbst vom Tollwutgift angesteckt worden wäre. -

Außer einer Bärenjagd, die mein Vater einmal auch mit dem Kaiser Alexander II. und einem französischen Gesandten mitmachte, waren es Elentierjagden und Wolfsjagden, die den Höhepunkt seiner Weidmannslust bildeten. Bei den Wolfsjagden hatten die Jäger meistens in ihren Schlitten ein Ferkel in einem Sack, das sie mit leichten Fußtritten zu Quietschlauten reizten. Das jämmerliche Ferkelgeschrei lockte den hungrigen Wolf aus dem Dickicht. Gewöhnlich wendeten die Bauern eines Ortes, wenn Wölfe gesichtet waren, sich an eine Jagdgesellschaft in der Stadt, an jene Herren, die im Sommer in ihren Dörfern Landhäuser bewohnt hatten, und diese kamen dann zur Wolfsjagd hinaus.

Auch Taubenschießen wurden veranstaltet. Da die Taube als Bild des Heiligen Geistes von den Russen nicht getötet und nicht gegessen werden darf, waren es nur die deutschen Eingewanderten, die der Jagd auf Tauben oblagen, um sich diese begehrten Braten zu verschaffen. - Auch der Hase als Osterzeichen wird von den Russen nicht gegessen. Die Jäger mussten oft mit Schneeschuhen um das Lager eines Hasen kreisen, da im Winter der Schnee so hoch lag, dass man nicht zu Fuß gehen konnte. - Auch auf Birkhuhn und Schneehuhn wurde Jagd gemacht. Mein Vater erzählte uns, dass die weißen Schneehühner sich tief einschneien lassen und von den Jagdhunden ausgegraben werden. - Der Bauer, der den Jägern einen Bären meldete, bekam fünfundzwanzig Rubel, wenn man auf den Bären stieß. Aber das Aufstöbern eines Rudels Elentiere wurde mit fünfzig Rubeln bezahlt. -

Das gesellige Leben in Petersburg beschränkte sich aber nicht nur auf Jagd, Reiten und Landaufenthalt. Es waren hauptsächlich die Zusammenkünfte in den langen Winternächten, die das Leben angenehm machten.

Doch die treuesten Freundschaften schloss mein Vater nicht an solchen Gesellschaftsabenden. Immer war es in der Arbeit seines

Berufs, dass sich Männer zu ihm hingezogen fühlten, die sich dann für das ganze Leben mit ihm befreundeten.

Ein junger Maler Möbius kam arbeitsuchend nach Petersburg und lernte von meinem Vater die Photographie. Ebenso kam ein junger Optiker namens Richter eines Tages arbeitsuchend zu ihm. Mein Vater half ihm nach Kräften den Arbeitsweg in der Stadt ebnen. Dieser Mann blieb auch, noch als er Millionär geworden und später in Deutschland von seinem Vermögen lebte, der treueste Freund meines Vaters.

Nicht nur Jagd und Reitsport und nicht bloß das Geschäftsfieber und die Sorge um die Familie bewegten Geist und Herz meines Vaters. Er liebte es, mit eifrigem Sinn Freunden zu nützen, und hätte gern das Letzte hergegeben für Freunde, die er treu befunden hatte. -

Außer dem kleinen Mädchen Olga und einem Knaben, der Konstantin hieß, die beide sehr früh starben, hatte die erste Frau meinem Vater noch vier Töchter geboren.

Ich habe schon erzählt, dass diese Frau jüdischer Abstammung war, und so kam es, dass öfters ein jüdischer Professor im Hause meines Vaters verkehrte. Dieser war ein eigentümlicher Mann. Er behauptete, dass es blaue und graue Geister gäbe. Doch war dieser Geisterglaube nicht das Eigentümlichste an ihm. Professor Levy besaß ein fabelhaftes Gedächtnis, Er hatte im Auftrag der Kaiserin, die Bibel, die damals nur in griechischer Sprache in Russland vorhanden war, ins Russische übersetzt. Es war ihm möglich, jede Bibelstelle, nach der man ihn fragte, auswendig herzusagen. Mein Vater und seine Frau vergnügten sich oft stundenlang damit, ein Taschenmesser blindlings zwischen die Seiten der Bibel zu schieben und den Professor nach der Bibelstelle zu fragen, auf welche die Spitze des Messers zufällig deutete. Niemals, sagte mein Vater, sei dem Professor, wenn man ihm Kapitel, Vers und Namen des Prophetenbuches oder der Evangelisten nannte, die betreffende Stelle nicht eingefallen. Professor Levy kam meistens zum Schachspiel in das Haus meines Vaters, welches Spiel mein Vater sowohl wie seine Frau leidenschaftlich liebten.

Nach der Geburt des sechsten Kindes traf meinen Vater eine der schwersten Erschütterungen seines Lebens. Ein Unglück brach herein, das er wohl in seiner Ungeheuerlichkeit kaum jemals vorausgesehen hatte.

Mein Vater war feurig begeistert für alles, was seinen Geist zur Bewunderung oder zum starken Nachdenken hinriss, aber seine Feurigkeit ging, wenn ihn etwas heftig störte oder reizte, in Jähzorn über, und so leidenschaftlich zärtlich er sonst sein konnte, so leidenschaftlich heftig wurde er dann.

Das siebzehnjährige Mädchen, das er geheiratet hatte, war zur achtundzwanzigjährigen Frau herangereift, und die damalige, etwas romantische Zeit brachte es wohl mit sich, dass die Ehefrauen auch von dem Ehemanne gerne immer umschwärmt sein wollten. Aber mein Vater, der mit Geschäftsgedanken und mit Berufssorgen überbürdet war, konnte der jungen Frau nicht der schwärmende Liebhaber bleiben. Der für Erfindungen und Sport heftig begeisterte Mann konnte sich nicht dazu verstehen, auch für Gedichte, Blumen und Romane Aufmerksamkeit zu haben, für welche seine Frau schwärmte. Vielleicht verglich dieselbe auch unbewusst die gedankenvolle, leise und sich immer gleichbleibende Gelehrtenart des weisen jüdischen Professors Levy mit der trutzig deutschen und unruhig sich begeisternden Art meines Vaters, dessen Lebhaftigkeit und seelische Schwungkraft nicht ruhte und immer von Neuem zu Neuem griff. Die Photographie genügte meinem Vater damals bald nicht mehr. Er beschäftigte sich neben seiner Atelierarbeit auch noch mit der Erfindung der Photolithographie und später mit der Mikrophotographie. Sein Geist ging täglich wie die Sonne neu auf, konnte sich plötzlich verfinstern bei trüben Erfahrungen, konnte zu Tode verzweifeln und dann wieder aufleuchten wie Sonnenstrahlen aus Gewitterwolken. Er wusste nie, wenn er heftig gewesen, dass er andere verletzen oder beleidigen konnte. Seine Heftigkeit galt dem Zweck, dem Ziel einer Angelegenheit, aber nicht dem Menschen. Wenn seine Frau sich auf Vergleiche zwischen dem weisen, aus stiller Gelehrtenstube kommenden Professor Levy und meinem von Erfindungseifer und Geschäftslärm beunruhigten Vater einließ, so musste natürlich bei ihr, die für Geistesruhe, Poesie und Blumenstille schwärmte, bei solchen Vergleichen vielleicht das

Urteil zuungunsten meines Vaters ausfallen. Aber mehr, als ich hier andeute, habe ich auch von meinem Vater über das Verhältnis zu seiner ersten Frau nicht klagen hören. Ganz unerwartet trat das Unglück an ihn heran. Kurz nach der Geburt ihres sechsten Kindes, ihrer jüngsten Tochter, fand man die junge Mutter eines Tages in ihrem Schlafzimmer mit aufgeschnittenen Pulsadern, verblutet und tot. Mein Vater, welcher sich eben mitten im Geschäftsgetriebe in seinem Atelier aufhielt, wurde - es war zur Mittagsstunde - in das Vorderhaus, in die Wohnung gerufen, die mit einer langen Reihe von Zimmern mit den Fenstern nach dem Newskij-Prospekt hin lag. Vor der Wohnungstür fand er bereits zwei Polizisten aufgestellt, die ihn kaum hineinlassen wollten. Der Hausmeister war auf das Geschrei der Amme und der Hauslehrerinnen, die vergeblich an die verriegelte Tür ihrer Herrin geklopft hatten, zuerst zu einem Schlosser gelaufen. Als die Tür erbrochen worden war und man die Frau des Hauses in ihrem Bett verblutet und tot gefunden, glaubte man zuerst an einen Mord und hatte hilferufend im ersten Schrecken Polizisten von der Straße geholt. Endlich besannen sich die tief erschrockenen Dienstboten, dass man meinen Vater benachrichtigen müsse. Aber niemand getraute sich, dem Ahnungslosen die Nachricht zu überbringen, bis eine der Hauslehrerinnen es übernahm und unter dem Vorwand, dass seine Frau unwohl geworden sei, meinen Vater aus dem Atelier rief.

Diesen schweren Schicksalsschlag hat uns mein Vater nie ganz erklärt, und ich fühle mich als sein Sohn nicht berechtigt, zu versuchen, durch Anklagen oder Vermutungen eine Aufklärung dieses Familienunglückes zu geben, da mein Vater noch in spätesten Jahren es offensichtlich vermieden hat, eingehend über jenen Schreckenstag zu sprechen.

So sehr gesprächig er sonst über alle seine Lebensereignisse war, über dieses berichtete er auch in den spätesten Jahren nur mit wenigen Worten, und sein Gesicht verdüsterte sich dabei, als wäre ihm ein tiefes Leid angetan worden, das er nie ganz verwunden hat. Wir hörten von ihm nur, dass, als er ins Sterbezimmer getreten, das jüngste Kind wimmernd in der Wiege neben der Mutter gelegen habe, die sich selbst den Tod gegeben.

Welch ein Schmerz muss in dieser Frau getobt haben, bis sie, die Mutter des hilflosen Kindes, sich entschloss, freiwillig aus der Welt zu gehen und dieses hilflose neugeborene Kind und die andern Kinder und einen Mann, der sie liebte, zurückzulassen! Die jüngste meiner Stiefschwestern besitzt noch ein Bild, das jene junge Frau, ihre Mutter, auf der Veranda eines russischen Landhauses zeigt. Das Haus ist in Blockhausart aus schweren Stämmen gebaut. Mein Vater steht in ledernem Jagdanzug außen am Geländer der Holzaltane. Er hat Gewehr und Jagdtasche um, seine Beine stecken in hohen Jagdgamaschen. Er steht sehr schmal und lang da, während die junge Frau im weiten Rock der Krinolinentracht, den Arm auf einen kleinen Nähtisch gestützt, auf der Veranda sitzt und ihn mit klugen Augen betrachtet.

Auf diesem Bilde ist noch kein Zeichen des späteren Unglücks vorauszusehen, nur dass meines Vaters etwas finsterer, starker männlicher Blick eine jugendliche Härte verrät, die der ihn horchend prüfenden Frau wehtun konnte. -

Von nun an bricht das Leben meines Vaters in zwei Teile. Eine andere Frau, meine Mutter, lernt er nach dem Tod der ersten Frau kennen, und nach der Hochzeit mit ihr im Jahre 1857 bleibt er nur noch wenige Jahre in Russland. Geschäftsunglück über Unglück bricht über ihn herein, und der vorher so reiche Mann wird beinahe zum armen Mann. Nur sein Mut bleibt ihm und seine Arbeitskraft, als er im Jahre 1862 nach zwanzigjährigem russischen Aufenthalt nach Deutschland zurückkehrt, wo er noch vierunddreißig Jahre tätig ist.

Mit der Heirat meiner Mutter tritt für ihn die deutsche Zeit seines Lebens ein. Die russische und ausländische Zeit tritt zurück und wird zum Hintergrund, der aber mit seinen starken Erinnerungsfarben immer noch in die nächsten vierunddreißig deutschen Jahre hereinwirkt. -

Nachdem mein Vater nach dem Tod seiner ersten Frau im. Jahre 1855 ein Jahr lang Witwer gewesen, ersehnte er wieder für sich eine Frau und für seine vier Töchter eine Mutter. Er war ein viel zu lebhafter Mann, als dass er in noch so jungen Jahren ohne die Liebe einer Frau und ohne eine Lebensgefährtin, die mit ihm Freude und Leid teilte, hätte auskommen können. Er hielt Umschau unter den jungen Mädchen der deutschen Eingewanderten, und da er Jagdfreund der Familie Friedrich war, lernte er, wie ich eingangs dieser Aufzeichnungen schon erzählt habe, bei einer Abendgesellschaft im Friedrichschen Hause meine Mutter kennen, die ihm Tee reichte, während er mit seinem zukünftigen Schwager beim Schachspiel saß.

Mein Vater verliebte sich beim ersten Blick in sie, aber sie war mit ihren neunzehn Jahren scheu und zurückhaltend, und der vermögende und angesehene Mann erschien ihr viel zu gewichtig in seiner Petersburger Stellung, als dass sie als vermögensloses Mädchen je an die Möglichkeit einer Heirat mit ihm gedacht hätte. Vielleicht mag auch der Gedanke, dass mein Vater Witwer war und vier Töchter hatte und dass seine Frau sich getötet, es bewirkt haben, dass sie meinen Vater nicht blindlings in ihr Herz schloss.

Aber die Liebe macht kühn, und mein Vater, der wohl einsehen mochte, dass er nicht sofort auf Gegenliebe rechnen konnte, machte sich folgenden Plan zurecht. Er sagte sich klar: Da ein Altersunterschied von achtzehn Jahren zwischen ihnen beiden bestand und da er Töchter hatte und kein alleinstehender junger Mann mehr war, so könnte es möglich sein, dass er, wenn er im Friedrichschen Hause um die jüngste Tochter anhielt, sich einen Korb holen würde, nicht bei der Mutter, aber bei der Tochter dort. Denn dass meine Großmutter einer Heirat ihrer Tochter mit ihm nicht abgeneigt war, hatte er durchgefühlt.

Das Frühjahr war gekommen, und die Friedrichsche Familie war nach Kalamega aufs Land gezogen. Mein Vater hielt es nicht länger in der Ungewissheit aus, ob er das Jawort von Fräulein Friedrich erhalten würde oder nicht. Aber er wollte sich auch nicht die Hoffnung durch eine plötzliche Anfrage und eine mögliche Abweisung mit einem Mal zerstören; und so beschloss er, mit seinem Freunde Richter, welchem er nichts von seinen Heiratsplänen gesagt hatte, eine Reise nach Paris zu unternehmen, da dieser Freund geschäftlich in Paris zu tun hatte. Auch mein Vater wollte wegen der Prüfung neuer Erfindungen gerne das Ausland aufsuchen. Aber er wollte diese Reise abhängig machen von der Antwort, die er auf seinen Heiratsantrag erhalten würde. Wurde er abgewiesen, so wollte er reisen, wurde er angenommen, so wollte er bleiben.

Er schrieb zu diesem Zweck zwei Briefe nach Kalamega, den einen an seine zukünftige Braut, den ändern an ihre Mutter. Die Briefe waren abgegangen, und er wartete auf Antwort. Zwei, drei Tage vergingen. Keine Antwort kam. Mein Vater war schlaflos. In höchster Erregung suchte er sich mit Arbeit im Atelier zu betäuben. Immer wieder aber lief er in seine Wohnung und fragte nach der Post.

Als am vierten Tage keine Antwort eingetroffen war, sagte er seinem Freunde Richter bestimmt zu, dass er mit ihm nach Paris reisen würde, und er hoffte, dass die Zerstreuung der Reise ihn von dem grimmen Verzichtgedanken ablenken würde. Aber er sprach immer noch nicht von seinen gescheiterten Hoffnungen zu diesem Freunde. Er packte seine Koffer, traf seine Anordnungen und ließ die beiden Ateliers in den Händen von zwei sicheren Geschäftsführern. Er hatte bereits ein Schiffsbillett gekauft und sollte in zwei Tagen abreisen.

Schwermütig geworden durch die schweigende Abweisung, die er aus der Nichtbeantwortung seiner Briefe ersah, sehnte er den Abreisetag dringend herbei und ging gepeinigt in seiner leeren Stadtwohnung umher; denn seine Kinder mit den Hauslehrerinnen waren schon auf dem Lande.

Da trat bei ihm ein Freund namens Seemann ein. Ich muss bemerken, dass mein Vater in seinen Mußestunden nach dem Tod seiner Frau ein eifriger Violinspieler geworden war. Mit drei Freunden kam er abends oft zusammen, und sie spielten dann Quartette. Dieser Freund Seemann, der ihn nun aufsuchte, war eins der Mitglieder beim Quartett. Er wohnte in diesem Sommer gleichfalls in Kalamega, wo die Friedrichsche Familie ihren Sommeraufenthalt hatte. Mein Vater war erstaunt, ihn am hellen Tage plötzlich bei sich zu sehen. Freund Seemann aber lud ihn ein, unbedingt noch denselben Abend mit ihm aufs Land zu fahren, da die anderen Herren zu einem Quartettabend zugesagt hätten.

Lange sträubte sich mein Vater unter allerlei Vorwänden, mitzugehen, denn er fürchtete, in Kalamega die Familie Friedrich, die er jetzt vermeiden wollte, zu treffen. Er hatte niemandem, auch dem Freunde Seemann nicht, etwas von seinem Heiratsantrag erzählt. Da es aber nicht sicher war, dass er die Familie Friedrich in Kalamega treffen müsste, entschloss er sich endlich zur Fahrt, zu der ihn Seemann eingeladen hatte. Groß war aber sein Erstaunen, als der Wagen, in welchem die beiden Herren saßen, im Ort Kalamega nach einem kleinen Umweg am Friedrichschen Landhaus vorbeifuhr, während er, ohne vorher etwas zu merken, mit Seemann im tiefsten Gespräch über seine bevorstehende Pariser Reise war. Aber noch größer war seine Verblüffung, als der Wagen immer langsamer fuhr und mein Vater auf der Veranda des Friedrichschen Hauses die ganze Familie in Sonntagskleidern versammelt sah. Der Samowar dampfte auf dem Tisch, Blumen und Kuchen standen dabei, und die Brüder meiner Mutter, ihre Schwestern und die Großmutter selbst erhoben sich überrascht, traten ans Altangeländer und riefen den beiden Herren zu, doch herein in den Garten zu kommen und mit ihnen eine Tasse Tee zu trinken. Mein Vater wurde davon verwirrt und wollte zuerst nicht aussteigen. Aber da die Brüder meiner Mutter, seine Jagd- und Schachfreunde, bereits an den Wagen gekommen waren und der Freund Seemann schon ausgestiegen war, blieb ihm nichts anderes übrig, als der lebhaften Einladung Folge zu leisten.

Seine zukünftige Braut war nicht anwesend. Aber ihre Mutter kam ihm mit einer Herzlichkeit und Aufgeräumtheit entgegen, dass mein Vater sich gleich fragte: Das ist doch nicht die Art, wie man einen abgewiesenen Freier empfängt? - Er merkte nun auch bald, dass die jüngeren Leute ihn mit der Mutter allein ließen, und er war voll erregter Erwartung, denn er fühlte jetzt, dass hier ein Missverständnis vorliegen müsse.

»Wir erwarten Sie seit drei Tagen, Herr Dauthendey«, sagte die alte Dame. »Was hat Sie denn abgehalten, gleich nach Ihrem Brief bei uns vorzusprechen?«

»Ich bin es, der drei Tage auf Antwort gewartet hat«, entgegnete mein Vater verwundert.

»Aber das ist ja ein großes Missverständnis«, fuhr meine Großmutter fort und schlug ihre Hände zusammen. »Wir ziehen seit drei Tagen immer unsere Sonntagskleider an und erwarten täglich den Bräutigam! Ihr Brief war ja so abgefasst, dass wir annahmen, er sei die Anmeldung Ihres Kommens. Denn Sie schrieben, Sie würden am nächsten Tag kommen und sich das Jawort holen.«

Mein Vater hatte es aber in der Aufregung ganz vergessen, dass er nicht um schriftliche Antwort ersucht hatte.

»Und nun hören wir zu unserem Erstaunen«, sagte die alte Dame, »dass Sie plötzlich ins Ausland reisen wollen! Wir konnten uns den Umschlag Ihrer Stimmung gar nicht erklären.«

Die junge Braut war inzwischen aus dem Hause geholt worden. Die Mutter legte die Hände der Verlobten ineinander, und als sie sich küssten und die Verlobung so plötzlich gefeiert wurde, war mein Vater wie aus den Wolken gefallen und jetzt der glücklichste Mensch. - Der Freund Seemann erzählte ihm später, dass er als Abgesandter der Familie Friedrich in die Stadt gekommen sei, um nach dem ausbleibenden Bräutigam zu suchen. Und nun verstand mein Vater auch, warum die Familie Friedrich so festlich auf der Veranda gesessen und warum der Wagen den Umweg gemacht hatte und plötzlich langsamer gefahren war.

Der erste Gedanke des Bräutigams war jetzt natürlich der, die Auslandsreise aufzugeben und dazubleiben. Aber bei genauer Überlegung sagte sich der reife Mann, es sei besser für das im Alter so ungleiche Paar, sich durch Briefschreiben näherzukommen, da die junge Braut von Natur ungemein scheu und schweigsam war.

Meines Vaters Entschluss blieb also für die Abreise, Er schickte am nächsten Tag einen Abschiedsbrief aus der Stadt und zugleich ein großes Blumenbukett, in welchem als Brautgeschenk ein schönes Armband, eine Brosche, Ohrringe, Uhr und Verlobungsring verborgen waren. Diese Schmuckstücke waren aus Gold und kostbare russische Emailarbeit; in die blaue Emailkruste waren Ornamente aus Diamanten eingesetzt. Das Armband ist schwer und breit und trägt in einer goldenen Kapsel die Photographie meines Vaters. Außer diesen Geschenken sandte er, wie es damals unter Brautleuten Sitte war, noch Stoffe zu sechs Sommerkleidern mit.

Auf dem Schiff, als die Anker gelichtet und mein Vater mit seinem Freund Richter auf Deck allein war, gestand ihm dieser, dass er die Auslandsreise hauptsächlich deswegen unternehme, weil er sich aus Deutschland eine Braut holen wolle. Er wollte um seine Nichte, die Tochter eines Superintendenten in Thüringen, freien. Darauf erzählte ihm mein Vater, dass er selbst eben, am Tag vor der Abreise, sich mit Fräulein Friedrich in Kalamega verlobt habe, dass man aber in der Familie verabredet hätte, die Verlobung bis zu seiner Rückkehr aus dem Ausland geheim zu halten. Die beiden Freunde waren sehr vergnügt über ihre gegenseitigen Geständnisse, und mein Vater begleitete, in Deutschland angekommen, seinen Freund in das Thüringer Pfarrhaus. Dort waren, als sie eintrafen, die Töchter des Hauses mit den Mägden und Knechten beim Heumachen beschäftigt, und die tüchtige, rührige Superintendententochter wurde vom Felde hereingeholt und gab dem Freier ihr Jawort.

Danach reisten die beiden Freunde weiter nach Paris. Dort waren soeben große Feste zum Geburtstag Kaiser Napoleons III. Mein Vater beschrieb uns oft ein Feuerwerk, das er eines Abends am *Place de la Concorde* gesehen hatte. Ein riesiges Leuchtbild in der Form eines Adlers stieg in die Nachtluft auf, von einem Luftballon, den man im Dunkeln nicht sehen konnte, in die Höhe gehoben. In seinen Klauen hielt der Adler eine glühende Kaiserkrone und darunter den glühenden Buchstaben N. Der Adler hob sich über dem *Arc de Triomphe* in die Luft und verschwand in dem Nachthimmel.

Eine begeisterte, vieltausendköpfige Menschenmenge, die die *Avenue des Champs-Elysées* und den *Place de la Concorde* anfüllte, klatschte jubelnden Beifall, indessen viele Musikkorps die Kaiserhymne spielten. Die großen Springbrunnen auf dem Platz waren bengalisch beleuchtet, und an allen Ecken und Enden prasselte Feuerwerk. Aber das Gedränge der Zuschauer wuchs, als die kaiserlichen Wagen aus dem Tuileriengarten im langen Zug zum *Arc de Triomphe* fuhren, und mein Vater wurde in der Menschenmenge von seinem Freund getrennt und an eines der Springbrunnengitter gepresst. Um nicht auf das spitzige Eisen gespießt zu werden, musste er wie viele andere über das Gitter springen und kam unter den breiten Springbrunnenstrahl. Er war vom Gedränge und von dem heißen Sommerabend erhitzt, und als der eisige Strahl so plötzlich über ihn ging, fühlte er sich einer Ohnmacht nahe. Später wollte er nach Hause gehen, wurde aber von einem heftigen Schüttelfrost gepackt, und da er auch seine Wohnung und die Straße nicht mehr genau wusste, begab er sich auf ein Polizeiamt, weil bereits das Fieber heftig einsetzte, sodass man ihn sofort in ein Spital bringen musste. Hier lag er sechs Wochen am Nervenfieber krank. Nur mit großer Mühe und Not machte sein Freund Richter das Spital ausfindig, in welchem sich mein Vater befand, und besuchte ihn täglich.

Mitte September kamen beide Freunde endlich nach Petersburg zurück, wo am Fünfundzwanzigsten desselben Monats meines Vaters öffentliche Verlobung gefeiert wurde. Am ersten November 1857 wurde er mit meiner Mutter getraut. Die Trauung war im Hause, in der Wohnung am Newskij-Prospekt, abends sieben Uhr.

Fünf Jahre, bis 1862, war mein Vater dann noch in Petersburg tätig. Es war meist die Photolithographie, die ihn damals zu Versuchen reizte. Die Photographie hatte sich wenig weiterentwickelt. Man war nur von den Papiernegativen zu den Glasplattennegativen übergegangen. In diesem neuen Verfahren hatte sich mein Vater bei seinem Besuch in Paris vervollkommnet. Auch die Erfindung der Farbenphotographie beschäftigte ihn lebhaft. Er hat viele Versuche in dieser Richtung unternommen, viel Zeit und Geld geopfert. Einmal gelang es ihm sogar, eine Blume, die er photographiert hatte, in natürlichen Farben festzuhalten. Noch dreißig Jahre später zeigte er mir das gelungene Versuchsbild, das er immer noch in seinem Schreibtisch aufbewahrte. Es war ein kleines Bild in Größe einer Visitenkarte. Soviel ich mich erinnere, war es auf glänzend weißem Papier hergestellt. Die Blume auf dem Bild war eine rote Gartenrose in Größe einer großen Erbse und zeigte deutlich die natürliche rote Färbung, bläuliche Schatten und grüne Blätter. Er erklärte mir, dass das Bild sich nicht am Licht halte und von Lichtstrahlen zerstört werde und dass er es deshalb in einem Umschlag aus schwarzem Papier verwahren müsse. -

Um das Jahr 1860 traf meinen Vater das erste große geschäftliche Unglück in der Reihe von Unglücken, die über ihn hereinbrachen und ihn zur Rückkehr nach Deutschland zwangen. Der Geschäftsführer, der in der Stallhofstraße sein erstes Atelier führte, war ein Trinker geworden und hatte sich große Unterschlagungen zuschulden kommen lassen, sodass mein Vater, der keinen Ersatz für ihn hatte und nicht in zwei Ateliers zugleich anwesend sein konnte, genötigt war, das eine Atelier aufzugeben, was natürlich einen Verlust seiner Einnahmen bedeutete.

Die Leibeigenschaft, die mein Vater bei seiner Ankunft in Petersburg noch herrschend gefunden, war seit einigen Jahren abgeschafft, aber die von ihren Herrn so plötzlich Freigelassenen wussten sich in diese Freiheit in der ersten Zeit noch nicht hineinzufinden. Jener Geschäftsführer, ein durchaus gebildeter Mann, war auch ein früherer Leibeigener gewesen, und die Freiheit war ihm derart zu Kopf gestiegen, dass er nicht bloß seine Einnahmen, sondern auch die Einnahmen vom ganzen Geschäft, das er zu verwalten hatte, für sich verbrauchte. Auch manche Diener, die in ihrer Jugend noch der Leibeigenschaft angehört hatten und die mit der russischen Peitsche, der Knute, aufgezogen worden waren, begannen nun in ihrer Freiheit sich zu den schändlichsten Dieben zu entwickeln.

Ein alter Kammerdiener, der meinen Vater jede Nacht, wenn er von Gesellschaften nach Hause kam, im Vorzimmer zu erwarten hatte und ihm beim Auskleiden behilflich sein musste, war eines Morgens, nachdem er in der Nacht den Dienst wie immer still und gehorsam getan hatte, in Begleitung der Köchin verschwunden. Als meinem Vater dieses im Atelier mitgeteilt wurde und er in seine Wohnung eilte, fand er, dass die Rückwand seines Schreibtisches herausgesägt war und dass eine große Summe Geldes, die an diesem Tage zur Bank gebracht werden sollte, gestohlen war. Ebenso fehlten in den Schränken meines Vaters beste Kleider und sein Pelz. Er selbst durfte noch froh sein, dass in der vorhergehenden Nacht, in welcher der Diebstahl vor sich gegangen war - als er mit meiner Mutter aus einer Gesellschaft nach Hause gekommen-, ihn der Diener nicht erschlagen hatte.

Solche Verluste wie diese Diebstähle hätte er immerhin noch verschmerzt, und sie wären natürlich nicht der Grund zum Verlassen Russlands geworden. Aber eines Morgens, als mein Vater beim Ankleiden war, kam einer der Hausdiener an die Zimmertür und verkündete in größter Bestürzung, dass Arbeiter damit beschäftigt seien, das Dach des Ateliers herunterzureißen, und zwar im Auftrag des Polizeiinspektors. Als mein Vater sich sofort ins Atelier begab, fand er bereits eine unerhörte Zerstörung in vollem Gange. Alle Möbel, alle Apparate waren mit einer dicken Lage herabfallenden Kalkes bedeckt, und obwohl es regnete, war eine Anzahl Arbeiter immer noch dabei, die Scheiben des großen Glasdaches aus ihren Eisenrahmen herauszuschlagen, wobei sie nicht einmal beachteten, dass die Scherben auf Teppiche und Möbel schlugen und die Polsterungen zerrissen.

Mein Vater glaubte natürlich, es müsse ein Missverständnis obwalten, und obwohl er aufs Tiefste erschrocken war, fasste er sich und fragte in möglichst ruhigem Ton, was die fremden Arbeiter zu dieser Vandalentat veranlasse. Der älteste Arbeiter sagte, dass auf Befehl des Stadtgouverneurs und der Polizei am selben Tage noch das Atelier abgerissen werden müsse, da Anzeige erstattet worden sei, dass mein Vater ohne polizeiliche Genehmigung einen Meter über die vorgeschriebene Baulinie gebaut hätte.

Nur mit Mühe und Not konnte mein Vater die Arbeiter bewegen, das Zerstörungswerk so lange einzustellen, bis wenigstens Möbel und Apparate entfernt worden waren, und einige Stunden zu warten, bis er selbst mit der Polizei gesprochen habe. Er fuhr sofort zum Polizeiamt, wo ihm gesagt wurde, dass tatsächlich eine geheime Anklage gegen ihn vorliege, weil er vor Jahren über die Baulinie gebaut habe, und dass er froh sein dürfe, wenn er nur mit der Niederreißung des Ateliers davonkomme und nicht mit einer Verhaftung oder einer Versendung nach Sibirien bestraft werde.

Man zeigte meinem Vater den Brief, der ihn anklagte, und er erkannte die Handschrift des entlassenen Geschäftsführers, denn nur diesem und dem längst verstorbenen Architekten war bekannt gewesen, dass er das Atelier über die Baulinie hatte bauen dürfen. Und dieses war ihm damals deshalb erlaubt worden, weil sich die Generalin Buturlina beim Generalgouverneur persönlich für den Atelierbau verwendet hatte. Die Generalin Buturlina aber, an welche mein Vater sich jetzt hätte hilfesuchend wenden müssen, war mit dem Tode des Kaisers Nikolaus und bei der Thronbesteigung Alexanders des Zweiten in Ungnade gefallen. Man hatte sie auf jede Weise vom Hof entfernen wollen und behauptete deshalb, dass sie viele ihrer Leibeigenen zu Tode gequält habe. Unter anderem sagte man ihr nach, sie habe die Gewohnheit gehabt, wenn sie während des Ankleidens ungeduldig wurde, Stecknadeln in die Busen ihrer Kammerjungfern zu stecken, statt in die Nadelkissen. Auch habe sie Leibeigene, die bestraft werden sollten, auf die glühende Herdplatte setzen lassen. Auf diese Anklagen hin war diese vorher so allmächtige Frau nicht bloß vom Hof verwiesen, sondern zur Strafe nach Sibirien geschickt worden und befand sich nun längst nicht mehr in Petersburg.

Jener Generalgouverneur, der auf Veranlassung der Generalin Buturlina den Atelierbau vor Jahren erlaubte, hatte abgedankt und lebte irgendwo auf seinen Gütern, und der neue Gouverneur, der an seine Stelle gekommen war, wusste, als mein Vater ihn jetzt aufsuchte, nichts von jener Angelegenheit. Obwohl mein Vater die Papiere mitgebracht hatte, in welchen ihm vom Vorgänger des jetzigen Gouverneurs die Bauerlaubnis erteilt worden war, zuckte dieser mit den Achseln und behauptete, der frühere Gouverneur habe kein Recht gehabt, solche gesetzwidrige Erlaubnis zu erteilen. Und als mein Vater sagte, dass er schon so lange Jahre unbehelligt in diesem Atelier gearbeitet habe, so wurde ihm die derbe Antwort: wo kein Kläger gewesen, konnte auch kein Richter sein. Da er aber jetzt angeklagt worden sei, die Baulinie verletzt zu haben, müsse er sich auch gefallen lassen, dass ihm sein Atelier abgerissen werde.

Aufs Äußerste aufgebracht über diese gewalttätigen russischen Zustände und sich vollständig in seinem Recht fühlend, da er doch die Baubewilligung vom früheren Gouverneur schriftlich in der Hand hatte, kehrte mein Vater wie gebrochen nach Hause zurück. Er und meine Mutter machten darauf zusammen eine Eingabe an den Kaiser und an die Kaiserin, wozu ihm der General Suwaroff geraten hatte.

Der Kaiser befand sich in Peterhof und die Kaiserin in Gelagin. Die Großfürstin Olga, die in dieser Angelegenheit bei Hof meinem Vater am meisten hatte nützen können, war nicht mehr in Petersburg. Sie war bereits Königin von Württemberg. Und so hatte mein Vater kaum viel Hoffnung, dass die beiden Gesuche zum Kaiser und zur Kaiserin vordringen würden. Es war, als fordere das Schicksal von ihm, dass er nach zwanzigjährigem russischen Aufenthalt wieder in die Heimat zurückkehre. Denn noch ein neuer unglücklicher Umstand trat an ihn heran, und dieser war ausschlaggebend, dass mein Vater alles, was er besaß, verkaufte und Russland den Rücken wandte.

In den Tagen dieser Aufregung, als meinem Vater das Atelier so plötzlich und widerrechtlich von der Polizei eingerissen, wurde, trat abends in einer Gesellschaft der Pastor, der ihn mit meiner Mutter getraut hatte, an ihn heran und sagte: »Ich habe gehört, Herr Dauthendey, dass Sie Ihre beiden ältesten Töchter, welche griechisch-katholisch getauft sind, ins Ausland auf eine höhere Töchterschule geschickt haben, wo sie in protestantischer Religion erzogen und jetzt konfirmiert worden sind. Ich muss Sie darauf aufmerksam machen, dass, wenn Sie sich mit dem Gedanken tragen, Ihre Töchter jetzt nach Russland zurückkommen zu lassen, Sie sich und diese in eine schwierige Lage bringen. Das wenigste, was Ihre Kinder zu erwarten haben, ist, dass die russische Geistlichkeit dieselben ihrem Vater fortnimmt und in ein russisches Frauenkloster steckt. Welche Unannehmlichkeiten es Ihnen persönlich außerdem noch bringen kann, weiß ich nicht genau zu bestimmen. Jedenfalls wird man auch Ihre beiden jüngeren Töchter aus dem Hause holen, und dieses kann jeden Tag geschehen, sobald die russische Geistlichkeit davon Wind bekommen hat, dass Sie Ihre älteren Töchter, die eine griechischkatholische Mutter hatten und griechisch-katholisch getauft worden sind, nicht in dem ihnen zugeschworenen Glauben haben erziehen lassen. Hätten Sie sie griechisch-katholisch erzogen, und die Mädchen wären nach ihrer Großjährigkeit freiwillig zum protestantischen Glauben übergegangen, so hätte ihnen dies niemand wehren können. So aber haben Sie Minderjährigen einen anderen Glauben als den bei der Geburt bestimmten aufgenötigt. Und dafür sind Sie dem russischen Religionsgesetz nach strafbar.«

Mein Vater war von dieser Mitteilung tief betroffen. Er hatte keine Ahnung von der Strenge russischer Religionsgesetze gehabt, und da er selbst protestantisch und seine zweite Frau auch protestantisch war, so hatte er des Familienfriedens wegen, um die Töchter nicht der neuen Mutter zu entfremden, die beiden Ältesten, die nach Preußen auf eine höhere Töchterschule geschickt worden waren, protestantisch erziehen lassen.

Seine Verblüffung war unbeschreiblich, als er nun hören müsste, dass er eine strafbare Handlung begangen habe. Er, der immer freidenkend über Kirchen und Formelkram stand, der immer über der ganzen Menschheit einfach nur einen gütigen Gott sah, zu dem jeder still in seiner Kammer beten konnte, ohne die Kirchenumständlichkeit nötig zu haben, glaubte, dass vernünftiges Handeln auch das allgerechte Handeln sein müsse. Er konnte in seinem klaren Sinn nicht begreifen, dass er sich einer Strafe schuldig gemacht habe, wenn er Kinder und Eltern in gleichen, friedlichen Gottesbahnen sehen wollte, und dass er deshalb jetzt vor weltlichen Gesetzen zittern müsse.

In derselben Gesellschaft, in welcher ihm der protestantische Geistliche diese erstaunliche Mitteilung gemacht hatte, befand sich auch der preußische Gesandte Graf von der Goltz. Mein Vater wandte sich nun sofort hilfesuchend an ihn, aber dieser musste leider alles, was der Pastor Warnendes gesagt hatte, bestätigen.

»Nur, wenn Sie Ihre Kinder im Ausland lassen«, sagte der Gesandte, »kann Ihnen nichts geschehen, vorausgesetzt natürlich, dass die russischen Popen von der protestantischen Erziehung nichts erfahren. Denn dann würde man Ihnen allerdings auch Ihre beiden kleinen Töchter aus Furcht, dass Sie dieselben auch protestantisch erziehen würden, aus der Familie fortnehmen.«

Nach dieser Unterredung musste sich mein Vater gestehen, dass er keinen Augenblick mehr sicher war, wegen Religionsverletzung, die in Russland damals äußerst streng bestraft wurde, nicht vielleicht sogar nach Sibirien geschickt zu werden. Jedenfalls aber konnte er seine Töchter aus erster Ehe an russische Klöster verlieren.

Als nun auf sein Gesuch an den Kaiser lange keine Antwort eintraf und die Angst um seine Kinder ihn täglich peinigte und zugleich die Möglichkeit einer Bestrafung vonseiten der russischen Kirche über ihm selbst schwebte, entschloss er sich kurzerhand, das Feld seiner zwanzigjährigen Wirksamkeit aufzugeben. Er war gründlich aufgebracht über die Willkür der russischen Polizei, die ihm erst den Atelierbau erlaubt hatte und dann den

Atelierbau nicht bloß abzureißen gebot, sondern ohne vorhergehende Mahnung einfach in sein Haus ein-brach und ihm eines Morgens das Dach über dem Kopf abriss.

Dieser Akt russischer Tyrannei, dem er vielleicht durch große Bestechungen die Spitze hätte bieten können, machte ihm mit einem Male klar, dass er älter geworden war und dass er sich als Deutscher nach deutschen gesitteten Verhältnissen sehnte und dass er die gerühmte russische Großzügigkeit lieber wieder gegen deutsche Engherzigkeit vertauschen wollte, gegen jene Engherzigkeit, die ihn als jungen Mann gereizt hatte, als er in Leipzig, in Lindenau im Taubertschen Institut die ersten Kameraversuche gemacht und der Meister ihn verlacht und entlassen hatte, und die im Grunde auf eifriger Ehrbarkeit und deutscher unerschütterlicher Abneigung gegen schädliche Neuheitssucht fasste. Nach dieser ihm selbst im Blute angeborenen deutschen Ehrbarkeit sehnte sich jetzt der reife vierzigjährige Mann zurück.

Großzügiges Glück und russische Freimütigkeit hatten ihn in Petersburg zu einem vermögenden und angesehenen Mann gemacht. Aber russische Unbeständigkeit, slawische Untreue und slawische Verschlagenheit entrissen ihm binnen kurzer Zeit das Erworbene. Und nicht bloß der Besitz, sondern auch Lebensmut und Lebensfreude waren in ihm zum ersten Mal wirklich wankend geworden. Er sah sich plötzlich als deutscher Mann wie in einer Wildnis slawischer Begriffe. Der Art eines ganzen Landes, die ihm fremd blieb, war er nicht gewachsen, und so musste er sich entschließen, um seine deutsche Art zu bewahren, den wechselreichen Glücks- und Unglücksboden für immer zu verlassen.

Er ließ nur einige photographische Apparate einpacken, darunter auch die kleine alte Kamera, mit welcher er seine Laufbahn als Lichtarbeiter begonnen hatte und die nun nach zwanzig Jahren wieder mit ihm zurückkehren sollte. Die Möbel seiner prächtigen Wohnung kaufte eine russische Gräfin.

Meine Mutter, mit ihrem ersten Kinde auf dem Arm, mit meinem Bruder Kaspar, der ein Jahr alt war, und den beiden jüngsten kleinen Stieftöchtern, begleitet von allen Verwandten und allen Freunden, ging jetzt mit meinem Vater auf das Schiff, das sie nach Stettin bringen sollte. Kurz vor der Abreise wurde ihnen noch ein kaiserlicher Brief überbracht, ein Schreiben aus der kaiserlichen Kabinettskanzlei, worin meinem Vater mit Rücksicht auf seine Verdienste um die Photographie und um die Einführung der ersten Bilder am kaiserlichen Hof die außergewöhnliche Genehmigung zuteilwurde, seinen Atelierbau über der Baulinie belassen zu dürfen, so wie derselbe zu Zeiten des Kaisers Nikolaus genehmigt worden war.

Noch war das Atelier nicht verkauft. Mein Vater hatte einen Freund mit dem Atelierverkauf beauftragt. Immer noch hätte der schwer geprüfte Mann umkehren und sich freuen können, dass er kaiserliche Gunst genoss. Aber der Gedanke, dass ihm seine Kinder von der griechisch-katholischen Kirche entrissen werden könnten, und der erlebte Schrecken, den er beim plötzlichen Niederreißen des Ateliers ausgestanden hatte - alles das konnte durch den kaiserlichen Brief nicht gutgemacht werden. Und er blieb bei dem einmal gefassten Entschluss der Abreise.

Schwer ums Herz muss es meinem Vater und meiner Mutter geworden sein, als das Dampfschiff vom Newakai losmachte und im Stadtgewühl die Verwandten und Freunde zurückblieben. Nur die Brüder meiner Mutter und einige der besten Freunde meines Vaters begleiteten die Abreisenden auf dem Dampfer bis Kronstadt. Dort sagten auch sie Lebewohl.

Meine Mutter hatte noch nie Russland verlassen. Sie, die dort im behaglichen deutschen Familienleben, umgeben von einer großen Zahl von Verwandten, großgeworden war, sah sich jetzt zum ersten Mal ganz allein ihrem Mann gegenüber. Mutter, Brüder, Schwestern ließ sie zurück. Auch von den wohlvertrauten, halb russischen, halb deutschen Sitten, bei denen sie aufgewachsen war, musste sie sich trennen.

Mein Vater hatte sie vor der Abreise noch gefragt, ob sie stark genug sei, einen solchen Wechsel von Land und Gewohnheiten auszuhalten. »Wo Du bist«, entgegnete sie in ihrer einfachen Art, »gehöre ich auch hin. Wo Du glücklich wirst, werde ich auch glücklich sein.«

Da es bei ihrer Heirat nicht vorauszusehen gewesen war, dass mein Vater jemals den Hausstand in Russland aufgeben würde, machte es ihm zuerst schwere Bedenken, wie sich wohl meine

Mutter zu dem Plan einer Übersiedelung nach Deutschland verhalten würde. Aber sie nahm ihm alle darauf gerichteten Sorgen mit ihrer weiblichen Hingabe und Anpassungsfähigkeit ab. Und auch jetzt, da meinem Vater die Tränen in den Augen standen, als die zurückgebliebenen Schwäger und Freunde auf der Hafenmauer von Kronstadt mit Hüten und Taschentüchern zum Abschied winkten, verschluckte die junge Frau, die von allem, von ihrem Geburtslande und ihrer Verwandtschaft, scheiden musste, tapfer ihre Tränen und lächelte meinem Vater mutig zu, sodass dieser über ihre Standhaftigkeit ganz verwundert war.

Wie eine kleine goldene Sonne im Nebel sahen die Fortreisenden noch lange den Schein, der von der großen goldenen Kuppel der Isaakskathedrale viele Meilen weit den fortziehenden Schiffen als letzter Schimmer der großen Stadt Petersburg nachleuchtet. Diese kleine Goldsonne, die auf der Isaakskuppel funkelt, war meinem Vater zwanzig Jahre vorher, als er noch ein Jüngling war und hier den Empfehlungsbrief der Herzogin von Dessau an die Kaiserin von Russland den Kronstädter Zollbeamten zeigte, der erste Willkommengruß der russischen Hauptstadt gewesen, und jetzt war sie der Scheidegruß.

Oft hatte er uns die seltsame Gründungsgeschichte dieser Kirche erzählt. Ein russischer Spion Soll in Konstantinopel aus der Sophienmoschee den größten Diamanten, den damals die Welt besaß, gestohlen haben. Man sagte, dass der prachtvolle Stein die Größe eines Hühnereies hatte. Der Dieb, um den kostbaren Raub gut nach Petersburg bringen zu können, schnitt sich die Wade seines einen Beines auf und nähte sich den Diamanten in sein Fleisch ein. So machte er die Fußwanderung, als Bettler verkleidet, von der Türkei nach Petersburg. Dort ließ er sich bei der damaligen Kaiserin melden und überreichte den Diamanten der Kaiserin zum Geschenk.

Um den Raub, der an einem türkischen Heiligtum begangen worden war, wiedergutzumachen, ließ die Kaiserin für den Erlös des Riesendiamanten, nachdem er für viele Millionen, wenn ich nicht irre, nach England verkauft worden war, die Isaakskathedrale errichten. Der innere Ausbau dieser Prachtkirche, die mit barbarischem Glanz, mit grünen Malachitsäulen und dunkelblauen Lapislazuliplatten, mit rotem Porphyr und unzähligen

goldenen Bildern, goldenen Altären und goldenen Ampeln verschwenderisch geschmückt ist, wurde erst 1858 beendet. Man
glaubt in dieser Kirche auf blaugrünem Meeresgrund zu wan-
deln, da die Malachitsäulen wie ungeheure glatte grüne Pflan-
zenstängel in die dunkle Kuppel ragen. Das wenige Licht, das in
das Innere des Kirchenschiffes fällt, erhöht den geheimnisvollen
Eindruck, und die goldenen Schranken vor den Altären und die
blauen geschliffenen Lapislazuliwände, in denen sich die Lichter
unzähliger goldener Hängeampeln spiegeln, machen den Eindruck, als ob man sich in einem auf den Meeresgrund versunke-
nen Palast befände.

Hier versammelt sich zur Osternacht das Volk, die Russen kommen aus allen Teilen des Landes hierher. Und wenn nachts um
zwölf Uhr von den bärtigen Popen, die in goldenen Ornaten in
langen Reihen vor den Altären knien, das »Christ ist erstanden«
gerufen wird und das Volk antwortet: »Ja, er ist wahrhaftig auferstanden«, und wenn sich dann alle Bekannten und Unbekannten
umarmen und küssen, so macht das nicht den Eindruck einer
Kirchenfeier, sondern den eines märchenhaften Festes und eines
trunkenen Festtaumels. Ebenso wunderbar wirkt der Neujahrs-
morgen, wenn vom ersten Stockwerk des Winterpalastes breite
Treppen unter Baldachinen hinunter zur Newa gebaut sind und
der Kaiser und mit ihm der Metropolit und alle Kirchenhöchsten
in prächtigen goldstrotzenden Kostümen, Talaren und Uniformen zur Newa hinuntersteigen und dann der Metropolit das
Newawasser segnet.

Viele Feste hat mein Vater hier auf dem Eise der Newa gesehen.
Große Eispaläste waren bei Hochzeits- oder Krönungsfeierlich-
keiten der Kaiser errichtet worden. Zur Butterwoche, wenn die
ganze Stadt an Kaviar und Pfannkuchen sich gütlich tat, waren
die Eisberge, auf welchen man sich mit Schlittenfahrten belustig-
te, der Mittelpunkt der Vergnügungen.

Das Herz mochte dem Abschiednehmenden jetzt noch schwerer
werden, wenn er an all die festlichen Stunden dachte, welche jene
großzügige Hauptstadt, die da in der Ferne verschwand, ihm bei
ihren Geselligkeiten geboten hatte. Nicht bloß Verwandte und
Erinnerungen verließ er jetzt. Sein Reitpferd, seine Jagdhunde
hatte er zurücklassen müssen; alte Bediente waren ihm treu bis

ans Schiff gefolgt und hatten ihm und seiner Frau in sklavischer Unterwürfigkeit Hände und Rocksaum geküsst. - In den ersten Jahren, als er Leibeigene annahm, hatte er es nicht übers Herz bringen können, sie mit der Peitsche zu schlagen, wie es der Vermieter der Leibeigenen ihm geraten hatte. Es war seinem deutschen Empfinden zuwider gewesen, Menschen wie Tiere zu behandeln. Allmählich aber hatte er einsehen müssen, dass die Leibeigenen, die seit Väterzeiten die Peitsche lieben gelernt hatten, der Meinung waren, dass der Herr sie nicht werthielt, wenn er sie nicht schlug. So hat mein Vater die Peitsche anwenden gelernt. Die guten Diener dankten es ihm und küssten ihm den Rocksaum, die Unverbesserlichen waren mit und ohne Peitsche nicht zu ändern, waren Diebe und Verbrecher und wurden fortgeschickt.

Wie unzuverlässig der russische Dienercharakter ist, davon hatte mein Vater noch kurz vor seiner Abreise ein Beispiel erlebt. Er erlitt einen großen Verlust durch einen Diener des Hauses Tscheremetjeff. Der Graf Tscheremetjeff, jener »blaue Graf«, war so beliebt in Petersburg und in ganz Russland, dass, als mein Vater sein Bild angefertigt hatte, von allen Gütern des Grafen Aufträge kamen, die die Vervielfältigung des Bildes verlangten. Die Verwalter der Güter wollten an alle früheren Leibeigenen, deren der Graf achtzigtausend besessen hatte und die, freigelassen, immer noch treu an dem Grafen hingen, Bilder von Tscheremetjeff verteilen. Mein Vater ließ nach der Photographie des Grafen Lithographien anfertigen. Er hatte sehr große Unkosten dabei, und der Gewinn war ein verhältnismäßig kleiner. Später hörte er in Peterhof von einer Gräfin Tscheremetjeff, dass des Grafen Haus Hofmeister Popoff wegen Veruntreuung entlassen worden war und dass meinem Vater vom Gewinst der Bilder von jenem Haushofmeister sechzigtausend Rubel unterschlagen worden waren. Popoff hatte die Gelder beim Einkassieren für sich auf die Seite gebracht und falsche Rechnung abgelegt.

Indem der Abreisende jetzt solchen Rückblick hielt, wurde ihm bei der Betrachtung der Verluste, die er in letzter Zeit gehabt hatte, der Abschied von dem barbarischen russischen Volke leichter, und er freute sich auf die Ankunft in Deutschland.

Das Schiff war ein Passagierdampfer, aber zum Erstaunen meines Vaters war das ganze Verdeck mit großen Ballen russischer Schafsfelle verstellt, sodass nur ein enger Weg für die Reisenden zum Aufundabgehen blieb. Mein Vater stellte, ein wenig geärgert, den Kapitän zur Rede und sagte ihm, er habe seinem Fahrpreis nach das Recht, auf einem Passagierdampfer und nicht auf einem Lastdampfer befördert zu werden. Der Kapitän zuckte die Achseln und schob die Schuld auf die Reeder, welche behaupteten, dass in dieser Jahreszeit im September durch den kleinen Passagierverkehr die Kohlenkosten für die Reise nicht herauskämen und dass deshalb Last mitgenommen werden müsse.

In der Nacht noch, als das Schiff schon in der Ostsee war, bemerkte mein Vater eine große Unruhe beim Schiffsvolk. Er konnte sich aber nicht vorstellen, dass ein Sturm im Anzug sei, da man einen herrlichen Sonnenuntergang gehabt hatte. Das Schiff hatte, um Dampfkraft zu sparen, zwei große Masten mit Segel aufgesetzt, und jetzt hörte er und sah, als er auf Deck kam, dass die Matrosen damit beschäftigt waren, alle Segel einzuziehen und alles, was auf Deck war, festzubinden und festzuschnüren. Es war noch nicht ganz dunkel. Er blickte mit seinem Fernstecher über das Meer und zählte ungefähr vierzehn Schiffe, die mit ihnen in derselben Richtung fuhren, Schiffe verschiedenster Art, meist Zwei- und Dreimaster, Frachtschiffe, die alle nach Deutschland wollten.

Der Kapitän, der auf der Kommandobrücke stand und fortwährend Befehle an die Matrosen austeilte, benahm sich trotz der Windstille, die noch herrschte, so heftig, als befehle er bereits unter einem ausgebrochenen Orkan auf Leben und Tod.

Mein Vater, der den sonst so gemütlichen Mann kaum wieder erkannte, ging in die Kabine zu seiner Frau und seinen Kindern und bereitete sie darauf vor, dass, nach dem Benehmen des Kapitäns zu urteilen, ein außergewöhnlicher Sturm im Anzug sei und dass sie sich nicht ganz ausgekleidet zu Bett legen dürften.

Diese Nacht war die schrecklichste Sturmnacht, die mein Vater jemals auf dem Meere erlebt hat. Als er aus der Kabine wieder herauswollte, weil das Seewasser eindrang und er bis zu den Knien im Wasser stand, fand er die Türen verschlossen. Der Kapitän hatte die Passagiere einschließen lassen, wahrscheinlich, damit sie in ihrer Unerfahrenheit nicht über Deck gespült würden, wenn sie sich hinauswagten, und wohl auch, damit sie die diensttuenden Matrosen nicht durch Aufregung und Gejammer in ihrer Arbeit stören sollten.

Sechzig Stunden, solange der Orkan währte, war meine Mutter mit den Kindern und meinem Vater, ohne Nahrung und ohne auch nur einen Schluck süßes Wasser erhalten zu können, in der engen Kabine eingesperrt. An die unteren Betten reichte bereits das Seewasser heran, das in das Schiff hereinstürzte, sodass mein Vater sich mit den zwei kleinen Töchtern in die oberen Betten flüchten musste, während meine Mutter meinen wimmernden, erst ein Jahr alten Bruder, der nach Milch schrie, beruhigte. Das Kindergeschrei, die tobende See, der heulende Orkan, das Zersplittern der Masten, die auf Deck vom Sturm wie Spazierstöcke zerbrochen wurden, und das eindringende immer höher steigende Wasser in der Kajüte machten die sechzig Stunden für die ohne Nahrung Eingeschlossenen zu einer wahren Hölle. Da die Küche sich am einen Ende des Schiffes befand und die Kabine der Passagiere am anderen Ende, so konnte den zu Tode Erschrockenen nicht einmal ein beruhigendes Getränk oder ein bisschen Essen gebracht werden.

Als am dritten Tage der Orkan endlich ausgetobt hatte und die Türen geöffnet wurden, erschien der Kapitän und beglückwünschte die Reisenden, dass sie noch lebten. Dann, als mein Vater auf Deck kam und sich die Verwüstung ansah, die heruntergerissene Takelage, die gekappten Masten und die verbogenen Schornsteine, da deutete der Kapitän auf die vom Seewasser auf gequollenen Schafsfellballen und sagte: »Bei diesen Schafsfellballen, die Sie vorher so verwünschten, Herr Dauthendey, müssen Sie sich für Ihre Lebensrettung bedanken. Ohne diese Ballen, die am Rand des Schiffes wie hohe Schutzwälle festgemacht standen, wären die Sturzseen nicht vom Verdeck abgehalten worden, und das Schiff hätte sich dann derart mit Wasser angefüllt, dass die Kabinen und der Maschinenraum unter Wasser gekommen wären. Die Passagiere wären ertrunken, die Maschinen hätten stillgestanden, und das Schiff wäre zuletzt von den Sturzseen unter Wasser gedrückt worden. Nur die hohen Ballen von Schafsfellen, auf welche glücklicherweise einer der zerbrochenen Masten gestürzt war, sodass er sie festgehalten hat, nur diese zuerst von den Passagieren so verwünschte Ladung hat das Schiff und uns alle gerettet.« Er deutete dann noch hinaus aufs Meer und fügte hinzu:

»Sehen Sie sich um, wie es den andern Schiffen gegangen ist! Von vierzehn, die in dieselbe Richtung mit uns fuhren, sind kaum noch drei übriggeblieben, und diese drei sind untergehende Wracks und von ihrer Bemannung bereits verlassen worden. Während der beiden Sturmnächte sah ich ein Schiff nach dem ändern untergehen. Notschüsse wurden abgefeuert, und Raketen stiegen. Aber jedes musste auf sich selber achten. Kein Schiff konnte dem andern helfen.« Dankgebete, die den Notgebeten jetzt folgten, beschlossen diese so überaus stürmische Seereise.

Meine Mutter sowohl wie mein Vater hatten in den sechzig Stunden die Kinder beruhigt und dazwischen gebetet. Sie hatten sich umarmt gehalten und waren in jeder Sekunde bereit gewesen, unterzugehen. In jener Nacht hätte es mein Vater nicht für möglich gehalten, dass ihm nachher noch vierunddreißig Lebensjahre in Deutschland beschieden sein würden. Als das Seewasser in der Kabine stündlich höher stieg, glaubte er, dass sie keine vierundzwanzig Stunden mehr zu leben hätten.

Endlich erreichten sie Stettin. Von dort reisten sie nach Dresden, wo die Familie zwei Jahre wohnte, indessen mein Vater, dem das untätige Leben nicht lange behagte, Reisen durch Deutschland unternahm, nach Berlin, Nürnberg, München, um eine Stadt zu finden, in der er sich ein neues Atelier bauen wollte.

Der erst vierundvierzigjährige Mann war von Unruhe getrieben und wünschte sich aufs Neue zu betätigen. Zu Anfang des Jahres 1864 kam er eines Tages durch die Stadt Würzburg. Er kannte niemanden hier, aber die trauliche Frankenstadt gefiel ihm, der landschaftliche Reize sehr zu schätzen wusste, ungemein gut. Das Maintal, die Weinberghügel, in der Ferne die Wälder, in der Stadt die traulichen Gassen und Türme, fränkische Kirchen und Kapellen, das prachtvolle Schloss und die uralte Marienfeste - alles zusammen heimelte ihn urdeutsch an.

Am Abend besuchte er das Theater. Es wurde eine Oper gegeben. Als das Vorspiel begann und der Kapellmeister an sein Pult trat, richtete mein Vater sein Opernglas auf ihn und erkannte zu seinem Erstaunen in ihm einen alten Petersburger Bekannten. In der Pause ging mein Vater zu ihm hin. Dieser alte Freund freute sich ebenso sehr wie mein Vater über das Wiedersehen. Sie verabredeten, nach dem Theater sich zu treffen. Bei der Zusammenkunft nachher erfuhr mein Vater, dass dem Kapellmeister, der bereits mehrere Töchter hatte, in den letzten Wochen ein Sohn geboren war, der am nächsten Tage getauft werden sollte. Er wurde eingeladen, Taufpate zu sein, was er sehr gern annahm. Man war bei der Taufe sehr vergnügt, und man überredete ihn allgemein, sich doch in Würzburg niederzulassen. Die fröhlichen zutraulichen Menschen und die nicht minder trauliche Stadt, die entzückende Landschaft rundum und der Umstand, dass damals hier viele vornehme Russen wohnten, welche die berühmten Würzburger Professoren aufsuchten, dies alles bewog meinen Vater, sich für Würzburg zu entscheiden. Er mietete eine Wohnung und reiste dann nach Dresden, um Frau und Kinder abzuholen.

Das Erstaunen meiner Mutter war groß, als mein Vater sich für eine kleine Stadt entschlossen hatte, deren Namen sie niemals gehört. Aber wie immer, so war sie auch jetzt der Ansicht, dass alles, was ihr Mann tat, wohlgetan war. Doch erzählte uns mein Vater später öfters: Als der Wagen in der engen Büttnersgasse vorfuhr, glaubte meine Mutter, der Kutscher habe sich in der Straße geirrt. »Hier sollen wir wohnen?« fragte meine Mutter scheu und verwundert. Sie, die in Petersburg ihre große Wohnung am Newskij-Prospekt gehabt hatte, musste sich natürlich wundern, dass mein Vater plötzlich in eine Stadt zog, die aus einem Gewimmel von kleinen Gassen bestand. Aber als sie in die Wohnung kam und in die Zimmer trat, die nach dem Main hinsahen, wo über dem spiegelnden Fluss auf einem hohen Weinberg die Marienburg thront, und der Nikolausberg daneben mit seiner turmreichen Kapelle, freundlich vom hellen Wintersonnenhimmel umgeben, ihr Auge und ihr Herz entzückte, da fand sie sich wieder zurecht und war sehr zufrieden mit Wohnung und Stadt. Dieser Einzug geschah im Februar 1864.

In die kleineren deutschen Verhältnisse musste meine Mutter sich erst langsam eingewöhnen, und da sie von Jugend an das Leben Petersburgs gewöhnt gewesen, entstanden manchmal recht komische Gedankengänge bei ihr.

Im Frühjahr, als der Main auftaute und vom Obermain Hochwasser in die Stadt gemeldet wurde, was gar nichts Außergewöhnliches ist und fast in jedem Frühjahr eintrifft, da erschrak meine Mutter sehr, als der Polizist mit seiner Ausruferstimme und mit seiner klingenden Glocke in der Hand in die Straße kam, die Leute an die Fenster rief und allen verkündete, dass Kartoffeln und Wein aus den Kellern geräumt werden müssten, weil binnen wenigen Stunden Hochwasser erwartet würde.

Meine Mutter, die nur die großen Newaüberschwemmungen kannte, wobei ganze Petersburger Stadtviertel unter Wasser stehen und die Leute abgesperrt und ohne Lebensmittel sind und von herbeigerufenen Soldatenbataillonen gerettet und mit Lebensmitteln versorgt werden müssen, erschrak deshalb bei der Hochwassermeldung sehr. Da mein Vater eben ausgegangen war, um mit einem Baumeister über seinen Atelierbau zu verhandeln, so wollte sie als Hausfrau das Haus schleunigst mit Lebensmitteln versorgt wissen. Sie ließ Dutzende großer Brotlaibe vom Brückenbäcker holen, Säcke voll Mehl und Hunderte von Eiern. Mein Vater, der bei seinem Nachhausekommen im Hausflur auf langen Bänken die vielen Brote aufgereiht fand, war sehr verblüfft. Im ersten Augenblick glaubte er, meine Mutter erwarte Militär zur Einquartierung. Auch der Bäcker, von welchem das Dienstmädchen seit einer Stunde Brot herbeischleppte, hatte sich schon erkundigt, ob wir Einquartierung bekämen. Als am nächsten Morgen dann das Mainwasser in der Straße nur flach stand und die Leute über gelegte Bretter bequem von Haustüre zur Haustür wandern konnten und nicht von aller Nahrung abgeschnitten waren, da musste meine Mutter selbst mitlachen, als alle in der Familie sie über den Einkauf der vielen Brote, die auf ein Bataillon von Essern warteten, auslachten. -

Der Magistrat von Würzburg machte damals dem Zuzug jedes Fremden einige Schwierigkeiten, und es bedurfte mehrerer Eingaben, bis mein Vater die Genehmigung zum Atelierbau erhielt. Denn der Raum in Würzburg war noch sehr beschränkt. Die

Stadt war noch Festung, mit Stadtwällen und mächtigen Stadttoren versehen, die abends geschlossen wurden. Auch die Brückenköpfe der alten Mainbrücke hatten noch Tore, die ebenfalls abends geschlossen wurden. Es war dieses die einzige Brücke, die damals von der Stadt über den Main führte, und das Haus Büttnersgasse Nummer zwei, in welchem ich später geboren wurde, ein altes großes Haus mit französischem Mansardendach, lag nah an der alten Brücke. Wir bewohnten den ersten Stock, welcher sechs Zimmer hatte.

Das Schönste an der Wohnung war ihre wundervolle Aussicht über den Main, über den Festungsberg und die Mainbrücke. Der Fluss durchläuft gerade hier mit starkem Rauschen das Brückenwehr und treibt unterm ersten Brückenbogen das große Rad der städtischen Mühle. Auf der Brücke selbst stehen die überlebensgroßen Rokokosteinbilder von zwölf deutschen Kaisern und Heiligen, auf jedem der sechs Brückenpfeiler zwei Standbilder. Gemütlich, aber weniger schön, war der Blick von unserer Wohnung in die Büttnersgasse, wo viele ehrbare Meister und Handwerker wohnten. Ein Schwertfeger, der Degen, Säbel und Helme arbeitete, war uns gegenüber und stellte im Schaukasten seine Waffen aus. Unten in unserem Hause war das Geschäft eines Trompeten- und Geigenmachers, und in seinem Schaufenster blitzten schöne, blanke messingne Blasinstrumente. Ein Bäcker, ein Glaser, ein Lampenhändler, ein Färber, ein Spielwarenhändler und der Kaufladen unseres Hausherrn an der Brücke, wo Zucker, Kaffee, Stockfische und Käse ihre Gerüche über die Straße verbreiteten, bildeten später ein reiches Feld für meine Kinderbeobachtung.

Das neue Atelier meines Vaters blühte schnell auf. Er beschrieb uns später noch oft, dass die in der Stadt bei den Professoren weilenden russischen Kranken, die in den ersten Hotels, im »Russischen Hof« und im »Kronprinz«, wohnten, wahre Geldengel gewesen seien. Wenn sie, um ihre Bilder abzuholen, im Wagen vorgefahren kamen, hielten manche von ihnen kleine Körbchen mit Goldstücken gefüllt auf dem Schoß, die sie, ohne sie zu zählen, meinem Vater übergaben, immer hocherfreut und dankbar, dass sie in einer deutschen Stadt mit einem Deutschen ihr geliebtes Russisch sprechen konnten. Auch kannten die Älteren von ihnen noch gut die beiden Ateliers meines Vaters in Petersburg.

Der russische Adel war in jener Zeit noch reich und verschwenderisch. Die Verarmung des Adels, die nach der Aufhebung der Leibeigenschaft erst allmählich eintrat, hatte sich damals noch nicht bemerkbar gemacht.

Aber das Geldverdienen, das meinen Vater im Grunde nie sehr beschäftigt hat, war auch jetzt nicht seine ausschließliche Freude. Er gab sich mit Erfindungen ab und erfand unter anderem einen Kollodiumlack, der über die Glasnegative gegossen wurde und der nach seiner Erstarrung es möglich machte, die Negativbilder mit feingespitzten Bleistiften oder mit feinen Haarpinseln und Tusche zu überarbeiten. Das hatte man vorher nicht gekonnt, da die glatte Glasplatte nichts annahm. Mein Vater stellte diesen Lack in großen Massen her und verkaufte ihn jahrelang über ganz Deutschland an photographische Geschäfte. Der Lack wurde auch auf verschiedenen Ausstellungen preisgekrönt, da er in seiner Zusammensetzung als der beste Lack anerkannt wurde.

Im Jahre 1864 war mein Vater nach Würzburg gekommen, 1865 eröffnete er das neue Atelier, und 1866 wurde dieser Bau schon wieder mit Zerstörung bedroht. Denn der Krieg brach mitten im Sommer unvermutet zwischen Bayern und Preußen aus, und die bei Kissingen und Brückenau schnell siegenden Preußen erschienen eines Morgens in Eilmärschen vor der überrumpelten Festung Würzburg, die für einen Krieg fast gar nicht gerichtet war. Außer einigen Reihen aufgestellter Sandsäcke am Mainufer entlang war nicht viel zur Verteidigung getan. Man hatte gerade noch Zeit gehabt, die Stadttore zu schließen, als schon die Pickelhauben der Preußen in Massen auf den umliegenden Höhen vor der Stadt erschienen. Um zwölf Uhr begann die Beschießung von Festung und Stadt vom Nikolausberge her. Bald darauf brannten schon die Dächer der Vorratshäuser auf der Rückseite der Marienburg. Unser Atelier am Main, das wie eine Schießscheibe den Kanonenkugeln der Preußen ausgesetzt war, war von meinem Vater mit Matratzen zum Abhalten der einschlagenden Granaten ausgepolstert worden. Die Familie hatte sich in die Zimmer, die nach der Büttnersgasse lagen, zurückgezogen. Die ändern Hausbewohner waren hinunter in die Keller geflüchtet, wo man das Einschlagen der Granaten weniger hörte. Aber mein Vater hatte seinen Angehörigen verboten, in die Keller zu gehen, aus Angst, dass, wenn das Haus brennen sollte oder Teile einstürzen würden, die Kellertür verschüttet werden könnte. So saß die Familie im Wohnzimmer beisammen und hörte auf die Schüsse und auf das Gekrache und Geknatter der Granaten. Zuweilen lief einer an ein Fenster nach der Mainseite und sah zwischen den aufgestellten Matratzen hinaus. Als die Festung in Rauch eingehüllt war und Flammen aus dem Rauch zuckten, da fürchtete man, dass der große Pulverturm, der in der Mitte der Festung steht, in die Luft fliegen könnte und ein Steinmeer der Zerstörung über die ganze Stadt senden würde. Besonders den Häusern am Main drohte von diesem befürchteten Unglück die meiste Gefahr.

Um vier Uhr nachmittags aber erschien schon die weiße Flagge auf den Wällen, zum Zeichen, dass die Festung sich ergeben hatte. Um sechs Uhr abends zogen die Preußen mit Musik in die eroberte Stadt ein, und um acht Uhr bereits saßen in allen Biergärten Preußen und Bayern verbrüdert auf den Bierbänken zusammen und sangen und tranken. Mein Vater erzählte mir auch, dass die Würzburger von den preußischen Ketzern gefürchtet hatten, diese würden die Kirchen zerstören und die Klöster ausrauben wie zu Gustav Adolfs Zeit. Aber der sehr kluge preußische General hatte angeordnet, dass die siegreichen Truppen vor den Dom ziehen, dort niederknien und mit kurzem Dankgebet den Bayern zeigen mussten, dass die Protestanten ebenso gute Christen seien wie die Katholiken.

In Petersburg bei meiner Großmutter und den Verwandten und Freunden meiner Mutter war die Bestürzung groß, als Telegramme in den Zeitungen die Nachricht von der Beschießung und Einnahme Würzburgs meldeten. Da wegen des ausgebrochenen Krieges alle Postverbindungen zwischen Bayern und Preußen abgeschnitten waren, konnten mehrere Tage keine Briefe abgesandt werden, und so wuchs die Sorge meiner Großmutter und der Brüder und Schwestern meiner Mutter, die nichts über das Schicksal der in Würzburg Wohnenden erfahren konnten.

Nachdem der Krieg beendet war, wollte mein Vater sowohl die Familie in Petersburg als auch meine Mutter für den ausgestandenen Schrecken entschädigen und ließ seine Frau zu einem mehrwöchigen Besuch nach Russland reisen. Sie reiste mit großer Freude dorthin. Die Verwandten dort erzählten mir in späteren

Jahren, niemals hätten sie meine Mutter so fröhlich und herzlich lachen gesehen als bei diesem sechswöchigen Aufenthalt, da sie nach fünf Jahren Verwandte und Freunde, ihre Geburtsstadt und das altgewohnte Russland wiedersehen durfte.

Sie war zu jener Zeit neunundzwanzig Jahre alt, während mein Vater siebenundvierzig war. Diese Besuchsreise meiner Mutter würde für diesen Bericht nicht von so besonderer Wichtigkeit sein, wäre nicht die Rückreise von den seltsamsten Umständen begleitet gewesen.

In Petersburg war die Cholera ausgebrochen, und mein Vater, der dieses erst erfuhr, als meine Mutter schon dahin abgereist war, ängstigte sich täglich, dass sie dort einem Choleraanfall erliegen könnte. Er selbst kannte gut die Cholerazeit in Petersburg aus den Sommern 1848 und 1849, als diese Krankheit grimmig wütete und täglich Hunderte in der russischen Hauptstadt fortraffte. Er hat uns oft erzählt, dass, wenn er damals in Petersburg abends aus seiner Stadtwohnung hinaus aufs Land ritt und unter benachbarten Ladentüren die Besitzer ihn grüßten, so konnte es sein, dass am nächsten Morgen schon die betreffenden Läden wegen Todesfalls geschlossen waren und dass einige der Männer, die er am Abend vorher noch in voller Gesundheit, Zigaretten rauchend, unter der Ladentüre gesehen hatte, in der Nacht der Cholera erlegen waren. Das Grauen, diese Todesschnelligkeit in nächster Umgebung erleben zu müssen, war schlimmer als der Anblick der vielen Leichenwagen, die stündlich durch alle Petersburger Straßen fuhren, schlimmer als die langen Todeslisten, die die Zeitungen jeden Tag brachten, schlimmer als das aufdringliche Räuchern, schlimmer als der Anblick der errichteten Scheiterhaufen an den Straßenecken, auf welchen Tag und Nacht Kleider und Hausrat der Gestorbenen verbrannt wurden.

Eines Mittags überfiel damals meinen Vater ein Schüttelfrost, das Vorzeichen eines beginnenden Choleraanfalls. Er trank rasch Schnaps, soviel er im Hause fand, und obwohl es Juli war und brennende Sonne auf dem Newskij-Prospekt lag, zog der zu Tode Erschrockene, dem der Schüttelfrost die Zähne klappern machte, einen dicken Pelz an, setzte seine Pelzmütze auf und rannte, von Todesfurcht gejagt, auf die sonnige Straße hinunter, um sich heiß zu laufen. Zweimal lief er im dicken Pelz den mehrere Kilometer langen Newskij-Prospekt hinauf und hinunter, bis er endlich in Schweiß kam. Alle Leute waren ihm erstaunt ausgewichen. Sie meinten natürlich, einen Verrückten zu sehen. Aber in diesen Tagen des großen Sterbens war das Verrücktsein immer noch nicht so gefährlich wie das Kranksein. Man ließ den in dicken Pelz Eingehüllten unter der Julisonne unbehelligt laufen.

Dieses Gewaltmittel, das mein Vater angewendet und das ihn in Schweiß gebracht, hatte das Fieber gebrochen. Wohl musste er sich noch in acht nehmen und die Kampferzigaretten, die jedermann gegen das Einatmen der verpesteten Luft zwischen den Lippen tragen musste, durfte er noch lange nicht fortlegen, denn die Cholera wütete bis zum Herbst. Jene Zigaretten bestanden aus fingerlangen Federposen, in welche Kampferstückchen eingeführt waren, deren atemreinigenden Geruch man durch die Spitze der Gänsefeder einsog.

Nach all diesen schrecklichen Erfahrungen war die Furcht meines Vaters im Jahr 1867 vollberechtigt, als er meine Mutter in der Cholerastadt der täglichen Krankheitsgefahr ausgesetzt wusste. Seine Freude war deshalb groß, als sie Ende Oktober wieder heimkehren sollte. Er reiste ihr bis zur bayrischen Grenze nach Hof entgegen. Sie hatten brieflich Tag und Stunde ihres Zusammentreffens in Hof verabredet. Aber als am Morgen der Zug, der meine Mutter bringen sollte, in die Bahnhalle in Hof einlief und alle Reisenden ausgestiegen waren, war sie nicht unter den Ankommenden. Mein Vater kannte die Gewissenhaftigkeit meiner Mutter und wusste, dass nur ein ganz triftiger Grund sie vom verabredeten Zusammentreffen abhalten konnte. Er hatte bereits in Würzburg ein Telegramm von seiner Schwiegermutter erhalten, dass seine Frau von Petersburg abgereist sei. Er suchte also noch einmal in den Wartesälen des Bahnhofs nach ihr. Dann lief er zum Hotel. Vielleicht hatte ein Zufall sie schon dorthin geführt. Er glaubte immer noch, er habe sie im Gedränge der Reisenden übersehen. Endlich sagte er sich, sie müsse in Berlin den Zuganschluss versäumt haben, und er wollte auf den nächsten Zug, der erst am Abend ankam, warten. Es gab damals keinen ändern Reiseweg. Man musste, wenn man nach Süddeutschland wollte, über Hof fahren, dort umsteigen und den Zug nach Würzburg nehmen. Da mein Vater meine Mutter nur von einem Zug zum andern bringen sollte, hatten sie kein Hotel verabredet, in welchem sie sich hätten treffen können, weil eine Zugversäumnis bei beiderseitiger Gewissenhaftigkeit gar nicht infrage gekommen war.

Traurig ging mein Vater den ganzen Tag in Hof umher, aber immer noch nicht so traurig, als er am Abend wurde, da der nächste Zug kam und meine Mutter wieder nicht unter den Aussteigenden war. Nun schien es ihm klar, dass etwas Schlimmeres als nur eine Zugversäumnis eingetreten sein musste. Von Petersburg war seine Frau abgereist, und es lag für sie nicht der geringste Grund vor, wenn sie auch einen Zug versäumt hatte, dass sie nicht mit dem nächsten hätte eintreffen müssen. Da für ihn an diesem Abend kein Zug mehr nach Würzburg ging, beschloss er im Hotel zu übernachten. Aber gepeinigt von Sorgen über die ausbleibende Frau, deren Nichtkommen er sich jetzt nur damit zu erklären wusste, dass sie unterwegs an der Cholera krank geworden sei, konnte er an keinen Schlaf denken. Er zog sich gar nicht aus und ging in seinem Zimmer während der ganzen Nacht auf und ab. Er weinte leise und sprach laut mit sich selbst und hörte dabei, wie im Nebenzimmer an der Verbindungstür, die von seinem Zimmer in das andere führte, mitten in der Nacht Möbel gerückt und übereinandergestellt wurden. Am nächsten Morgen, vom Nachtwachen erschöpft, von Sorge vergrämt, stieg mein Vater im Hotel die Treppe hinunter, um sein Frühstück einzunehmen, nach welchem er dann zum Bahnhof gehen wollte, um den Würzburger Zug zu erreichen. Seine einzige Hoffnung war, dass er in Würzburg Briefe finden würde, die ihn über das Ausbleiben seiner Frau aufklären müssten.

Aber auf der Hoteltreppe kam ihm eine Dame entgegen, und er erkannte plötzlich in ihr meine Mutter. Sein Erstaunen war groß, aber nicht bloß durch das unerwartete Wiedersehen, es wurde noch größer, als er hörte, sie habe in demselben Hotel übernachtet, und als sich herausstellte, dass ihr Zimmer neben seinem Zimmer gelegen und dass sie es gewesen, die während der Nacht verschiedene Möbelstücke an die Verbindungstür der beiden Zimmer geschoben, aus Furcht vor dem unruhigen Fremden nebenan, dessen fortwährendes Aufundabgehen und halblautes Sprechen sie so sehr erschreckt hatte, dass auch sie während der ganzen Nacht keinen Schlaf hatte finden können. Ihre Zugversäumnis klärte sich dadurch auf, dass man sie an der russischen Grenze nicht nach Preußen hatte hineinlassen wollen, weil sie aus dem choleraverseuchten Petersburg kam. Man sagte ihr dort, sie müsse erst eine mehrtägige Quarantäne über sich ergehen lassen. Das Quarantänegebot war ganz neu, und weder mein Vater noch meine Mutter wussten davon, da sie niemals bei Cholerazeiten über die Grenze gereist waren. Als meiner Mutter diese neue Einrichtung im Wartesaal auf der kleinen russischen Grenzstation mitgeteilt worden war, saß sie zuerst eine Weile gelähmt und sprachlos und wusste sich keinen Rat. Denn mehrere Tage in Quarantäne in einer Cholerabaracke zu verweilen und vielleicht mit Cholerakranken zusammenzukommen, dieser Gedanke schien ihr ganz unausstehlich. Wie sie aber noch überlegte, kam ein russischer Kellner des Wartesaals zu ihr und erbot sich, wenn es dunkel würde, sie auf Umwegen über die Grenze zu führen, sodass sie am nächsten Morgen von einer preußischen Station weiterfahren könne. Er verlangte für die geheime Führung zehn Rubel. Er sagte, er habe schon mehrere russische Herren und Damen auf diese Weise über die Grenze geschmuggelt, welche sich ebenso wie sie gescheut hätten, die Quarantäne durchzumachen. Meine Mutter atmete erleichtert auf. Wenn es ihr auch gefährlich schien, sich dem wildfremden Menschen anzuvertrauen, so wollte sie sich doch lieber gegen einen Menschen wehren als gegen jene heimtückische Krankheit, die in den Cholerabaracken jeden dort Eingesperrten leicht überfallen konnte. In der Nacht, die stockfinster war, trug der Kellner das Handgepäck meiner Mutter und ging ihr voraus quer über die Äcker. Als sie dann zum kleinen Grenzfluss kamen, musste sie auf den Rücken des Kellners steigen und sich so übers Wasser tragen lassen. Der Mann, der nur seine zehn Rubel verdienen wollte, war anständig genug, sie nicht zu belästigen, und begleitete sie zu einem kleinen Gasthof im Grenzort. Von dort konnte sie mit dem nächsten Frühzug unbehelligt weiterfahren. Nach all der ausgestandenen Angst hatte es sie nur gegrämt, dass sie erst mit einem späteren Zug als dem verabredeten in Hof bei meinem Vater eintreffen konnte.

Sie hatte meinen Vater dann im Dunkeln bei der dürftigen Bahnhofbeleuchtung auf dem Bahnsteig nicht erkannt. Sie glaubte auch, dass er bereits nach Würzburg zurückgereist sei. Mein Vater hatte seinerseits meine Mutter im Dunkeln auch nicht erkannt, da sie aus Petersburg in einem neuen Reisekleid und Reisehut kam, die ihm an ihr fremd waren. Beiderseitiges Erstaunen und beiderseitige Freude waren jetzt groß. Sie reisten am selben Tag noch nach Würzburg zurück, und dort waren sie herzlich froh, sich nach so vielen Sorgenstunden wiederzuhaben. -

Als mir mein Vater diese kleine Geschichte zum letzten Mal erzählte, war ich siebenundzwanzig Jahre alt, war bereits Schriftsteller und, von einer Reise aus Schweden kommend, zu Besuch zu Hause. Er war da ein alter Mann von fünfundsiebzig Jahren, aber immer noch ein rüstiger Jäger und Schachspieler und traf jeden Morgen in einer Würzburger Weinstube mit einem Kreis älterer Herren zusammen, die alle seine Jagdfreunde waren. Ich sehe noch deutlich, wie mein Vater am Schlüsse seiner Erzählung, die er mir allein berichtet hatte, nachdem die anderen Frühschoppenherren bereits zum Mittagessen nach Hause gegangen und die Stühle um den Tisch leer waren, wie er mit dem Weinglas mir kräftig zutrank und mit halblauter Stimme ein wenig geheimnisvoll und weinfröhlich jener Erzählung folgende Worte beifügte:

»Siehst Du, mein Junge, das kann ich Dir, da Du jetzt Mann geworden bist, anvertrauen: nach diesem Wiedersehen, nachdem ich Deine Mutter schon tot geglaubt hatte, war unsere Freude und unsere Liebe zueinander doppelt inbrünstig, und bei unserer Rückkehr nach Würzburg, bei unserer innigen Wiedersehensumarmung, wurdest Du geschaffen. Neun Monate später, im Juli 1867, brachte dich deine Mutter zur Welt.«

Er legte seine Hand auf meine Schulter, und so gingen wir dann in der Mittagsstunde nebeneinander nach Hause, in unser Haus in der Kaiserstraße, in welchem mein Vater zwei Jahre später gestorben ist.

Bei diesem Besuch 1866 in Petersburg hat meine Mutter meine Großmutter zum letzten Mal gesehen. Sie kam nachher nie wieder nach Petersburg. Sie starb schon sechs Jahre nach meiner Geburt, während meine Großmutter noch bis Anfang der achtziger Jahre in Petersburg lebte. Gleich nach meiner Geburt erkältete sich meine Mutter sehr, erkrankte an einer Rippenfellentzündung, und dazu kam noch eine schwere Kehlkopfentzündung. Die Würzburger Kalksteinluft entwickelte dieses letztere Leiden in ihr, denn die Luft des schwülen Maintales war ihrem Körperzustand nicht günstig. Sie war an das frischere Newaklima gewöhnt und gewöhnt, die Sommer in russischen Landorten, in gesunden Wäldern und an erfrischenden Seen zu verbringen. Mein Vater reiste zwar mit ihr nach Meran, nach Thale in Thüringen, nach Wiesbaden und in Wasserheilanstalten bei München, aber der Kehlkopfhusten heilte nicht mehr. Sie wurde von Jahr zu Jahr schwächer und magerer. Sie war klein und zierlich, und es war für alle, die sie kannten, tieftraurig, die junge Frau, welche erst im Anfang der Dreißiger stand, von Jahr zu Jahr hinwelken zu sehen.

Der Verlust der beiden Ateliers in Petersburg, der Umzug nach Deutschland, die zwei Jahre Aufenthalt in Dresden, die vielen Reisen, die mein Vater damals machte, und jetzt in Würzburg der Neubau des Ateliers, der Einkauf einer neuen Geschäftseinrichtung und Wohnungseinrichtung - alles dieses, genommen von dem wenigen, was er aus Russland gerettet, hatte ihn fast arm gemacht und in Schulden gestürzt, sodass er sich gezwungen sah, seine beiden ältesten Töchter, die aus den norddeutschen Mädchenschulen, wo sie erzogen worden waren, heimkamen, zur Arbeit im photographischen Geschäft anzuhalten. Ebenso half ihm meine Mutter damals in der Arbeit, so gut sie konnte. Denn die Herstellung photographischer Bilder verlangt saubere, gewissenhafte, peinlich genau arbeitende Hände. Das Vervielfältigen der Bilder, die Silberbäder, das Wässern, das Aufkleben, das Trocknen, das Überarbeiten der Aluminiumbilder und der Glasnegative, die Buchführung, alles das besorgten meine Mutter und meine ältesten Schwestern, während mein Vater im dunklen Laboratorium mit der Herstellung der Kollodiumplatten, mit den Aufnahmen im Atelier, mit Herstellung seines Kollodiumlackes, mit dem Versand desselben und mit neuen Erfindungen, denen er nachgrübelte, vollauf zu tun hatte.

Das Einatmen der Ätherluft, der Joddämpfe und anderer chemischer Ausdünstungen, die die Luft der Arbeitsräume anfüllten, war bei der damaligen Herstellung von Photographien nicht zu vermeiden. Die starke Gesundheit meines Vaters widerstand allen schädlichen Einflüssen. Aber meine arme Mutter, die zart war, unterlag teils der chemisch vergifteten Luft, teils dem süddeutschen lauen Klima, von dem ihre Lungen und ihr Kehlkopf angegriffen wurden.

Zwischen meines Bruders Geburt und der meinigen hatte aneine Mutter noch die Geburt eines toten Knaben gehabt. Schon diese hatte sie sehr schwach gemacht, und meine Kindheitseindrücke, die ich bis zum sechsten Lebensjahr von meiner Mutter habe, sind nur die ihres stillen Leidens und ihres langwierigen Krankseins. Ich erinnere mich aber nicht, dass die Krankheit sie ungeduldig gemacht hätte, dass sie zu mir hart oder heftig gewesen wäre oder dass sie mich geschlagen hätte. Sie war immer milde und führte mich sanft ins Leben ein, so wie ein blauer stiller Frühlingshimmel die Knospen herauslockt. Und sie war trotz ihres Krankseins immer fleißig und schneiderte sogar selbst meine kleinen Kleider. Ich erinnere mich, dass sie mir noch kurz vor ihrem Tode aus München einen neuen Anzug schickte, den sie nach russischer Art zugeschnitten hatte und dessen Taschen mit süßen Makronen angefüllt waren; so echt mütterlich bedachte sie mich stets in ihren Krankheitsjahren.

Mein Vater hatte draußen vor der Stadt im Jahre 1867, um die Zeit, da ich geboren wurde, auf dem Nikolausberge, oben am Leutfresserweg, der eine alte Römerstraße ist, einen im Bau begriffenen Gutshof entdeckt. Da draußen am Berg befanden sich alte Kalköfen und neue Steinbrüche, und ein Steinbruchbesitzer dort baute sich in jenem Jahr an den Bergabhang ein Haus. Dort war damals noch keine Ansiedelung außer dem Kloster bei der Nikolauskapelle. Von jenem Gutshof hat man noch heute eine prachtvolle Aussicht über die Marienburg, über das Maintal und über die Türme der unten am Mainufer liegenden Stadt. Fernhin im Westen sind waldbedeckte Bergrücken, und bei den Spaziergängen über die Steinbrüche fort sieht man von der Höhe den Main eine große Krümmung nach Norden machen, hin zu den uralten Wäldern des Spessarts und zu den fernen, erloschenen Vulkangebirgen der Rhön.

Der Leutfresserweg, der zur Höhe hinaufführt, ist ein Hohlweg, der am Anfang durch Felsenschichten durchgebrochen ist. Der

Weg war zur damaligen Zeit romantisch düster. Es wuchsen da in Scharen aus Gesteinwänden neben der gelben Wolfsmilch-pflanze schöne weiße Anemonen an langen, feinbehaarten, weißen Stängeln. Aus den Ritzen der immer feuchten Felsenschicht liefen Eidechsen schlank an der senkrechten Wand des Hohlweges empor. Sie erschienen mir immer wie verkleinerte Drachen-gestalten, wie winzige Abkömmlinge jenes Riesendrachens, der einmal hier gehaust haben soll, dem wahrscheinlich Menschenopfer gebracht wurden, wovon der Name Leutfresserweg heute noch zeugt. Der Nikolausberg, an dessen Fuß jener Weg ansteigt, war in altheidnischer Zeit dem Gott Wotan geweiht, der gegenüberliegende Marienberg der Erdgöttin Hertha, und die Römer hatten dort einen Dianatempel aufgestellt, der jetzt noch, zur Festungskirche umgewandelt, als Rundbau im Festungshof steht.

In dem kleinen Tal zwischen diesen beiden Bergen floss damals der Kühbach, über Kiesel springend, von Gebüsch überschattet, und nur ein Fußpfad führte an ihm entlang zum Dorf Höchberg. Heute ist die Bachmündung überwölbt.

Der Steinbruchbesitzer und seine Frau, die sich das Haus da draußen in der Einsamkeit am grünen Bergabhang in der Nähe ihrer Steinbrüche und Kalköfen bauten, waren tüchtige, herzliche Menschen; und als mein Vater dort für meine Mutter, die frischer Luft bedürftig war, ein Zimmer mieten wollte, stimmte man freundlichst zu und empfing meine Mutter alljährlich zur Sommerzeit da oben; man pflegte sie, und die Frau des Hauses sorgte aufs Rührendste für sie. Dort auf dem Berg ist meine Mutter an einem heißen Junitag im Jahre 1873 gestorben.

In jener Zeit, als meine Mutter dort wohnte, ging ich an meines Vaters Hand öfters des Sonntags zu ihr. Manches Mal durfte ich auch einige Tage dort um sie sein, und es waren meine glücklichsten Kinderstunden, wenn meine Mutter auf der Gartenterrasse mit mir spielte. Ihre leise Art, ihre sanften Handbewegungen, ihre schwache Stimme machten sie sehr feierlich für mich. Auch wenn sie mit mir herumsprang, erschien sie mir festlicher als die anderen Menschen, und nur in der Nähe meines Vaters habe ich als Kind wieder eine ähnliche Feierlichkeit empfunden. Nur war mein Vater mir ferner und unfasslicher, und die Notwendigkeit, die alles bestimmte, was er tat, entrückte ihn aus meinen Kinderaugen ins Überweltliche.

Ich erinnere mich eines Ostermorgens, ein Jahr nach dem Tode meiner Mutter. Mein Vater führte mich durch das Burkarder Stadttor hinaus an dem großen Gefängnisbau vorüber, der dort wie ein assyrischer Bau steil in den Himmel ragt. Ehe wir aber an das Stadttor kommen, sind wir von unserem Hause aus am Main über die alte steinerne Mainbrücke gegangen, auf deren Pfeilern zu beiden Seiten des Brückenweges die alten Steinbilder in Rüstungen und wallenden Mänteln, mit Kronreifen, Reichsäpfeln, Schwertern und Schilden geschmückt, mir immer einen großen Eindruck machten. Drüben dann im Mainviertel, dem urältesten Teil der Frankenstadt Würzburg, in der langen alten Straße zum Burkarder Stadttor war damals eine dunkle Schmiede der Hauptanziehungspunkt für mich. Jahraus, jahrein dröhnten dort Hammer und Amboss, und immer hockte ein rotes Feuer auf dein Schmiedeherd drinnen und spritzte Funken in die Finsternis, die nach Eisen und Rauch roch. Die Straße führte uns dann weiter, überragt von den großen dunklen Maueraussschnitten des Festungsberges, zur ältesten Kirche, zur Burkarduskirche, die aus dem achten Jahrhundert stammt. Aber vorher lag rechter Hand noch ein schauerliches Gebäude, in dessen Hof damals die Hinrichtungen stattfanden und auf dessen Dachstuhl eine alte kleine Glocke hing, das Armesünderglöckchen, das nur geläutet wurde, kurz ehe der Scharfrichter seines grauenhaften Amtes walten musste.

Die Burkarduskirche steht am Ende der Straße quer über dem Fahrdamm, und durch ein Bogengewölbe führt hier der Weg unter dem Hauptaltar der Kirche weiter. Dann kommt man zu jenen Gebäuden, die damals Frauen- und Männergefängnisse waren und die mit dem Stadttor einen Hof bilden. Eine in Stein gehauene Riesenfratze am Eingang zum Tor, die das Maul aufsperrt und die Zunge zeigt, sah mir dort wie ein Fabelungeheuer entgegen. In dem langen hallenden Gang des gewaltigen Torgewölbes, das unter einem Stadtwall durchführt, waren viereckige verschlossene Luken am Deckengewölbe, die mir besonders unheimlich vorkamen, denn man erzählte, dass in alter Zeit durch diese Luken siedendes Öl auf den Feind herabgegossen wurde, wenn dieser durch den Torgang in die Stadt dringen wollte. Von hier gelangte man endlich aus der Stadt hinaus und überschritt noch auf einer kurzen Zugbrücke einen Wassergraben; nur an wenigen Häusern vorbei, bog man draußen am Fuß des Festungsberges von der mit großen Apfelbäumen überwölbten Landstraße nach Westen ab und kam an einen alten efeubewachsenen Nonnengarten, der sich am Abhang des Nikolausberges hinaufzieht. Unten an der Straße ist dieser Abhang mit künstlichen Tuffsteinfelsen besetzt, die einen »Ölberg« bilden. Auf dem künstlichen Hügel kniet Christus, eine weiße Steingestalt. Vor ihm steht der goldene Kelch und neben ihm ein Engel, der sich zu ihm beugt, zum Himmel weist und Christus im Gebet tröstet. Die Figuren sind in Rokokoart, sehr lebendig, und zeigen Anmut in den Linien und haben windbewegte Gewänder. Der künstliche Tuffsteinhügel ist von Efeu überwachsen, von Akazien überschattet, und in seiner Mitte ist in Form einer Monstranz ein »ewiges Licht« eingesetzt. Hinter einer dunkelroten Glasscheibe brennt dort jahraus, jahrein, Tag und Nacht in einem Ölnapf ein kleines Flämmchen.

Nachts sieht man unten von der Landstraße das rote Licht dort am Weg friedlich leuchten. Das Flämmchen, das nie verlöscht, das durch den Regen und durch den Nebel schimmert, das im Winter rot über den Schnee hinscheint, übte immer eine tiefe Anziehungskraft auf mich aus. Es gehörte wie Sonne und Mond zu diesem Weg, und es ist heute noch da, und sein Licht wird wie mein Herz nie müde, wie das Herz, das heute noch wie damals klopft und keinen Augenblick ausgesetzt hat, weder bei Tag noch bei Nacht, weder Sommer noch Winter. Unergründlich sieht mir das rote Licht entgegen, wenn ich dort vorübergehe, und begrüßt in mir die Unergründlichkeit meines eigenen Daseins.

An jenem Ostermorgen Schritten mein Vater und ich auch diesen Weg entlang, der damals noch keine Häuser, sondern nur alte Gartenmauern zeigte. Über den kleinen Gartentüren stand manchmal ein Madonnenbild, umgeben von Blumentöpfen. Denn hier war die Wallfahrtsstraße, die unter alten Akazien in Stufen heute noch auf den Käppelesberg führt. Das Käppele ist eine prächtige Rokokokapelle, die oben auf dem Nikolausberg mit vielen bauchigen Kuppeln die Beter empfängt. Über schone, helle steinerne Terrassen, auf denen mächtige Platanenbäume sich über stattliche Steinzellen breiten, von denen immer drei Zellen auf jede Terrasse verteilt sind, steigt man zur Kirche hinauf. Die Steinzellen sind offen, und jede birgt hinter einem Gitter eine lebensgroße Sandsteingruppe, auch in Rokokoart sehr lebendig dargestellt. Die Gruppen zeigen von der untersten Terrasse bis zur höchsten den Leidensgang Christi, von der Verurteilung durch Pontius Pilatus bis zur Auferstehung am Ostermorgen und bis zur Ausgießung des Heiligen Geistes am Pfingsttag.

Unser Weg führte aber nicht zur Kapelle hinauf. Wir gingen unten am Berg weiter, wo bald der felsige Hohlpfad des Leutfresserweges beginnt. Aus dem Felseneinschnitt stieg damals der Weg, von Hecken gesäumt, zwischen Äckern, an großen Nussbäumen vorbei, sanft bergan. Im Gestrüpp zu beiden Seiten des Hohlweges sollte ich mit meinem Vater hier die Ostereier suchen, und ich fand bald viele schöne marmorierte Eier, eins zwischen alten Erdbeerblättern, ein anderes unter Moos und Brombeerranken, und ich hatte natürlich keine Ahnung, dass mein Vater, der wenige Schritte vor mir herging und der mir scheinbar suchen half, die bunten Eier selber versteckte.

Auf den Äckern lief manchmal ein Hase vorüber, und manches Häslein sprang auch quer über den Hohlweg. Da nun die ganze Stadt immer in dieser Woche *zu* den Kindern von eierlegenden Hasen sprach und bei Bäcker und Konditor die Schokoladen- und Kuchenhasen in allen möglichen Stellungen eierlegend dargestellt waren, so hatte ich kleiner sechsjähriger Junge keinen Zweifel und keinen Argwohn, dass das Eierlegen der Hasen nicht wahr sein könnte.

In glücklichster Stimmung, meine Manteltaschen vollgefüllt mit einem Dutzend Eier, kamen wir oben auf dem Gutshof an, wo ein Jahr vorher meine Mutter gestorben war. Das Gut besitzt eine schöngemauerte Steinterrasse. Das Haus steht auf dieser Terrasse. Darunter sind die Stallungen. Auf der Terrasse sind Blumenbeete angelegt und Kastanienbäume gepflanzt, und an der Terrassenbrüstung entlang reihen sich Fliederbäume, die im Frühling reich weiß und lila blühen. Damals waren noch keine Blumen und kein Rasen auf der Terrasse gepflanzt. Es war nur eine heiße Sandfläche da, und die jetzt großen, schattigen Bäume waren nur dünne Ruten und an Pfähle gebunden.

Auf dieser Steinterrasse hatte meine Mutter am Tag vor ihrem Tode auf einem Feldbett gelegen, als mein Bruder, damals ein dreizehnjähriger Junge, mit mir von ihr Abschied nahm, um in die Stadtwohnung abends heimzugehen. Wir ahnten nicht, dass dieser Abendkuss der letzte Kuss war, den sie uns im Leben gab. Am nächsten Tag, mittags um zwölf Uhr, starb sie. Auch mein Vater hat sie an diesem Abend zum letzten Mal lebend gesehen. Nur meine jüngste Stiefschwester war bei ihr im Augenblick des Todes. An jenem Abend, ehe mein Vater von ihr ging und sie auf der Terrasse in ihrem Feldbett lag, deutete sie in einem leichten Fieberzustand, der sie in den letzten Tagen nie mehr verließ, auf das Ende ihres Bettes und sagte:

»Es steht eine Gestalt dort, die breitet einen dunklen Flor über mich aus. Das ist der Todesengel, glaube ich. Zweimal habe ich ihn jetzt schon dort stehen sehen, Karl.«

Sie sagte das friedlich und furchtlos, verklärt vom Anblick der Erscheinung und der untergehenden Sonne. -

Als ich nun am Ostertag mit meinem Vater zu dem Gut kam und auf der Terrasse stand, wo ich so oft mit meiner Mutter gespielt hatte, konnte ich mich nicht des Gedankens erwehren, meine Mutter sei irgendwo im Hause versteckt und werde mich plötzlich überraschen und durch irgendeine Türe herauskommen. So wie die Ostereier im Gras versteckt waren, glaubte ich auch sie vielleicht in einem Versteck zu finden, und ich sah vorsichtig hinter den Zimmertüren nach. Man beobachtete es und glaubte, ich suche noch mehr Ostereier, und die Leute im Hause, die Hausfrau und die Tochter, kamen und brachten mir noch einige schöne und buntgefärbte Eier. Aber ich getraute mir nicht zu sagen, dass ich keine Ostereier mehr, sondern meine Mutter gesucht hatte. Die Eier wollte ich nicht annehmen. Es war mir peinlich, mir Eier geben zu lassen, da ich doch meine Mutter haben wollte.

Als ich dann später wieder neben meinem Vater nach Hause ging und wir hinunter zum Stadttor kamen und zu den großen Gefängnissen, blieb meiner Mutter Geist auf dem Berg zurück, und meines Vaters Geist beherrschte mich. Ich ließ mir wie so oft von meinem Vater wieder die Bedeutung der großen unbeschriebenen Steintafel erzählen, die hoch oben über zehn Säulen in der Mauer jenes assyrisch aussehenden Gefängnishauses angebracht ist. Dort befindet sich auch ein großer eiserner Löwenkopf, der einen eisernen Ring im Maul trägt. Mein Vater hatte mir die Bedeutung dieser Abzeichen schon erzählt und wiederholte sie jetzt: »Wessen Gewissen so rein ist, wie die Tafel und wer die zehn Gebote so fest hält, wie die zehn Säulen das Gebäude und wie der eiserne Löwenkopf den eisernen Ring, der kommt nicht in dieses Haus.«

Ich fand, wenn ich neben meinem Vater ging, war das Leben immer furchtbar schwer. Die Mutter hatte mir nie von Gesetzen gesprochen, und der Vater dagegen erschien mir wie die Verkörperung jener Gebote, die wahrscheinlich sehr notwendig zum Leben sein mussten, die aber zugleich das Lebensspiel und die Lebensleichtigkeit verboten. -

Mit der Mutter spielte ich mit allem, sogar mit dem Tod, bei ihr war alles einfach. Wenn wir zusammen Sterben spielten, dann musste sie ganz still sein und durfte sich nicht rühren; das Kindermädchen hatte mir oft vom Sterben erzählt, aber sie mochte es nicht spielen. Dieses Spiel spielten wir, meine Mutter und ich, auf dem Sofa im Jahre vor ihrem Tode besonders häufig. Dann lehnte sie den Kopf auf ein Kissen, auf welches aus bunter Wolle große Rosen gestickt waren. Wenn es dann ganz still im Zimmer war, sodass man nur die Fliegen an den Fensterscheiben summen hörte, und sich nichts rührte als nur die Pfingstrosen, die in einer Glasschale auf dem runden Tisch vor mir standen, die sich entblätterten und einzelne rosa Blütenblätter auf die burgunderfarbene Tischdecke fallen ließen, da wurde mir wunderlich angst und bang vor den plötzlich sich bewegenden Blumen, vor den summenden Stubenfliegen und vor dem unbeweglichen, wachsbleichen Gesicht meiner Mutter, das so weiß auf den grellen wollenen Rosen des Kissens leuchtete, und ich weckte sie rasch von den Toten auf. -

Das Gesicht meiner Mutter war, wie es die Haartracht der damaligen Zeit forderte, auf jeder Seite von zwei langen, sich ringelnden Locken eingefasst. Jeden Morgen sah ich zu, wie diese Locken entstanden. Meine Mutter hatte dichtes blauschwarzes Haar.

Jedes einzelne Haar war sehr stark, und die Frisur einer Japanerin war nicht schöner gearbeitet als die ihre. Ich stand immer neben ihr am Ankleidespiegel und plauderte, wenn sie ihr Haar machte. Den Handgriffen dabei sah ich gern zu, dem rotlackierten, runden Lockenholz, um welches die starken Haarsträhnen vorsichtig gewickelt und gebürstet wurden, und ich wartete gespannt auf den Augenblick, wenn meine Mutter das Lockenholz aus dem Haar zog und sich dann die schwarze Locke, lang und schön gedreht, auf die schmale Schulter und an den schlanken Hals der zierlichen Frau legte.

Alle diese meine kleinen persönlichen Genüsse, die ich bei dem Spiel mit meiner Mutter und beim Beobachten ihrer verschiedenen Tätigkeiten hatte, gingen mir jetzt nach ihrem Tode verloren.

Das Leben an der Seite meines Vaters schritt wie mit Meilenstiefeln über meine kleinen persönlichen Angelegenheiten hinweg, und auch in der Nähe meiner vier Stiefschwestern, die mich wie vier verschiedene junge Mütter jede auf ihre Weise aufs Liebevollste zu erziehen suchten, war mir das Leben nicht so restlos natürlich einfach und selbstverständlich, wie es mir im Spiel mit meiner Mutter erschienen war. Ich erinnere mich noch, ich zog mich, davon befremdet, und um für mich allein zu sein, eine Zeitlang, auf einer Fußbank kauernd, unter die Tische zurück, wo ich mir ungestört wie in einem eigenen Hause vorkam. Durch die durchsichtige burgunderfarbene Tischdecke sah ich dann die Welt draußen wie in Rosenröte schwimmen. Aber mein Vater litt es nicht, dass ich mich so früh schon mit meinen sechs Jahren vom Leben zurückzog und dass ich für mich träumen wollte. Er nahm sich plötzlich auf das Lebhafteste meiner an.

Eines Tages wurde eine riesige Karte von Europa gebracht, sie bedeckte die eine Wand unseres Schlafzimmers, wo sie aufgehängt wurde, und täglich nach dem Essen, ehe sich mein Vater ausruhte, musste ich, auf seinen Schultern sitzend, Europa bereisen. Ich musste die Stadt finden, wo die Großmutter wohnte: Petersburg. Ich wusste bald, wo Napoleon regiert hatte und wo der Rhein hinfloss; wo die Pyramiden waren und die Inseln, von welchen die Kanarienvögel kamen; wo der feuerspeiende Vesuv lag und der Nordpol, an welchem das Jahr nur einen Tag und eine Nacht hatte und wo man immer Schneeballen werfen konnte. Niemals aber konnte ich das Land der Kamele und das des Streusandes behalten, welche Marokko und Algier hießen und die auf der Karte lila gemalt waren, welche Farbe ich nicht leiden mochte. Und bei Marokko, dem lila Land, fand ich die Geographie immer langweilig.

Unter der Schlafzimmertür hatte mein Vater für mich eine Schaukel anbringen lassen, da sollte ich jetzt täglich turnen, eifrig wie der Turnvater Jahn. Alles dieses war immer noch zeitweilig unterhaltend, wenn es auch nie so unterhaltend war wie meine Diogenesstunden unter der burgunderroten Tischdecke. Aber das, was meinen Vater in meinen Kinderaugen auf einmal zu einem Hausschrecken machte, das war der Duschapparat, eine Zimmerdusche, die eines Tages im Schlafzimmer wie eine Zuchthauszelle aufgestellt wurde und unter die ich jeden Morgen zwischen drei Wasserbrausen gestellt wurde, um abgehärtet zu werden. Diese Dusche blieb bis zu meinen Jünglingsjahren im Schlafzimmer als Folterwerkzeug meines Leibes, der sich erst allmählich an dieses Zuchtmittel gewöhnte. Denn dieses »Sichabhärtensollen« konnte ich lange gar nicht mit dem weichen Hang zum Träumen vereinigen.

Mit blaugefrorenen Fingern und am ganzen Leibe zitternd, kam ich nach der gewalttätigen Duschabhärtung um acht Uhr morgens in die Schule, wo es lange dauerte, bis ich warm wurde. Aber die Abhärtung schadete mir nicht, und diese Kaltwasserbehandlung, der mich mein Vater von Jugend an im Winter und Sommer unterworfen hat, machte mich gesundheitlich später so widerstandsfähig, dass ich bei meinen weiten Auslandsreisen und bei meiner Reise rund um die Erde weder durch fremdes Klima oder Wettereinflüsse noch durch fremde Nahrung zu leiden hatte. Nur glaube ich, dass meine Unaufmerksamkeit in der Schule und eine unbezwingliche Schlafsucht, die mich damals morgens in der ersten Unterrichtsstunde überfiel, von jenen eisigen Duschen herrührten. Immerhin war der Wille meines Vaters, einen gegen das Leben gestählten Menschen aus mir zu machen, von so starkem Einfluss auf mein späteres Leben, dass ich jetzt ohne Bewegung in frischer Luft und ohne morgendliche eiskalte Wasserabreibungen nicht leben konnte.

Meinem Vater widerstrebte immer mein Hang zum Träumen, den er wie ein Laster ansah und den er mit allen Mitteln aus mir ausrotten wollte. Seine Natur, die vor allem Technik, Stahlmaschinen, Jagd, Reiten und spartanische Abhärtung liebte, verachtete meine Lust zu stiller Beschaulichkeit. Wenn ich morgens plötzlich das Ankleiden unterbrach und mit meiner Krawatte oder meinen Stiefeln in der Hand unbewusst am Fenster stehenblieb und zehn Minuten lang auf den blühenden Birnbaum starrte, in welchem große schwarze Amseln mit schönen gelben Schnäbeln ab- und zuflogen, oder wenn ich einen aufgesprungenen Riss auf der polierten Kommode lange betrachtete, weil mir dieser auf der Politur wie ein Gesicht, eine Gestalt oder wie eine Handzeichnung vorkam, oder wenn ich im Faltenwurf der weißen Fenstergardinen, während ich mein Gesicht mit dem Handtuch trocknete, plötzlich den Kopf von Moses oder Barbarossa zu entdecken glaubte und die Hand mit dem Handtuch sinken ließ und die Gardine anträumte, als hätte ich sie vorher nie gesehen - dann schreckte mich plötzlich die Stimme meines Vaters auf, der für alles im Leben Verständnis hatte, nur nicht fürs Träumen. -

Von Traumgestalten, von Märchenfiguren wusste er gar nichts. Ich erinnere mich, dass einmal, als ich in der Oper »Oberon« gewesen und ich ihm am nächsten Tag etwas von Oberon und den Elfen erzählte, während wir zusammen zum Fenster hinaussahen, er mich plötzlich fragte: »Was sind denn Elfen?« - Mein Vater war damals Anfang der Sechzig. Ich war sprachlos in meinem Herzen - ließ es mir aber nicht merken - darüber, dass ich kleiner Mann dem großen Mann die Vorstellung von Elfen beibringen sollte. Er, der mir immer auf Spaziergängen Blitz und Donner erklärte und von negativer und positiver Elektrizität sprach, er, der mir gesagt hatte, dass es ultraviolette Strahlen gäbe, Strahlen, die das menschliche Auge nicht wahrnehmen könne, deren Dasein das menschliche Gehirn sich aber beweisen kann - dieser Mann wusste nichts von den meinem Kindergehirn vertrautesten Naturgestalten, den Elfen! - Er hatte niemals in seiner Jugend Märchen gelesen, und die üppige Romantik, die in seinen Jugendjahren in Deutschland wucherte, hatte er für sich in seinem hellen Lebensgang, in seiner vollständigen Hingabe an die neue Lichtkunst zur Berauschung nicht nötig gehabt. Ihn berauschte es, die Entwicklung des Menschengeistes zu verfolgen. Für Mittelalterherrlichkeiten, Märchengeschichten und Sagen hatte er, wie er selbst sagte, in seiner Jugendzeit keinen Sinn und kein Ohr gehabt. Erst später, in seinen Greisentagen, ließ er sich herbei, der Lieblichkeit und Anmut der Märchengestalten einen kleinen Platz in seinem Herzen einzuräumen. Und es war schon höchste Gnade seines Geistes, wenn er, der nur alles Wirkliche und alles Nützliche gelten ließ, sich bei mir erkundigte, was Elfen seien.

Trotzdem hatte sich mein Vater gegen übersinnliche Vorstellungen niemals vollständig abgeschlossen. Er gab sogar dem Aberglauben sein Recht, wenn derselbe Nutzen bringen konnte. Den Aberglauben bei Heilzwecken gelten zu lassen, dem war er nicht abhold. Er erzählte uns oft von einer russischen Fürstin, die ihm ein abergläubisches Heilmittel zur Beseitigung von Hautwarzen mitgeteilt hatte. Ich erinnere mich noch deutlich, als sich auf meiner Schulknabenhand eines Tages ein paar kleine Warzen zeigten, dass dann mein Vater das Geheimmittel der russischen Fürstin bei mir anwendete. Er führte mich eines Nachts um elf Uhr in unseren Hof. Es war abnehmender Mond. Der Mondschein lag auf dem Sandboden, auf dem chinesischen Gartenhaus und auf den beiden Blumenbeeten, die den Hof schmückten. Mein Vater hielt einen Streifen Speck in der Hand. Kreuzweise strich er mir dreimal über den mondbeschienenen Handrücken, auf welchem ich die kleinen Warzen hatte. Dann ließ er mich, mit dem Rücken gegen den Mond gewendet, das Speckstück über meine Schulter werfen, ohne dass ich mich dabei umsehen durfte. Und nun sollte ich zu niemandem über dies Geschehnis sprechen, sollte die Warzen tagelang nicht betrachten und nicht an sie denken und sie nicht berühren. Natürlich war das Erste am nächsten Morgen, dass ich meine Hand auf die Warzen hin untersuchte, ob sie noch da wären. Aber seltsam, danach vergaß ich plötzlich die Warzen, die ich vorher stündlich befühlt hatte. Nach acht Tagen, als es Neumond war, fragte mich mein Vater plötzlich:

»Nun zeig mal Deine Hand her. Hast Du die Warzen noch?« Da merkte ich erst, dass alle Warzen, die mich ein Jahr lang geplagt hatten, von meiner Hand verschwunden waren und von da ab auch verschwunden blieben. -

Meinem Vater, welcher nach dem Tode meiner Mutter eingehend meine Entwicklung beaufsichtigte, merkte man es an, dass er sich fortgesetzt Mühe gab, mir die Mutter zu ersetzen, indem er sich viel mit mir beschäftigte. Er bot mir natürlich keinen vollständigen Ersatz für meine tote Mutter, deren stille und doch so rührige Lebensart mich wortlos zu sich hingezogen hatte, im Gegenteil: Diese stete Aufmerksamkeit, der ich jetzt vonseiten meines Vaters ausgesetzt war, bedrückte meinen harmlosen Kindersinn. Es war mir in seiner Nähe, als sollte ich jetzt jeden Tag persönlich mit dem allgestrengen lieben Gott verkehren und mit meinem kleinen Verstand das ganze Weltall tragen helfen; denn für mich kleinen Knaben waren damals die Unterhaltungen mit meinem Vater sehr anstrengend. Er konnte mir auf den Spaziergängen, wenn ich Schiffe auf dem Maine sah und wissen wollte, warum dieselben nicht bis Amerika fahren konnten, stundenlang einen Vortrag über Schiffsschrauben und Kompass halten. Oder bei der Betrachtung der Stadttürme erklärte er mir sogleich die Blitzableiter an denselben. Wenn auf einem Bahndamm ein Eisenbahnzug an uns vorüberrollte, sollte ich bestimmen, welcher Teil der Lokomotive der Tender war, und er fing sogleich auch eine begeisterte Erzählung über die neue Erfindung der Luftbremse an. Zwei Stunden lang konnte er von derselben technischen Sache sprechen, während ich bei dem Spaziergang hundert verschiedene Dinge in den Kopf bekam. Ich wäre lieber hinter unserem Jagdhund hergelaufen, welcher meistens hundert Schritte voraus war, als immer stumm meinem Vater zuhören zu müssen. Wenn wir aber durch die Stadtanlagen gingen, hatte mein Vater unendlich viel zu grüßen. Da wurde denn manches Mal der lange zähe Faden der Erklärung von dem einen oder ändern Bekannten, der stehenblieb und mit ihm sprach, abgerissen. Ich empfand das als eine wunderbare Erleichterung und spielte rasch in der kurzen Zeit mit unserem Hund, denn meine kleinen Glieder waren überm Zuhören ganz steif geworden. Wenn ich aber glaubte, mein Vater sei durch die Begrüßung der Bekannten jetzt von der Erklärung der Luftbremse abgekommen, so hatte ich mich geirrt. Wenn wir wieder allein waren, fragte er mich zu meinem Schrecken jedes Mal: »Wo bin ich vorhin beim Erzählen stehengeblieben?« Und wenn ich dies natürlich nicht wusste, sagte er etwas schmerzlich berührt und vorwurfsvoll: »Du hast wieder einmal nicht zugehört. Du könntest doch zuhören, wenn Dein Vater spricht.«

Ich versuchte nun bei der Fortsetzung seiner Erklärungen genau zuzuhören, aber da ich keinen Hang für Maschinenbau und ähnliche Dinge hatte, merkte mein Vater durch Fragen, die er stellte, dass ich nur Worte hörte und keinen Zusammenhang erhielt. Er schloss jedes Mal seufzend die Unterhaltung äußerst milde mit den Worten:»Man darf ja niemals einem Menschen einen Vorwurf machen, wenn er für eine Sache, die einen ändern aufmerksam erregt, von Natur keinen Hang zeigt. Mir ist die Liebe für Maschinen und alles, was damit zusammenhängt, angeboren und liegt mir im Blut. Du hast aber mal keinen Sinn dafür. Das tut mir persönlich leid, aber ich kann Dich deshalb nicht tadeln. Du bist ein Träumer! Wenn Du dabei Dein glückliches Leben und einmal Dein glückliches Auskommen finden wirst, soll mich das von Herzen freuen. Mir ist es jedoch ganz unverständlich, wie heutzutage ein Mann träumend durchs Leben kommen kann. Ich muss manchmal befürchten, dass das ewige Träumen und unaufhörliche Unaufmerksamsein Dich zu schwach für die Wirklichkeit macht.« - Und dann erzählte er, um mir ein Beispiel vom Elend eines schwachen Mannes zu geben, die Lebensgeschichte seines Bruders Eduard. Dieser war so »schwach«, wie mein Vater es nannte, dass er keiner Fliege etwas zuleide tun konnte. Mein Vater beschrieb ihn mir auf seine Weise:»Meine von mir mit Sprenkeln gefangenen Singvögel, die ich in einem großen Käfig zusammen gefangen hielt, ließ mir mein Bruder Eduard eines Tages alle davonfliegen, weil es Frühjahr war und er die gefangenen Vögel nicht sehen konnte. Als ich ihn dafür durchprügeln wollte, versteckte er sich hinter die Röcke der Mutter, die ihn immer gegen mich in Schutz nahm, ebenso wie gegen meinen strengen Vater. Und was ist daraus geworden? Der arme Junge war, als er Mann geworden, viel zu schwach fürs Leben, und als der erste Schicksalsschlag ihn traf, brach er zusammen. Er heiratete eine Frau, die er sehr liebte. Aber man soll sich an nichts zu stark hängen in dieser Welt. Die Frau wurde nach ein paar Jahren krank und starb schnell, und nun war der arme Mann verloren. Er aß und trank nicht mehr. Er lief auf den Kirchhof hinaus und saß den ganzen Tag am Grabe seiner Frau und sprach vor sich hin, als wenn er mit der Toten spräche. Er wollte auch nachts nicht vom Grabe fortgehen und bat, dass man ihn doch auf dem Kirchhof lassen möge, er wisse nicht, was er zu Hause in den leeren Zimmern solle. Er hatte zwar ein paar kleine Kinder, an die er hätte denken müssen, aber vor Trauer um die Tote vernachlässigte er die Kinder. Da er bald nicht mehr aß und trank, wenn ihm nicht Freunde mit Gewalt einige Nahrung einflößten, so wären auch die Kinder beinahe verhungert, wenn sich nicht andere ihrer angenommen hätten. Zuletzt war der schwache Mann überhaupt nicht mehr vom Grabe wegzubringen. Er sträubte sich dagegen, und man musste ihn auch nachts dort lassen. Man konnte ihm auch keine Nahrung mehr beibringen. Auf diese Weise hat er sich selbst verhungert, und man fand ihn eines Morgens auf dem Grabe der Toten vor Entkräftung und Kummer gestorben.

Liebe kann ja hoch und edel sein«, fügte mein Vater hinzu, »aber solche Liebe ist unmännlich und war bei ihm nur damit zu entschuldigen, dass mein armer Bruder von Natur schwach und zart war und dem Leben nicht gewachsen, wofür er nichts konnte.«

Staunend hörte ich diesem Bericht zu. Kein Wort war mir entgangen. Ich sah den Friedhof, den händeringenden Mann, den leeren Käfig, aus dem er die Singvögel hatte entfliehen lassen, und ich hätte gern viele, viele Fragen gestellt und hätte gerne stundenlang allen fesselnden Erzählungen über ihn zugehört. Als ich aber nur eine einzige Frage in dieser Richtung an meinen Vater laut werden ließ und er atemlose Erwartung aus meiner Frage hörte, sagte er fast beleidigt: »Siehst Du, nun konntest Du zuhören. Nun fragst Du und willst mehr wissen! Warum konntest Du nicht ebenso aufmerksam sein und Fragen stellen, die mich freuen würden, als ich Dir vorher von der Luftbremse oder vom Kompass erzählte? Du hast keinen Sinn für das Ernste. Du hast nur Sinn für das Romantische, für nutzlose Träumereien. Du musst das von Deiner Mutter haben, welche in der Zeit, da sie Deine Geburt erwartete, immer Romane las, sodass ich ihr zuletzt die Bücher wegnehmen und das Licht nachts ausblasen musste. Ich habe nie Romane gelesen. Das ist ungesund, und solange ich es verhindern kann, sollst du auch keine in die Hände bekommen. Wenn du lesen willst, lies naturwissenschaftliche Bücher, Reisewerke, Weltgeschichte!«

Mit solchen Vermahnungen endeten viele unserer Spaziergänge. -
In der ersten Zeit nach meiner Mutter Tod waren meine schöns-

ten Stunden, die mir noch bis ins Alter angenehm in Erinnerung geblieben sind, die Dämmerstunden im Kreise meiner vier Stiefschwestern. Sie standen damals im Alter von neunzehn bis sechsundzwanzig Jahren. Wenn ich mich auch tagsüber durch ihre verschiedenen Eigenarten manchmal in meiner Knabenfreiheit beengt fühlte, da sie mir, jede auf ihre Weise, ihre Vorschriften machen mussten, so vereinte uns dann herzlich die Stunde zwischen Licht und Dunkelheit, wenn wir uns, in Abwesenheit meines Vaters, im Wohnzimmer zusammenfanden und das Anzünden der Lampe so lange wie möglich hinausschoben.

Meine älteste Schwester mit dem Schlüsselbund am Gürtel saß in der einen Sofaecke und meine zweitälteste Schwester in der anderen. Die zwei jüngeren Schwestern, die sich meistens zusammenhielten, saßen an einem Fenster. Die Zweitälteste, welche mir sowohl im Aussehen wie in der Gemütsart am ähnlichsten war, hielt mich auf dem Schoß und erzählte mir Märchen, Grimm'sche oder Andersensche Märchen, jeden Abend eine Fortsetzung. Sie war damals verlobt und hatte tagsüber an ihrer Aussteuer genäht. Sie war es auch, die abends an meinem Bett alte schöne Lieder sang: »Schlaf in süßer Ruh!« und andere deutsche Lieder.

Entweder waren wir zur Dämmerstunde in dem Wohnzimmer oder im Atelier, das nach dem Main und dem Festungsberg hinaussah. Der goldene Abendhimmel glänzte im Flusswasser, und die figurenreiche Brücke und der turmreiche schwarze Ausschnitt der Marienburg auf dem Festungsberg, wie mit undurchdringlichen Geheimnissen beladen, schauten uralt über den Fluss herüber. Im klaren Abendhimmel stand manchmal die feine Mondsichel, von der ich glaubte, dass sie und die Sterne, die jetzt einzeln aufblitzten, genau wüssten, wo meine Mutter sei. Denn mein Vater hatte gesagt, die Mutter sei jetzt oben bei den Sternen. Und wenn wir im Wohnzimmer saßen und der Vollmond über den winkeligen Ziegeldächern der Nachbarhäuser auftauchte, dann betrachtete ich besonders genau den Stern, der immer in der Nähe des Vollmondes steht und von dem mir einmal ein Dienstmädchen gesagt hatte: »Wenn der Stern auf den Mond fällt, dann geht die Welt unter.« Zuweilen schien es mir, als ob der Stern ein klein wenig näher an den Mond gerückt wäre, und ich erwartete den Weltuntergang mit gruselndem Vergnügen, ungefähr so, wie

alle Kinder in der Büttnersgasse im Frühjahr sich auf das Hochwasser freuten, wenn es angemeldet worden war. Als ich aber
meinen Vater einmal über den Weltuntergang zurate zog, zerstör-
te er mir gründlich alle heimlichen Hoffnungen. Er erklärte mir,
dass die Erde Millionen Jahre bestehe und wahrscheinlich Millionen Jahre bestehen werde, dass unsere Erde vor Millionen Jahren
von der Sonne fortgeschleudert worden sei und vielleicht einmal
wieder zur Sonne zurückkehren werde. Bei dieser Gelegenheit
horte ich auch von ihm, dass Gott kein Mensch sei, der auf einer
Wolke im Himmel sitze und nur auf die Menschen aufpasse,
sondern die ganze Welt sei Gott selbst. Jeder Mensch sei ein Stück
von Gott, die Bäume, der Main, das Feuer im Herd, auch unser
Hund, sogar jeder Pflasterstein in der Büttnersgasse. Außerdem
horte ich noch, dass die Erde auch einmal feurig gewesen sei wie
die Sonne, und im Innern der Erde gäbe es noch Feuer.

Das war eine ganz unerwartete Offenbarung, und ich sah meinen
Vater beinahe für einen Heiligen an, weil er wusste, dass im Erd-
innern Feuer sei. Er hatte gesagt, wenn man senkrecht in die Erde
bohrt und man weiter und weiter bohren würde, würde man
zuerst auf Wasser und dann auf vieles Feuer stoßen. Er erzählte
mir dieses einmal beim Mittagessen. Und der gruselnd aufregen-
de Gedanke, dass ich vielleicht Wasser und Feuer aus der Erde
herausgraben konnte, machte mir den Kopf ganz heiß. Kaum war
mir die Serviette von einer meiner Schwestern vom Hals abge-
nommen, so verschaffte ich mir aus dem Werkzeugkasten meines
Bruders, welcher dieselbe Vorliebe für Mechanik und Photographie hatte wie mein Vater, einen langen Nagel, eilte auf die Büttnersgasse hinunter und begann, um einen Pflasterstein herum die
Erde herauszukratzen. Ich glaubte nicht anders, als dass ich unter
dem Pflasterstein schon aufs Feuer stoßen würde. Als ich endlich
den Stein ein wenig bewegen, aber unmöglich heben konnte und
ich mir die Finger blutig geschunden hatte, musste ich einige
Knaben herbeirufen, die in der Nähe spielten und die mir den
Stein heben halfen, nachdem ich ihnen versichert hatte, ich wüsste, dass unter dem Pflasterstein Feuer sei. Endlich hoben wir den
Pflasterstein zur Seite. Da war nur Sand und unter dem Sand
kotige schwarze Erde, darin sich ein Regenwurm drehte.

Die Knaben sahen mich an und fragten, wo das Feuer sei. »Ich weiß es ganz bestimmt, dass Feuer unter der Erde ist«, versicherte ich wieder. »Grabt nur weiter. Ich will schnell mal hinauflaufen und meinen Vater fragen.«

Am Abend mussten wir den Pflasterstein wieder auf seine Stelle wälzen. »Zum Feuer kann man nicht mit den Händen kommen«, hatte mir mein Vater erklärt, als ich mit meinen erdschwarzen kleinen Fäusten vor ihm stand und ihm erzählte, dass wir das Erdfeuer in der Büttnersgasse suchten. Zugleich empfahl er mir an, die Straße wieder in Ordnung zu bringen. Die andern Knaben hatten inzwischen mehrere Steine herausgerissen. Es machte ihnen gar nichts, dass kein Feuer da war. Sie hatten sich beim Herausreißen der Steine sehr gut unterhalten. Aber das Wiedereinsetzen derselben musste ich allein besorgen. Davon wollten sie nichts wissen und liefen davon. Nur die kleinen Mädchen auf der Straße, die dem Ganzen zugesehen hatten, halfen mir bei der Pflasterarbeit. Und sie wie auch ich glaubten nach wie vor fest daran, dass Feuer in der Erde sei, so wie es mein Vater gesagt hatte, wenn sie auch keinen Beweis, den sie wie die Knaben erwarteten, bekommen hatten.

Die Mädchen in der Büttnersgasse, die mit uns Knaben in den Sommerabenden auf den Haustreppen spielten, glaubten überhaupt an so wunderbare Dinge, an die nicht einmal mein Vater glaubte: an Hexen, die auf Besenstielen durch die Luft ritten, und an die Hölle, in der man auf Stecknadelstühlen saß und eiserne Klöße aß.

Ich verstand meinen Vater nicht, warum er nicht auch an diese wunderbaren Dinge glauben wollte, die eigentlich ebenso wahr sein müssten wie das Feuer unter der Erde, zu dem man ja auch nicht mit den Fingern kommen konnte. Es schien mir da etwas im Herzen meines Vaters nicht in Ordnung zu sein, und ich glaubte ebenso gern an Hexen und Hölle, von denen mir die Mädchen auf den Straßen erzählten, wie ich gern an Dornröschen, Schneewittchen, die sieben Zwerge, an den Däumling und an Andersens kleine Seejungfrau glaubte. Und so wunderbar es war, das Erdfeuer, an das ich natürlich auch fest glaubte, sich vorzustellen, weil es gegen alle Alltäglichkeit, gegen alles Gewohnte abstach und unter dem Erdboden lebte und hervorbrechen konnte, ebenso wunderbar, aber auch beinahe wehmütig stimmend, war mir immer das Bewusstsein, dass es Strahlen geben sollte, die ultraviolett genannt werden, die nie ein Mensch sehen konnte, die da im Weltraum sich vergeblich bemühten, sich unserem Auge bemerkbar zu machen; Strahlen, die uns beschienen und die wir nicht sahen, die uns berührten und die wir nicht fühlten, vor denen wir Menschen alle zusammen Blinde waren, Blinde mit sehenden Augen.

Als ich viele Jahre später meine ersten Jünglingspoesien, die noch nicht von Liebe und Leidenschaft handeln konnten, da ich diese noch nicht erlebt hatte, unter dem Titel »Ultraviolett« mit dem Untertitel »Einsame Poesien« herausgab, ahnte ich nicht, dass ich über diesen Titel allgemein verlacht werden würde. Ich hatte in dem Gedichtbuch alles niedergeschrieben, was mich an der Welt und was meine jungen Sinne erregte: Gefühle beim Anblick eines blühenden Faulbaumes, Gefühle beim Fallen des ersten Schnees, Gefühle beim Anblick des aufgehenden Mondes, Gefühle beim Duft des Jasmins, Gefühle beim Regen, Geschichten, die einige Gemälde mir erzählten, jünglingshaft sehnsüchtige Vorstellungen unerlebter Dinge, Landschaften auf dem Mond und Gestalten aus der Sündflut - ein stotterndes Torheitbuch, gebraut aus den unschuldig ehrlichen Eindrücken junger sinnlicher Sinne und geschrieben von einer schwärmenden Seele, geschrieben von einem jungen Mann, der noch keine Frau in Liebe umarmt hatte, der der Welt gegenüberstand wie die ultravioletten Strahlen dem menschlichen Auge, die nicht ins Herz dringen können, weil sie nicht wirkliche warme Sonnenstrahlen sind, die in einer Jünglingseinsamkeit in einer ultravioletten Welt leben, welche noch nicht vom Purpur des Blutes angefüllt ist. Niemals ist der Titel eines Buches ernster, ehrlicher und tiefempfundener von jugendlicher Überzeugung diktiert worden als dieser Titel »Ultraviolett«. Aber kaum jemals, solange Bücher geschrieben wurden, ist je ein Titel so verlacht, verhöhnt und missverstanden worden als dieser Buchtitel. Ich hatte in meiner Jugendeinfalt geglaubt, dass alle Gebildeten bei der Nennung der ultravioletten Strahlen dieselbe wehmütige und nachdenkliche Empfindung haben müssten, wie ich sie erhalten hatte, als ich zum ersten Mal vom Dasein eines Lichtes hörte, das ungesehen leben soll. Unzählige Male ließ ich mir in meiner Jugend von meinem Vater immer wieder das

Bestehen der ultravioletten Strahlen versichern. Er konnte wunderbar darüber erzählen und pries dabei hoch den menschlichen Geist, der durch Berechnungen die ultravioletten Strahlen entdeckt hatte, der heller sehen konnte als das menschliche Auge. Seine Berichte von diesem fremden Licht überzeugten mich so sehr von dem gewaltigen Einsamkeitsgefühl, welchem diese Strahlen dem menschlichen Auge gegenüber ausgesetzt sein mussten, dass ich meine einsamen Jünglingsempfindungen, als ich sie in Gedichten aussprach, unter dem symbolischen Titel »Ultraviolett« zusammenfasste.

Reifer geworden, trat ich dann aus der Welt des Ultravioletts in die Welt der sieben wirklichen Farben. Und damit war wie auf einem siebenfältigen Regenbogen für mich die Brücke zwischen Himmel und Erde hergestellt. Ich lernte dichtend von der Erde zum Himmel zu wandern, und auf dem sichtbaren Farbenbogen stehend, fand ich Lieder im Liebeshimmel und wurde von jetzt ab auf der Erde gehört. Denn erst das Herz der Frau ist die Schwelle, auf welcher jeder Dichter den siebenfarbigen Liebes- und Leidensweg, der von der Erde zum Himmel und vom Himmel zur Erde führt, betreten kann.

Meines Vaters Geist waltete über allem, was ich tat. Mein Vater hat mir von Jugend an durch seine Liebe zu meiner Mutter Hochachtung vor allen Frauen eingeflößt, Hochachtung vor dem Liebesgefühl, und zugleich lernte ich von ihm Hochachtung vor den Eltern und Hochachtung vor dem göttlich schöpferischen Menschengeist als Höchstes auf Erden ansehen. Er prägte mir aber auch bei jeder Gelegenheit seinen starken Ehrgeiz ein. Wenn er mich am Fenster auf dem Arm hielt und mir die Soldaten zeigte, die über die Mainbrücke zogen, deutete er auf den General, dessen Federbusch auf dem Helm hell leuchtete, und sagte:»In allem, was Du unternimmst, musst Du der Erste werden. Nur nicht loslassen, nur nicht nachgeben, nur nicht feig sein!« Und er erzählte von Napoleon, der es vom Leutnant zum Feldmarschall und vom Feldmarschall zum Kaiser gebracht hatte. Und er erzählte weiter von Bismarck, den man 1848, wenn man ihn bekommen hätte, am nächsten Laternenpfahl aufgehängt hätte und der später den Bayern und dann den Franzosen den Krieg erklärte und der immer gesiegt hat. »Wenn ihn auch alle verlachten und verwünschten, er hat sich nicht unterkriegen lassen«, sagte er. »Er hat Napoleon gefangengenommen, ist in Paris eingezogen, hat den König von Preußen in Versailles zum Kaiser ausrufen lassen, hat Deutschland geeinigt und zu einem großen Reiche gemacht.« - Wie sehr es mein Vater verstand, mich mit seinen Reden in seinen Bann zu ziehen, dessen erinnere ich mich noch besonders deutlich aus dem Jahre 1871. An allen unseren Fenstern steckten eines Tages Fahnen, die Farben daran waren noch die des alten Bundesreiches, schwarz-gelb-rot, und die bayerischen Farben blauweiß. Über die Mainbrücke waren in Scharen Kriegsgefangene geführt worden, Franzosen in roten Hosen und Turkos mit weißen Beduinenmänteln. Ich weiß nicht mehr, war es ein Sieg, weshalb geflaggt wurde, oder war es der Friedensschluss. Zu Tisch brachte mein Vater Flugblätter mit, worunter ein Bild mir besonders in Erinnerung blieb, auf welchem Napoleon, als Karnickel gezeichnet, von einem Preußen auf dessen Bajonett aufgespießt war. Auch Bismarcks großer kahler Kopf mit den drei bezeichnenden Haaren war öfters abgebildet und war mir kleinem Knaben schon so bekannt wie der Kopf meines Vaters.

Meines Vaters lebhafte Rede drehte sich während des Mittagessens hauptsächlich um Deutschland, um Bismarck und um das deutsche Volk. Aber wenn er vom Volk sprach, machte er eine Geste mit der Hand nach dem Fenster, als wenn unten die ganze Straße Kopf an Kopf voll Volk stünde, das zu uns heraufschaute. Er selbst sprach vom preußischen König, von Bismarck, von Napoleon, als wenn er mit ihnen eben im selben Zimmer saß. Ich erinnere mich, dass ich an jenem Tage sehr erstaunt war, als ich nach dem Essen auf die Straße hinunterblickte und dort die Leute scheinbar unwissend und einfaltig wie immer gehen sah. Sie hatten sich nicht unter den Fenstern zu einem »Volk« aufgestellt, wie ich es erwartet, dass sie es hätten tun müssen, während mein Vater hier oben mit Bismarck, dem König und Napoleon sprach. Mein ganzer Respekt hatte während des Essens meinem Vater gehört. Wenn ich auch nicht viel vom Sinn seines Vaterlandseifers verstand, so fühlte ich doch die Hoheit seiner Leidenschaft, die ihn für mich ganz selbstverständlich über alles Volk stellte, und ich sah ihn in meiner vierjährigen Einfalt immer dicht an der Seite Napoleons und Bismarcks.

Wenn mein Vater nicht von Maschinen, von Barometern, Blitzableitern und ähnlichen Dingen sprach, horchte ich ihm in meinen Knabenjahren immer eifrig und gern zu. Später versuchte ich auch bei chemikalischen, physikalischen und technischen Auseinandersetzungen seiner Begeisterung zu folgen. Und wenn ich in späteren Jahren als Erwachsener zu Besuch in die väterliche Wohnung kam und ich ihn immer noch mitten in begeistertem Mitempfinden, bei allen neuen Errungenschaften des Menschengeistes auflebend und uns mitreißend, wiederfand, dann fühlte ich, als ginge von diesem Mann eine klare, die ganze Atmosphäre der Wohnung belichtende Geisteskraft aus, die das Atmen in den heimatlichen Zimmern leicht und fröhlich machte. Es war mir, als wäre ich zu Gottvater selbst zurückgekommen, in eine Klarheit, die ich nie draußen in der Fremde und nicht mal in der geistigen Atmosphäre der großen Städte so stark gefunden hatte. Und zu dieser Helle und Wachheit des Geistes meines Vaters, die in den Wohnräumen um ihn noch herrschte, als er schon ein siebenundsiebzigjähriger Greis war, gesellte sich draußen vor der Tür und vor den Fenstern des Hauses die wunderbare, alles verstehende und Frieden verbreitende fränkische Luft und der fränkische Sinn der Stadt Würzburg, die mit erdkräftigem Wein, mit schmucken Frauen, lebenstüchtigen Männern auf altgeschichtlichem Boden, mit prächtigen Bauten, bei schon geschwungenen Hügeln am traulichen Main liegt und mir immer so recht als Heimplatz froher Musen und froher Wissenschaft erschien.

Als Professor Röntgen hier im physikalischen Institut die X-Strahlen entdeckte und ein neues, den Menschenkörper durchdringendes Licht den Augen sichtbar machte, war ich noch ein junger Mann und schrieb eben an meinem Buch »Ultraviolett«. Und ich sagte mir später oftmals; in keiner andern Stadt, nur in Würzburg konnten die X-Strahlen entdeckt werden. Hier kommt geheimes Licht den Menschen so nah wie selten wieder auf einem Punkt der Erde. Das Würzburger Licht, das an den sonnigen Tagen von den Bergen wie eine blaue Elektrizität rund um die Stadt in den Himmel scheint, kommt mir immer vor wie aus einem Jubel geboren. Ist es die Stellung der Hügel, die wie Brennspiegel verteilt am Mainufer nach Süden gerichtet stehen? Oder ist es der lange flüssige Spiegel des Mains selbst, der das gewundene Maintal aufhellt, sodass es scheint, als flösse zwischen den Hügeln ein weißes Feuer, das, mit der Sonne vereint, die Weinbeeren an den Geländen kocht? - Ich weiß es nicht, warum Licht und Luft hier immer jubelnd gestimmt sind. Es gibt viele schöne Orte auf der Welt, die einen froh stimmen, so wie es viele Orte gibt, die einen ernüchtern und des Frohsinns berauben können. Aber auch ohne an den Wein hier zu rühren, finde ich jede Stunde in dieser Stadt berauschend. Auch der Nüchternste und der Lebensmüdeste muss vom Licht- und Luftstrom, der hier Erde und Himmel durchdringt, bei einem Gang durch Stadt und Landschaft glücklich gestimmt werden. Die weise Heiterkeit Griechenlands, die zierliche und erdkräftige Schönheit Japans, die ich beide mit Leib und Seele kennenlernte, finde ich hier in Würzburg vereinigt. Es denkt sich leicht, es lacht sich leicht, es arbeitet sich leicht in dieser Stadt. Sie lässt die Liebe leicht entstehen, macht die Liebessehnsucht schwerwiegend und die Liebesinbrunst tief. Sie entzückt, diese Stadt, die im Frühling von einer Geisterwelt üppiger Blumen- und Blütendüfte umgeben ist. Die Stadtanlagen sind voll japanischer Sträucher, die ein Würzburger, der Japanforscher Siebold, seiner Heimatstadt gegeben hat. Aber auch ohne diese ausländischen Blüten stehen die Obstblüte, die Rosen- und Fliederblüte Würzburgs der Blütenfülle Japans nicht nach.

Als ich nach viermonatlicher Reise durch Asien einmal im Mai nach Japan kam, fühlte ich mich vom ersten Schritt an, den ich vom Schiff aus in dieses Land setzte, als wäre ich in meiner fränkischen Heimat angekommen. Die Veilchen an den Wiesenrändern in Nagasaki, die Kirschen-, Mandel- und Pflaumenblüten in Tokio und Kioto, alle die lieblichen Hügelwege von blühenden Schlehenhecken gesäumt - Festlichkeit und Anmut der Gelände, der Anpflanzungen - alles erinnerte mich an die Frühlingsfestlichkeit in Franken, an die heimlichen Veilchenverstecke dort, an, die lauschigen Hecken- und Gartenwege zur Baumblütezeit rund um die Stadt Würzburg. Nur fehlt der asiatischen Landschaft die Musik, die eine etwas lautere Menschenfröhlichkeit verkündet. Im Mai und Juni, wenn bei uns die studierende Jugend am Mainufer in ihren Vereinshäusern die Frühmusik zum Himmel klingen lässt und die Gelände blühen und der Fluss blitzt und die warmblütigen und lebensfrohen jungen Würzburgerinnen unter den blühenden Bäumen lachen, dann ist der Frühling hier wie eine Festzeit der Menschenjugend.

Als ich von einem japanischen Prinzen in Tokio aufgefordert wurde, einige Jahre in Japan zu bleiben, und als man mir ein Haus anbot, damit ich dort dem japanischen Hof deutsche Dichtung vortragen sollte, konnte ich mich nicht entschließen, zuzusagen. Ein unsägliches Heimweh hatte mich in Japan überfallen. Weil dieses Land auf Schritt und Tritt so ähnlich wie meine Heimat ist und doch nicht die Heimat war, wurde ich dort ungeduldiger, als ich es in Indien oder China gewesen war, und sehnte mich von dort nach Würzburg dringender zurück als von irgendeinem andern Punkt der Welt. Es war mir dort, als ginge ich neben der Zwillingsschwester einer Geliebten, die ich immer für die Geliebte ansehen musste und die es doch nicht war.

Mehr aber noch als der Geist der fränkischen Landschaft und der Geist des fränkischen Volkes haben mich der Geist und die Erinnerungen an meinen Vater immer wieder nach Würzburg gezogen. Auch nachdem ich längst meines Vaters toten Leib bei meiner toten Mutter begraben habe, geht sein Geist für mich hier noch täglich mit der Sonne auf und steht mit den Sternen nachts am Himmel. Es ist vorgekommen, dass ich vom Rhein im Schnellzug nachts auf dem Wege nach München durch den Würzburger Bahnhof fuhr. Und vom Würzburger Bahnhof bis zur Heidingsfelder Eisenbahnbrücke, wo mich der Zug im Halbrund um das Stadtgebiet brachte, musste ich mitten in der Nacht am Zugfenster stehen und das Herz zucken fühlen, als wenn man mich in zwei Teile zerrisse. Der Geist meines Vaters schien mein Herz zu packen und es behalten zu wollen. Und zwischen Würzburg und München war es mir dann immer, als habe der Bahnzug, in welchem ich einsam auf den Kissen lag, zwei Lokomotiven, eine am Anfang und eine am Ende des Zuges. Es war, als führe der Zug bald nach Norden, bald wieder ruckweise nach Süden. Und ich selbst kam mir vor, als läge ich in einem Eisensarg, wie jener König in einer Geschichte aus »Tausend und einer Nacht«, der im Eisensarg zwischen zwei Magnetbergen schwebt. -

Jene Dämmerstunden, die meine vier Stiefschwestern und mich, als ich Kind war, im dunklen Zimmer wie um einen Abgrund vereinigten, in den wir mit bewussten oder unbewussten Augen hineinstarrten, wie um Anfang und Ende zu befragen, ohne dass aber diese Frage zu Worten wurde, diese Dämmerstunden versetzten uns in einen erhöhten Zustand von Empfindlichkeit. Bei meiner ältesten Schwester löste sich dieses Gefühl in häuslicher Ordnungsangst aus, ich horte sie aus ihrer dunklen Sofaecke oft sagen: »Vater kommt! Er liebt nicht, dass wir ohne Lampe sitzen.« Und ihr Schlüsselbund an ihrer Seite klingelte unruhig, als wollte sie aufstehen und Licht machen. Darm bettelten wir alle, dass sie doch warten möge. Vater komme ja noch lange nicht nach Hause. Wir wussten, er spielte zwischen fünf und acht Uhr Schach im Gesellschaftshause der »Harmonie«. Aber es kam vor, fand er keinen seiner Schachfreunde dort, so kehrte er, nachdem er die Zeitungen gelesen, früher als sonst nach Hause zurück. Dann wurde er ärgerlich, weil er uns im Dunkeln antraf und weil eben erst in seinem Beisein die Lampe hastig angezündet wurde. Er mochte nicht, dass meine Schwestern träumten. Alles um ihn sollte Licht, Bewegung, Kraft atmen. Während ich siebenjähriger Knabe auf dem Schöße meiner zweitältesten Schwester ihrer sanften, herzlichen und manchmal schelmischen Stimme lauschte, die ein Märchen vor mir aufbaute, horchte also meine älteste Schwester nach den Schritten im Hausgang und Treppenhaus. Die Jüngste, die sehr viel las und die Gelehrte unter den vier Schwestern war, hatte immer ein Buch in der Hand, und sie las noch beim Mondschein am Fensterbrett, während die Vorjüngste, die Verträumteste von allen, in den Mond starrte und, wenn ein Märchen aus war, die Klavierkerzen anzündete und Chopin, Beethoven oder Schumann spielte.

Ich sehe in der Erinnerung diese träumende Schwester meistens am Klavier. Spielte sie, und ich war allein im Zimmer, so ergriff mich dasselbe Gefühl, wie es Hunde beim Musikhören packt. Ich hörte erst wie gebannt, in einen Sessel gekauert, lange Zeit still zu, bis ich vor Aufregung in einen Rausch kam, der sich in Schluchzen auflöste. Solange ich konnte, erstickte ich das wehe Gefühl in mein Taschentuch, dann musste ich die Arme auf den Tisch legen und stoßweise laut weinen, vom Schluchzen geschüttelt. Diese meine klavierspielende Schwester ließ mich zuletzt nicht mehr im Zimmer bleiben, wenn sie spielte. Sie riegelte die Türe ab, ehe sie sich ans Klavier setzte, oder schob mich sanft aus dem Zimmer. Denn sie wurde ein paar Mal tief erschrocken über mein Weinen, das ich nicht hindern konnte, und sie war dann vom Klavier aufgestanden und hatte mit mir geweint.

Das Klavier hatte mein Vater meiner Mutter vor ihrem Tod an einem der letzten Weihnachtsabende geschenkt. Denn sie hatte ihren großen schönen Flügel, den sie aus der Fabrik ihrer Brüder zum Hochzeitsgeschenk bekam, in Petersburg zurücklassen müssen. Ich hörte meiner Mutter kurz vor ihrem Tode oft zu, wenn sie spielte, aber ich erinnere mich nie, dass ich bei ihrer Musik geweint habe. Nach ihrem Tode war es Wohl zuerst die Erinnerung an den Verlust und der Wunsch, dass ich meine Mutter vor dem Klavier hätte wiedersehen mögen, wodurch das Weinen in mir ausgelöst wurde. Die Musik mitten im Alltagsleben brachte in mein Herz immer eine Art Umsturz, als wäre in mit ein Stück vom Erdfeuer entfesselt worden. Und ich erinnere mich, dass selbst mein starker, harter Vater beim Anhören von Musik immer Tränen ins Auge bekam. Und wenn er und ich im Zimmer allein waren und im Nebenzimmer meine Schwester Klavier spielte, so kam es vor, dass er mich an sich zog und mich streichelte und mich küsste, und der sonst so trutzige Mann sagte mit schluchzender Stimme: »Musik macht mich schwach, ich muss dabei immer an Deine gute Mutter denken. Sie hat oft für mich gespielt, wenn ich Sorgen hatte und sie mich zerstreuen wollte. Es ist mir, als säße sie jetzt wieder im Nebenzimmer drüben und spielte, Deine Mutter, sie hat mir nur Gutes getan. Ich kann sie nie vergessen.« -

Als mein Vater ungefähr einundsechzig Jahre alt war, hat er es aber doch versucht, meine Mutter zu vergessen. Er verlobte sich, aber nach wenigen Wochen schon löste er die Verlobung auf.

Ich erinnere mich noch der festlichen Tafel, die er zum Verlobungstag herrichten ließ. Die Dame, die mein Vater als seine dritte Frau ins Haus führen wollte, war die Schwester seines besten Schachfreundes, mit welchem er in Würzburg zweiunddreißig Jahre lang Schach gespielt hat. Ich war dreizehn Jahre alt, als sich mein Vater wieder verheiraten wollte.

Wir hatten öfters Waldausflüge mit jenem Schachfreund und seinen beiden Schwestern, die mit dem Bruder zusammenwohnten, gemacht. Beide Damen standen im Alter zwischen dreißig und vierzig Jahren. Die Braut meines Vaters sah blühend, frisch, sanft und rosig aus, hatte schönes aschblondes Haar, welches sie nach der damaligen Sitte in einer dicken Flechte wie eine Krone rund um den Kopf gelegt trug. Groß aber war meine Verwunderung, als zu jenem Verlobungsessen - es war an einem hellen Frühlingsabend, und bei allen Gedecken lagen Veilchensträußchen auf der langen weißen Tafel - sie neben meinem Vater ins Zimmer trat und eine vollständig veränderte Haartracht zeigte. Auf Wunsch meines Vaters hatte sie das Haar sich so richten sollen, wie es meine Mutter getragen, in der Mitte gescheitelt, die Ohren halb verdeckt und einen einfachen Knoten im Nacken gewunden, so wie man es auf Madonnenbildern sieht. Meine Mutter trug aber außerdem lange Locken zu beiden Seiten des Halses. Diese fehlten ihr, und das sonst junge rosige Gesicht war durch diese neue Haartracht wie von einem altmachenden Rahmen umgeben.

Mir wurde ganz traurig von dem Anblick künstlich gemachten Alters bei noch jugendlicher Frische, und ich weiß, dass ich aufrichtig meine Abneigung gegen diese Haartracht aussprach, was die Dame natürlich in Verlegenheit brachte. Man hatte mir vorher gesagt, dass ich von jetzt ab zu ihr »Mama« sagen müsse. Ich besuchte sie jeden Morgen, wenn ich zur Schule ging, in ihrer Wohnung bei ihrem Bruder und bekam immer hübsche kleine Bilder geschenkt. Eines Morgens wurde mir gesagt, dass ich sie nicht mehr besuchen dürfe. Das tat mir sehr leid, denn es war so friedlich und traulich bei ihr gewesen, und ich hatte sie gern Mama genannt, mit dem Gefühl, jemanden zu haben, der den jahrelangen leeren Mutterplatz im Hause ausfüllen und Weichheit neben meines Vaters Schroffheit setzen würde, sodass seine manchmal jähzornigen Ausbrüche gemildert werden würden.

Nun sagte man mir, ich störe morgens bei ihr und ich käme zu spät zur Schule. Noch ein paar Tage später sagten meine Schwestern, von denen nur noch die zwei jüngsten zu Hause waren, während die ändern verheiratet in Amerika und Norddeutschland lebten, die Dame werde nicht als meine Mutter ins Haus kommen. Ich solle sie auch nicht mehr Mama nennen, wenn ich ihr auf der Straße begegnete. Ich sollte nur höflich grüßen und ihr die Hand geben, aber nicht neugierig fragen, weshalb sie nicht mehr komme.

Ich begriff nicht, was vorgefallen war, und wunderte mich nur, dass man solche gründlichen Dinge wie »Mama-Sagen« plötzlich anschaffen und abschaffen dürfe. Es war mir, als hätte mit jemand aufs Herz getreten. Ein wenig bestürzt und beschämt ging ich in meine Schule, in der ich, durch all die häuslichen Ereignisse nachdenklich gemacht, in jener Zeit immer unaufmerksam war.

Mein Vater selbst wurde von da ab, nachdem die Verlobung gelöst war, oft unvermittelt heftig, und wenn er dann Musik hörte und meine vorjüngste Schwester Klavier spielte, entstanden jene Szenen, wobei er mir erklärte und es immer wiederholte, dass er meine Mutter nicht vergessen könne und dass, wenn ein Mann einmal eine so vollkommene Frau gehabt habe, wie es meine Mutter gewesen, es ihm unmöglich sei, eine andere Frau an ihre Stelle zu setzen. Und er fügte hinzu, ich könne das noch nicht verstehen, aber er sage mir das nur, damit ich, wenn ich älter würde, darüber nachdenke und ihn verstehen lerne.

Kurz nach meiner Mutter Tod, um das Jahr 1874-75, war auch in Würzburg, wie in ganz Deutschland damals, geboren aus dem Siegesbewusstsein des gewonnenen französischen Krieges, eine fieberhafte Gründerzeit angebrochen. Unsere Stadt, die bis 1866 auf engen Raum gebaut war und, in Festungswällen eingezwängt, nur spärlich wachsen konnte, begann jetzt, da die Festung geschleift war, ihre Wälle abzutragen und die meisten Stadttore zu entfernen. Anstelle der Befestigungen entstanden die gärtnerisch schönen Ringparkanlagen rund um die Stadt, und mit dem Durchbruch großer Straßen, mit dem Bau der Ringstraßen und mit der Anlegung neuer Brücken über den Main, mit dem Bau großer Kasernen wurde begonnen. Licht, Luft, Freiheit zogen ein, und als wenn man eine Pflanze aus dem Keller holte und in die Sonne stellte, so sichtbar dehnte und verschob sich in jenen Jahren der Umfang der ganzen Stadt Würzburg.

Um sich abzulenken von dem großen Schmerz und dem Verlust, den der Tod meiner Mutter ihm gebracht hatte, und weil er sein Geschäft vergrößern und für die heranwachsende Familie Gewinn haben wollte, vielleicht auch, weil die alte Wohnung in der Büttnersgasse ihn immer wieder quälend an die verlorenen glücklichen Stunden mit meiner Mutter erinnerte und ihn schwachmachte, beschloss mein Vater, sich ein eigenes Haus in der damals eben entstehenden Kaiserstraße zu bauen. Ich sah ihn dann wochenlang abends über Bauplänen brüten. Baumeister und Architekten kamen und gingen. Die späten Nachmittagsstunden verbrachte mein Vater auf seinem Bauplatz, wo die Grundmauern täglich wuchsen, wo auf der einen Seite der Straße gegraben, gewühlt, gemauert, gezimmert wurde, während die andere Seite der Kaiserstraße noch aus idyllischen Obstgärten bestand, die hinter alten Bretterzäunen lustig grünten und wo Wäsche an langen Seilen getrocknet wurde»

Bei diesem Bau seines Hauses lebte mein Vater auf. Er fühlte sich Herr und Herrscher über so viele Köpfe und Willen, und da er sich aus seiner Petersburger Atelierbauzeit auf Steinarten, Holzarten, auf Raumverhältnisse, auf Eisenarbeiten, Schlosserarbeiten vorzüglich verstand, so baute er das Haus um ein Drittel billiger als die anderen, die neben ihm bauten.

Und da er bei allen Arbeiten selbst prüfend dabei war: die Kraft der Mauern untersuchte, die Güte des Kalkes, die Güte der Holzbalken, und die Maurer, Zimmerleute, Tüncher, Tapezierer, Schreiner, Schlosser, Glaser, Dachdecker täglich beaufsichtigte und keine Arbeit vollendet werden durfte und kein Stück an ihn abgeliefert, das er nicht begutachtet hätte, verworfen oder zurückgeschickt, so lebte er in jener Zeit in einer täglichen Ablenkung und Kraftanwendung, sodass er den Tod meiner Mutter allmählich vergessen konnte. Samstags, wenn die Arbeiter ausbezahlt wurden, oder sonntagmorgens nahm er mich manchmal in den Neubau mit, wo wir auf langen Brettern, Leitern und Gerüsten, da das Treppenhaus noch nicht fertig war, vorsichtig herumstiegen. Die Fluchten leerer tapetenloser Zimmer, darinnen der rote Backstein noch nicht verputzt war, verwandelten sich von Woche zu Woche. Der fenster- und türlose Bau, wo der Himmel durch das saubere, weiße Balkenwerk hereinsah, schloss sich allmählich mit Dach, Fenstern und Türen, und die Trockenöfen, die einen Winter lang aufgestellt waren, verschwanden. Tapeten und Gipsschmuck und Dielen ließen die Räume endlich bewohnbar erscheinen.

An einen Sonntag jener Bauzeit erinnere ich mich aber besonders. Da saß ein Mann im ersten Stock in den leeren Zimmern. Er hatte vor sich, an den Wänden aufgereiht, aus Eichenholz geschnitzte große Buchstaben, die meinem Vater bis ans Knie reichten. Jeder Buchstabe war erhaben gearbeitet, ungefähr einen Fuß dick, an den schrägen Kanten vergoldet und auf der Fläche schwarz lackiert. Die Buchstaben bildeten zusammengestellt den Namen »C. Dauthendey, Photographie«, und sie sollten sich bald über der Parterrewohnung, wo sie später angebracht wurden, in der ganzen Länge des neunfenstrigen Hauses hinziehen. Ans Ende und an den Anfang des Namens wurden in Gold, ebenso dick wie die Schrift, zwei geschnitzte Medaillen gesetzt. Von je einer Medaille die Vorder- und Rückseite. Die eine Auszeichnung hatte mein Vater auf der Weltausstellung in Philadelphia, die andere auf der Weltausstellung in Wien Anfang der siebziger Jahre erhalten. Sie wurden ihm teils für die Güte seines Kollodiummattlackes verliehen, teils für seine ausgestellten Bilder.

Ich erstaunte, als ich die mühlradgroßen Goldscheiben neben den großen schwarz und goldenen Buchstaben durch die Zimmer der Wohnung auf dem Fußboden zum Trocknen verteilt fand. Der Vergolder, der dabeistand, schmunzelte über sein Werk. Aber mein Vater wurde etwas verlegen, als die Buchstaben gar so sehr leuchteten, und es schien mir, als ob er wünschte, dass das Gold bald an der Straßenseite des Hauses verstauben möchte. Denn er war im Grunde bescheiden, und wenn er auch stolz auf seine Arbeit war, so wünschte er doch nicht, damit zu prahlen. -

Im Mai 1876 zogen wir in das neue Haus ein. Meine arme Mutter hatte es leider nicht mehr erlebt, die schonen Räume bewohnen zu dürfen, die mit neuen Möbeln ausgestattet wurden. Mich neunjährigen Jungen regte der Umzug und die plötzliche Neuheit und die Veränderung alles Altgewohnten derart auf, dass ich nicht mehr Lust hatte, in die sich immer gleichbleibende Schule zu gehen. Eine Woche lang versteckte ich jeden Morgen meine Büchermappe unter eine Kommode und machte, dass ich ungesehen fortkam, und eilte durch die Kaiserstraße zur Stadt hinaus. Draußen tummelte ich mich, da es Mai war, in den alten Stadtanlagen umher, wo Flieder und Faulbaum in voller Blüte standen und die Wiesen voll Löwenzahn und voll Veilchen mich unwiderstehlich anzogen. Ich war wegen eines leichten Unwohlseins in der Schule abgesagt worden, sollte aber längst wieder zur Schule gehen und dehnte selbständig meine Abwesenheit von der

Klasse aus. Bis man sich eines Tages von der Schulleitung aus erkundigte und ich zu meinem Schrecken von meinem Vater befragt wurde, warum ich nicht zur Schule ging. Schlimmer aber als die Strafe, die ich zu Hause erhielt, war mir der Hohn, mit dem mich Kameraden und Lehrer empfingen. Mein Vater selbst höhnte nie, aber er strafte eisern und unerbittlich. -Die Furcht vor seiner großen Strenge veranlasste mich einmal, als ich im Französischen nicht vorwärtskam und der Professor mir eine Strafe erteilte, einen Sonntagsschularrest, der meinen Vater sehr aufgebracht hätte, Schule, Haus und Stadt Würzburg zu verlassen. Einmal früher hatte ich bereits Prügel mit der Hundepeitsche von meinem Vater erhalten, und der dabei ausgehaltene Schmerz und Schrecken saß mir jahrelang in den Gliedern. Der Anlass zu dieser außergewöhnlichen Bestrafung war ein sehr geringfügiger gewesen. Ich will davon hier kurz berichten.

Unsere Küche im neuen Hause befand sich im Keller, und ein Aufzug beförderte die Speisen herauf in die Erdgeschoßwohnung. Neben diesem Aufzug führte eine Treppe in die Küche hinunter, und oben im Schacht lief an diesem Treppenschacht entlang ein verschnörkeltes gusseisernes Geländer, das weiß angestrichen war. Wenn ich von der Schule kam und Hunger hatte, turnte ich als neunjähriger Junge, um mir die Wartezeit bis zum Mittagessen zu vertreiben und um mich vom Hungergefühl abzulenken, gern auf diesem Geländer herum. Wenn mein Vater vorüberkam, hatte er mir schon öfters verboten, auf dem Geländer herumzuklettern. Er fürchtete, dass ich in den Treppenschacht fallen oder die gusseisernen Ranken des Geländers zerbrechen oder beschmutzen konnte. Aber der Mittagshunger machte mich ganz gedankenlos, und das lange Stillsitzen in der Schule hatte mich bewegungslustig gemacht, und so vergaß ich immer wieder das Verbot, bis eines Tages bei meiner Turnerei eine große Ranke aus dem Eisengitter unter meinen Füßen abbrach. Ich erschrak sehr, und auf Anraten meiner ältesten Schwester, die damals noch zu Hause war, sollte ich meinem Vater bei Tisch den Vorfall erzählen. Aber nach reiflicher Überlegung wurde beschlossen, dass man ihn nicht während des Essens ärgern und reizen sollte und dass meine Schwester, während ich nachmittags in der Schule war, ihm von meinem kleinen Unglück Mitteilung machen sollte. Als ich dann um vier Uhr nach Hause kam, glaubte ich nicht, dass mir eine fürchterliche Streife bevorstehe, und dachte, meine Schwester hätte alles in Ordnung gebracht. Ich wollte meinen Vater nur noch schnell um Verzeihung bitten für meinen Ungehorsam.

Aber meine Schwester kam mir mit rotverweinten Augen entgegen. Weil ich niemals vorher ein großes Strafgericht erlebt hatte, ahnte ich aber doch noch nicht, was mich erwartete.

Da erschien schon mein Vater eiligen Ganges und fasste mich wortlos am Handgelenk. Mit drei, vier Schritten war er mit mir in seinem Schreibzimmer angekommen, während meine Schwester aufschluchzend draußen blieb. Rasch schloss er beide Türen ab. Meiner Schwester hatte er im Vorübergehen noch zugerufen: »Der Junge muss gehorchen lernen! Ihr Frauen verweichlicht ihn. Die Hand, die ihn jetzt schlagen wird, wird er einmal dafür küssen.«

Ich zitterte am ganzen Körper und sah etwas Unfassbares sich vorbereiten. Von der Wand, an der Jagdtaschen, Flinten und andere Jagdgeräte hingen, riss mein Vater jetzt die Hundepeitsche herunter. Mir wurde schwindlig, und als er mich gepackt hatte und auf mich einschlug, wie er es bei russischen Leibeigenen früher getan hatte, fühlte ich zuerst gar nichts. Es war mir, als sei ich vor Entsetzen zu Leder geworden, und ich wunderte mich vor mir selbst, warum ich schrie. Bis ich dann fast ohnmächtig aus den Händen meines Vaters glitt und er mich mit einem Fußtritt unter den Tisch schleuderte. War er erst blaurot vor Zorn gewesen, so war er jetzt weiß wie Kalk. Er warf die Peitsche in einen Winkel und herrschte mich an aufzustehen.

Von heftigem Schluchzen geschüttelt und an allen Gliedern wie zerbrochen, konnte ich mich mit bestem Willen nicht mehr aufrichten und wunderte mich über das Versagen meines Körpers. Mein Vater schloss die Türe auf und rief meiner Schwester zu, nicht zu weinen und mich fortzuführen. Sie half mir und führte mich ins Wohnzimmer, indessen mein Vater in seinem großen Sessel am Schreibtisch keuchend zusammensank.

Ich war ein beweglicher, schmächtiger, neunjähriger Knabe, hatte dieselben schmalen abfallenden Schultern wie meine Mutter, war aber sonst rund und kräftig gebaut, trug kurzgeschorenes Haar und tat mir immer was zugute auf meine festen Waden. Ich sprang und turnte leicht und sicher und hatte meinen Körper ganz mühelos in der Gewalt. Meine Überraschung jetzt, als ich plötzlich nicht mehr wusste, ob ich noch Arme oder Beine hatte, überwog beinahe das grässliche Schmerzgefühl. Teils waren meine Glieder durch die Hiebe taub geworden, teils schmerzten mich meine Muskeln, als hätte ich offene Wunden im Fleische. Ich sank aus den Händen meiner Schwester wieder zu Boden, und nur mit vieler Hilfe erreichte ich mühsam einen Stuhl am Fenster, auf den ich mich aber vor Schmerzen nicht setzen konnte. Während mich Herzklopfen und Schluchzen immer wieder von Neuem stoßweise überfielen, gab mir meine Schwester kaltes Wasser zu trinken. Ich kann aber nicht sagen, dass ich meinen Vater nach diesem Gewaltausbruch hasste oder weniger liebte. Es schien mir, wenn er strafte, tat er das, was ihm wahrscheinlich das Leben gebot zu tun. Aber vor Leben und Zukunft fürchtete ich mich jetzt sehr. Meine Harmlosigkeit war tief erschrocken, und zum ersten Mal sehnte ich mich, tot zu sein.

Als nun, ein paar Jahre später, ich war dreizehn Jahre alt, mich der Schrecken einer neuen Bestrafung erwartete, zog ich es vor, zu entfliehen, um meinem Leben ein Ende zu machen. Ich konnte es nicht übers Herz bringen, meinem Vater zu berichten, dass ich im Französischen nicht vorwärtskam und dass mir zum Sonntag eine Strafe, ein Arrest, zugewiesen worden sei. Das Nachsitzen in der Schule hatte ich gern ertragen. Aber meinem Vater Mitteilung davon zu machen und sein Strafgericht auszuhalten, davor schrak ich zurück. Frühmorgens an einem Sonnabend zog ich heimlich meinen Sonntagsanzug an und einen Mantel darüber, denn es war Oktober und regnerisches Wetter draußen. In meine Tasche steckte ich eines von jenen Indianerbüchern, welche damals bei allen Schulkindern Mode waren und von Hand zu Hand gingen. Da diese dünnen Büchlein fünfundzwanzig Pfennige kosteten, konnte sich jeder Knabe für sein kleines Taschengeld öfters ein neues kaufen, »Der Junge soll mit Geld umgehen lernen«, hatte mein Vater gesagt und mir wöchentlich ein kleines Taschengeld festgesetzt. Davon konnte ich mir manchmal ein Buch kaufen, Schreibsachen für die Schule oder auch, wenn zuweilen ein Zirkus in die Stadt kam, denselben besuchen. Kleine

Geldgeschenke aber, die ich zu Weihnachten und an Geburtstagen nebenbei erhielt, wurden in einer Sparbüchse aufbewahrt.

Aus dieser Sparbüchse nahm ich jetzt Geld mit, nicht viel, soviel wie ich aus dem Spalt herausfischen konnte. Aber ehe ich das Haus verließ, ging ich noch in das Laboratorium meines Vaters. Es war morgens halb acht Uhr und noch niemand dort tätig, und ich nahm aus einer Glasbüchse ein Stückchen von einem dünnen weißen Griffel, das ich für Zyankali hielt und von welchem ich wusste, dass es das stärkste Gift war, das wir im Hause hatten. Es war aber, wie sich später herausstellte, Höllenstein. Ich steckte das Stück Gift in meine Westentasche, wartete den Augenblick ab, wo niemand im Hausflur war, nahm meinen Hut und eilte fort auf den Bahnhof, der am Ende der Kaiserstraße auf dem Kaiserplatz liegt.

Wohin ich wollte, wusste ich nicht recht. Ich wäre am liebsten nach Frankfurt am Main gefahren, aber so weit reichte mein Geld nicht. Das erfuhr ich, als ich am Schalter mich nach dem Fahrpreise erkundigte. So blieb mir nichts anderes übrig, als nur bis Aschaffenburg zu fahren. Der Schnellzug hatte nur erste und zweite Klasse, und ich saß ganz zufrieden auf den schaukelnden Kissen und sah in den wolkengrauen Morgen hinaus. Die Indianergeschichte, die ich lesen wollte, zog ich nicht aus der Tasche heraus, da mich die Landschaft fesselte. Wo werde ich morgen sein? dachte ich. Tot, sagte ich zu mir. Aber ich glaubte es nicht recht. Gottlob, der höllischen Schule, die mir täglich wie eine eiserne Stachelmaske den ganzen Körper folterte und in die ich mich nie einfügen konnte, wenn ich nicht vorher mein ganzes Ich ausrotten sollte, dieser Pein war ich nun entronnen. Mein Vater tat mir leid und meine Angehörigen, dass die Schule mich zwang, sie gegen meinen Willen zu kränken. Zurück konnte ich jetzt nicht mehr und wollte auch nicht. Der Zug jagte unterm trüben Herbstregen mit mir durch die Landschaft, durch den Spessart, an schlichten Walddörfern vorüber, an roten Sandsteinbrüchen vorbei, durch lange dunkle Tunnel, bis der Schaffner plötzlich »Aschaffenburg« ausrief. Das hatte ich nicht geglaubt, dass die Reise so schnell zu Ende sein sollte. Ich wäre gern noch tagelang weitergefahren, um nur recht weit von der Schule fortzukommen.

Jetzt war es neun Uhr, und die französische Stunde fing eben in der Klasse in Würzburg an. Nun fragte man dort: »Wer fehlt?« Und ich hörte deutlich in Gedanken, wie man meinen Namen aufrief. Um zwölf Uhr, nach Schulschluss, wurde sicher einer meiner Kameraden mit einem Zettel des Professors in unsere Wohnung geschickt, um nach mir zu fragen. Aber daran, was dann mein Vater sagen würde, wollte und konnte ich nicht denken. Ich hatte noch nichts gegessen und verspürte nach der langen und ungewohnten Morgenreise großen Hunger. Nur ein paar Nickelmünzen waren mir übriggeblieben. Ich konnte mit den paar Pfennigen weder zurückreisen noch Weiterreisen und kaufte mir vorläufig eine Semmel. Nachdem ich, unterm Regen wandernd, meine Semmel nachdenklich auf der Straße und möglichst unauffällig verzehrt hatte und ein wenig satt geworden war, fiel mir ein, dass hier in Aschaffenburg eine Freundin meiner jüngsten Schwester wohnte, deren Vater Rentamtmann war und deren Familie früher in Würzburg gewohnt hatte. Ich kannte die junge Dame wohl. Sie hatte oft bei uns im Hause verkehrt, aber ihre Familie kannte ich nicht. Ich hatte einmal gehört, dass sie hier in Aschaffenburg in einem Schlosspark wohnten, wo es sehr schön sein solle.

Es regnete mehr und mehr. Ich fragte an einem Brunnen ein Dienstmädchen, ob es bei der Stadt einen Schlosspark gäbe. Die sagte: »Ja, der Schönbusch.« Ich ließ mir die Wegrichtung zeigen und wanderte dann, vom Regen begleitet, vor die Stadt hinaus und kam auf die steinerne Brücke, die über den Main führt. Da es im Regenmorgen wenige Fußgänger gab, blieb ich gemächlich auf der alten Steinbrücke stehen und sah ins Wasser und wollte mich mit der Flut vertraut machen, um dann vielleicht hinunterzuspringen. Aber der vom Regen punktierte, dunkle, unheimliche Wasserstrom, die fernen, grauen, waldigen Ufer, die so unwirtlich und düster im kalten Herbstnebelregen zerflossen, alles das schreckte mich vom Brückengeländer zurück. Ich fühlte mich im Grunde meines Wesens warm und lebensfrisch, und der Tod, der da unten in dem schmutziggrünen Wasser drohte, wollte mir nicht recht gefallen. Mit dem Gedanken, dass ich als letzten Ausweg noch das Gift in der Westentasche hatte, ging ich unter den großen nassen Alleebäumen der Landstraße, drüben über der Brücke, in der Regenlandschaft weiter.

In der Ferne sah ich über den braunen und leeren Oktoberäckern, auf welchen hier und da noch einige hohe Maiskolben welkten, einen nebeligen Waldstreifen. Das musste der Schönbusch sein. Dort, stellte ich mir vor, musste das Schloss liegen, und ich dachte es mir umgeben von Gartenanlagen und Gewächshäusern. Aber was ich bei der Familie des Rentamtmanns eigentlich wollte, wusste ich nicht recht.

Ich ging möglichst langsam weiter, um mir noch Freiheit zu gönnen, ehe ich wieder unter Menschen kam. Stundenlang regnete es. Halbe Stunden stand ich unter manchem Alleebaum und ließ es regnen« Trauer kannte ich keine. Rückkehrgedanken hatte ich auch keine. Und bis ans Ende der Allee in den Schönbusch zu gehen und dort wieder zu Menschen zu kommen, dazu hatte ich auf einmal, je länger ich zwischen Äckern, bei Bäumen und unter freiem Himmel weilte, gar keine Lust mehr. Zu meiner Freude hellte sich das Wetter gegen Nachmittag ein wenig auf. Da erreichte ich einen großen Bildstock, der zwischen zwei Alleebäumen stand.

Auf einem viereckigen Steingemäuer ragte ein riesiges Holzkreuz auf, an welchem ein geschnitzter und weißbemalter Christus hing. Da sich hier eine kleine Bank zwischen den Bäumen befand, setzte ich mich vor das Kreuz, mit dem Rücken gegen die Landstraße, zog mein Indianerbuch heraus und las eifrig. Als ich das Buch zu Ende gelesen hatte, war es wohl vier Uhr nachmittags. Hinter mir hatte ich manchmal plaudernde Spaziergänger vorübergehen hören und Kindermädchen mit Kindern und Kinderwagen. Aber diese Leute lebten für mich alle wie in einer anderen Welt, in einer Welt, die ich heute Morgen gewaltsam verlassen hatte. Ich war in diesem Augenblick halb bei den Indianern in Amerika, und dann wieder kam ich mir bereits wie ein Totgesagter vor, der nichts mehr im Leben zu schaffen hatte. Denn ich wollte jetzt, wenn es dunkel wurde, das Gift in den Mund nehmen und von der Mainbrücke in die Flut springen.

Dass ich die unregelmäßigen französischen Verben nicht bemeistern konnte, das schien mir kein großes Verbrechen zu Sein. Aber da ich im Allgemeinen fühlte, dass ich mit all den Dingen, mit denen mich die Schule von Jahr zu Jahr mehr überbürden würde, nicht fertig werden würde und dass mich immer neue Strafen erwarten würden, und ich nicht wusste, wie das Ende von allem sein sollte, denn der Schulberg stand unüberwindlich in meiner Zukunft vor mir, so wollte ich selbst ein Ende machen.

Ich rollte das geheftete Indianerbuch, nachdem ich es ausgelesen hatte, zusammen und schob es zwischen das brüchige Mauerwerk des Bildstockes. Dann betete ich ein paar inbrünstige Stoßseufzer zum Geist meiner verstorbenen Mutter und wünschte, dass sie da sei und ich mich mit ihr bereden und mich ihr erklären könne; sie hätte es verstanden, dächte ich, dass ich nicht mit Absicht das Französisch und die anderen Schuldinge nicht lernen wolle. Ich hatte mir in der Klasse oft alle Mühe gegeben, aber ich behielt nichts von den fremden Sachen in meinem Kopf.

Gegen Abend begann es wieder zu regnen, und um die Zeit bis zur völligen Dunkelheit auszudehnen, ging ich ganz langsam in die Stadt zurück. Es war fast Nacht, als ich wieder auf die Mainbrücke kam. Der Regen rauschte wie vorher, und das Mainwasser gurgelte, und in meinen durchnässten Kleidern schauderte es mich jetzt noch mehr vor dem kalten Wasser da unten. Ich war durch den Hunger und durch das lange Herumsitzen geschwächt und demütig gemacht, und es war mir alles gleich. Es war jetzt vollständig Nacht geworden. Ich ging wieder zu jenem Stadtbrunnen zurück, wo ich am Vormittag vorbeigekommen war, und fragte nochmals eine Frau dort, ob im Schönbusch die Familie des Rentamtmanns wohne, dessen Namen ich nannte. Die Gefragte wusste es nicht, aber eine andere unter einer Laterne, die halb zugehört hatte, sagte, der Rentamtmann wohne in der Stadt im Schloss und nicht draußen im Schönbusch. Da ich in meinen nassen Kleidern der Frau leidtun mochte, rief sie mich unter ihren Schirm und führte mich zum Schloss und zur Rentamtmannswohnung, wo sie an einem großen Tor klingelte und, als geöffnet wurde, mich hineingehen hieß. Drinnen ging ich eine breite Steintreppe hinauf. Auf der halben Treppe kam mir eine ältere Dame entgegen, die mich bei der schwachen Treppenbeleuchtung scharf ins Auge fasste und fragte, wer ich sei und was ich wünsche.

Ich sagte meinen Namen und stotterte sehr verlegen, dass ich heute Morgen aus Würzburg gekommen sei. Sie begriff sofort und platzte heraus: »Durchgebrannt!« Das Wort erlöste mich. Es traf meine Angelegenheit auf den Kopf. Meine Todessehnsucht, meine Schulfurcht - alles schrumpfte plötzlich zusammen, und alles steckte in dem kleinen Wort »Durchgebrannt!«.

Die Familie des Rentamtmanns pflegte mich gut und behandelte mich halb belustigt. Man telegrafierte noch am Abend nach Würzburg. Am nächsten Tag wurde ich aus den schönen pompejanischen Zimmern des Schlosses, in die ich mich schon sehr gut eingewöhnt hatte, von meiner jüngsten Schwester abgeholt. Zu meinem Erstaunen empfing mich mein Vater dann zu Hause sehr milde. Er sagte nur: »Du hast mir sehr weh getan. Doch will ich dich nicht strafen, da du wahrscheinlich schon genug Angst ausgestanden hast.« Man strafte mich nur dadurch, dass man tagelang nicht mit mir sprach. Das war für mich, der ich lebhaft, fröhlich und mitteilsam war, eine sehr harte Strafe.

Ich hatte gewünscht, man sollte mich aus der Schule nehmen. Aber davon war keine Rede. Ich musste den unleidlichen Schuldrill bis zu meinem siebzehnten Lebensjahr über mich ergehen lassen. Auch das half nichts, dass ich später eines Tages, als ich vierzehn Jahre alt war, meinen Vater beim Wort nahm und ihn daran erinnerte, dass er immer gesagt und es betont hatte, sowohl vor aller Welt wie vor uns Kindern:»Meine Söhne dürfen werden, was sie wollen. Ich werde sie nie in einen Beruf hineinzwingen, zu dem sie keine Lust haben. Das Unglücklichste, was einem jungen Mann angetan werden kann, ist, wenn seine Eltern ihn gegen seinen Willen in einen Beruf hineindrängen, für den er nicht geboren ist.«

Diese Worte hatte ich mir gut gemerkt. Und vor dem Weihnachtsfest, weil mein Vater zu dieser Festzeit gewöhnlich weich gestimmt und zugänglicher als sonst war, sagte ich ihm, als er mich fragte, was ich mir zu Weihnachten wünschte, frei heraus: »Ich möchte, dass du mich aus der Schule nimmst! Lesen, Schreiben, Rechnen, Geographie, Geschichte und Religion habe ich gelernt. Aber das andere - fremde Sprachen, Mathematik, Physik, Chemie - will ich nicht lernen. Ich sehe für mich keinen Nutzen darin. Ich verstehe es nicht, und es ist mir zuwider.«

Mein Vater nickte verständnisvoll, streichelte meinen Kopf und sagte: »Mein Junge, Du hast ganz recht. Ich habe schon oft darüber nachgedacht, warum Du all diesen Quark lernen sollst. Was Du von Chemie, Physik, Mathematik später wissen willst, kannst Du Dir durch eigene Studien aneignen, wenn es notwendig ist. Sprachen kannst Du in fremden Ländern lernen, sobald Du sie brauchen wirst. Ich würde Dir darum gern den Gefallen tun und Dich jetzt aus der Schule nehmen, denn zur Gelehrsamkeit kann man keinen zwingen, wenn nicht die Lust dazu vorhanden ist. Und es wäre besser, Du würdest jetzt schon das, was Du werden willst: ein Künstler, ein Maler. Aber bedenke, was Dir bevorsteht, wenn ich Dich aus der Schule nehme. Du müsstest drei Jahre Militärdienst leisten, wenn Du Dein Examen, das Dich zum Einjährigfreiwilligendienst berechtigt, nicht machen willst. Ich rate Dir: Bleibe lieber drei Jahre in der Schule, als drei Jahre Kasernendienst eines gemeinen Soldaten ertragen zu müssen. Bedenke: Einmal habe ich schon, als dieselbe Rede von Schulzwang war, Deinem Bruder darin nachgegeben und ihn, weil er durchaus nur für das praktische Leben geboren war, auf seinen dringenden Wunsch, als er vierzehn Jahr alt war, aus der Schule genommen. Jetzt, da Dein Bruder an den Militärdienst denken soll, ist er todunglücklich. Der rohe Kasernendienst, der ihn für drei Jahre erwartet, schreckte ihn derart ab, dass er, ohne sich mit mir zu besprechen, nach Amerika ausgewandert ist. Nun weiß ich nie, wann ich ihn wiedersehen kann. Darum rate ich Dir väterlich, damit Du später nicht noch unglücklicher wirst: nimm Dich männlich zusammen. Schlucke den Schulärger hinunter. Bleibe die paar Jahre noch auf der Schulbank sitzen. Mache Dein Examen, das zum Einjährigfreiwilligendienst berechtigt. Die wenigen Schuljahre gehen auch schnell vorbei, und Du wirst es mir später einmal danken, dass ich Dir diesen Rat gab und Dir nicht den Willen tat, Dich aus der Schule zu nehmen.«

Es blieb dabei. Ich nickte, ergeben in das unabänderliche Schulschicksal, und sah ein, dass mein Vater vollkommen recht hatte, mich vor dem dreijährigen Militärdienst, der allgemein als eine Schande angesehen war, zu behüten. Still und gequält ließ ich täglich die unnützen Schulfächer, für die ich keinen Sinn hatte, über mich ergehen und versuchte jene Dinge mechanisch auswendig zu lernen, für welche mein Herz keine Neigung zeigte und mein Geist keine Begeisterung hatte.

Meine drei ältesten Schwestern waren jetzt verheiratet, und die jüngste, welche ein Lehrerinexamen gemacht hatte und zuerst bei Verwandten ihrer Mutter in England und dann als Erzieherin in der Familie des Lord-Mayors von London gewesen war, lebte seit einigen Jahren wieder zu Hause und nahm sich auf diese Weise meiner Erziehung an. Sie sprach mit mir auf den Spaziergängen englisch, und ich sehe sie nie anders als sonntags über einem der Bücher der Ausgabe »British Authors« sitzen und bis zum Abend lesen. Sie wurde sozusagen meine Sittenlehrerin, sorgte für meine Haltung bei Tisch, brachte mir ein wenig Schliff bei und erklärte mir auf unseren Spaziergängen die verschiedenen Baustile am Schloss und an den Kirchen der Stadt, den romanischen Stil, die Renaissance, das Barock und Rokoko, da die Würzburger Straßen zu diesem Anschauungsunterricht sehr geeignet sind. Die ältesten Gebäude in Würzburg stammen schon aus dem achten Jahrhundert. Mein Vater verstand sich nicht viel auf die Schönheiten der Stilarten der verschiedenen Jahrhunderte. Er fand alles Alte hässlich, beschränkt und tölpelhaft. Er lebte nur in der Bewunderung der Gegenwart. »Ich verstehe nicht«, sagte er, »was die Leute an den alten Häusern, die ohne Licht und Luft gebaut wurden, Schönes finden können. Die dumpfe Enge der Sitten und die Beschränktheit des Geistes abergläubischer Jahrhunderte drückten sich in den alten Häusern aus«, meinte er. »Erst unsere Neuzeit hat wieder den Weg zu Luft und Licht gefunden! Wir nennen jene alten Bauarten Stile. Und es waren doch nur aus ihrer Zeit geborene Baunotwendigkeiten. Auch unsere Bauart wird einmal Stil werden.« - Mein Vater nannte die Rokokozeit mit ihren Amoretten kindisch. Er fand die Renaissance zu kraftprotzend, die Gotik beängstigend düster und den romanischen Stil gut für Klöster und Kirchen, aber unmöglich auf Wohngebäude anzuwenden. Der Stil, den er für zeitgemäß hielt, musste Nützlichkeit und Bequemlichkeit vereinigen. Er schwärmte für hohe Räume, für große Fenster. Türen durften nicht die Mitte der Wände durchbrechen, sondern mussten an der Seite sein, gegen die Zimmerecke hin, damit man Möbel an die Wand stellen konnte und Sitzplätze bekam. In diesem Sinne hatte er sein eigenes Haus gebaut. Er konnte keine Stilnachahmung und kleinlichen Ausschmückungen vertragen, und er sah vor allem auf gutes Material. Die Türschlösser mussten lautlos schließen, ebenso die Fenster. Gutes Holz, guter Stahl, gutes Glas und gute dauerhafte Tapeten - alles dies zusammen musste den Schmuck des Hauses bilden. »Nicht die Stilart«, sagte er, »ist ausschlaggebend für die Schönheit eines Gebäudes, sondern der Materialwert und die jeweilige zeitgemäße, zweckmäßige Verteilung der Räume. Diese schaffen dann auch zusammengenommen ganz von selbst einen neuen Stil.« -

In der Photographie war zu Anfang der achtziger Jahre ein großer Umschwung eingetreten. Man arbeitete nicht mehr mit nassen Kollodiumplatten, sondern mit den neuen trockenen Bromsilberplatten, die man jetzt in großen Sendungen aus Fabriken bezog. Auch machte damals der Photograph Anschütz seine ersten Momentaufnahmen von Tieren: aus dem Nest fliegenden Störchen und springenden Pferden, die mitten in der Bewegung photographiert waren. Mein Vater war wieder voller Begeisterung, als er uns diese ersten Augenblicksbilder zeigte. Er ließ sofort einen damals noch sehr teueren Momentverschluss für seine photographischen Apparate kommen, der zu Kinderaufnahmen für die strampelnden Kleinen verwendet werden sollte.

Seit der Erfindung der Bromsilberplatten schien die Photographie wieder großen Reiz auf ihn auszuüben. Er richtete ein neues Laboratorium ein, ließ große Trockenschränke einbauen und versuchte, diese neuen Platten selbst herzustellen, was ihm auch gelang. Nur übersah er dabei, dass die bei der Herstellung sich entwickelnden Bromdämpfe durchs Haus zogen und die Luft in der Wohnung verpesteten. Unsere Kleider rochen nach Brom und Jod, und wir mussten an jenen Tagen des Monats, an denen die Plattenvorräte für die nächsten Wochen hergestellt wurden, gequält von den Dünsten, immer niesen und husten.

Aber der Gedanke an die neue Erfindung überwog alle gesundheitlichen Bedenken bei meinem Vater, der schon ein Sechziger war, und er setzte sich selbst am meisten der langsamen Vergiftung durch die Bromdämpfe aus. Sein von Jagd, Sport, Arbeit und Begeisterung abgehärteter Körper aber widerstand lange Jahre allen schädlichen Einflüssen.

In diese Zeit fällt ein Trauerfall in unserer Familie, der uns alle tief erschütterte: der plötzliche und gewaltsame Tod meines Bruders. Das Ereignis kam für uns alle unerwartet, und damit man die ganze Wucht, mit der es meinen Vater überfiel, begreift, muss ich in ein paar kurzen Zügen die Entwicklung meines Bruders schildern.

Mein Bruder galt allgemein für einen schönen und leidenschaftlichen jungen Mann. Auch meine vier Stiefschwestern galten damals in der Stadt als vier Schönheiten. Alle vier Schwestern hatten zierliche Körper. Sie waren aber sonst grundverschieden voneinander. Die Älteste hatte schwarzes Haar, blaue Augen, milchweiße Gesichtsfarbe und frische Wangen. Die Zweitälteste hatte schönlockiges, kastanienbraunes Haar, eine südliche Gesichtsfarbe und um ihren schelmischen Mund entzückende Grübchen. Die Vorjüngste hatte ein deutsches kurzes Näschen, immer ein wenig schmollende Lippen und blaugraue verträumte Augen. In ihrem Gesicht lebte der weiche Ausdruck inniger Musikliebe, und sie war von einer Güte umgeben, die nicht an sich halten konnte, sodass sie gern alles fortschenken wollte, was sie besaß. Die Jüngste hatte reiches aschblondes Haar und ein feines geistvolles Gesicht. Die Zeichnung ihrer aschblonden Augenbrauen drückte Klugheit aus. Sie spielte gern mit ihren Ringen und Armbändern, da sie sehr schöne Hände hatte. - Mein Vater hatte einmal ein Bild von ihnen, das seine vier Töchter richtig kennzeichnet. Die Älteste, die Mütterlichste, mit dem Schlüsselbund am Gürtel, sie, die das Haus besorgte, sitzt an einem Spinnrad, das einer achtzigjährigen Magd gehörte, die bei einer uns befreundeten Familie im selben Hause das Gnadenbrot hatte. Die Zweitälteste steht neben ihr. Ihre reichen, sich ringelnden braunen Locken sehen so lebhaft aus, so wie sie es damals selbst war. Sie ist in diesem Augenblick die Glücklichste, denn sie ist verlobt. An dem kleinen Tisch, der in der Mitte des Bildes steht, sitzt die Vorjüngste und träumt über einer kleinen Handarbeit und neigt ihr immer etwas schmollendes Gesicht. Zu Füßen der Ältesten am Spinnrad aber sitzt auf einem Schemel die Jüngste. Ihre langen aschblonden Locken sind nicht so neckisch wie die der Verlobten. Das Gesicht der Jüngsten ähnelt ein wenig der Königin Marie Antoinette. Manche sagten ihr auch, sie sähe an einem Tage Schiller, am ändern Tage Goethe ähnlich. Sie hält ein Buch in der Hand. Ihre überaus hohe Stirn beugt sie über einen aufgeschlagenen kleinen Buchband, in welchem wahrscheinlich Gedichte zu lesen sind. Sie dichtete damals ihre ersten Verse. Sie las unausgesetzt, und die Beschäftigung mit Büchern war ihr die liebste. Nächtelang las sie, und mein Vater, der für ihre Gesundheit fürchtete, ließ ihr öfters nachts das Licht vom Nachttisch wegnehmen. Sie aber wusste sich zu helfen und schrieb, im Bett liegend, ein Gedicht, das ihr einfiel, im Dunkeln an die Tapete.

Diese meine vier Stiefschwestern, welche nach dem Tod meiner Mutter meine Erziehung neben meinem Vater leiteten, übten wohl über mich sechsjährigen Knaben einen Einfluss aus, aber mein damals bereits vierzehnjähriger Bruder stand vollständig außerhalb ihres Einflusses. Er ließ sich von niemandem leiten, nicht mal von meinem Vater. Er setzte diesem einen männlichen Trotz entgegen, und der junge heranwachsende Mann lag mit dem älteren in täglicher Fehde.

Mein Bruder war unserem Vater sehr ähnlich, sowohl in seiner Liebe zur Mechanik und zur Photographie als in seinem Hang, über Erfindungen nachzugrübeln. Es schien, wenn man meinen Bruder betrachtete, als wäre mein Vater zum zweiten Mal geboren und ginge verjüngt im Hause eifrig arbeitend umher. Er liebte die Photographie, als hätte er sie selbst erfunden. Es galt deshalb in der Familie auch als feststehend, dass mein Bruder einmal das Geschäft meines Vaters weiterführen sollte, während man von mir nie wusste, was ich werden sollte, da ich immer nur Märchenbüchern, einem Farbenkasten zum Malen und einem Puppentheater meine ganze Leidenschaft zuwandte, außerdem aber in Winkeln umhersaß und träumte. Mein Bruder hatte, noch mehr als ich, mit dem Verlust meiner Mutter den einzigen Halt in der Familie verloren. Von den vier Schwestern wollte er in seiner jung erwachenden Männlichkeit sich nicht bändigen lassen. Das widersprach seinem Stolz.

Er hatte immer Lust, tätig zu sein; vor allem zog es ihn zu den photographischen Apparaten, und er richtete sich in einem alten Kamin ein kleines Laboratorium ein. Mein Vater überließ ihm seinen ersten photographischen Apparat, jene kleine Kamera aus Lindenau, nachdem er gesehen hatte, dass der Junge sich aus einer Zigarrenkiste, in welche er eine Hülse gesteckt, die mit alten Brillengläsern versehen war, eine Kamera hatte machen wollen und damit seinen Hang zur Photographie deutlich gezeigt hatte.

Mein Vater aber wünschte damals eigentlich, dass seine Söhne studieren sollten, da die Photographie nicht jene Ausnahmestellung mehr einnahm wie zu der Zeit, da er in Leipzig, Dessau und Petersburg als gefeierter Mann die ersten Bilder herstellte. Die Photographie war jetzt zu einem Handwerk herabgesunken, und die Menschenklasse, die sich derselben bemächtigt hatte, nahm in der Gesellschaft einen Platz zwischen Handwerker und Jahrmarktskünstler ein. Die goldene Zeit ist vorbei, sagte sich damals mein Vater, als Mitte der siebziger Jahre des neunzehnten Jahrhunderts ein Stillstand in der Photographie eingetreten war. Er war deshalb zuerst mit allen Kräften bemüht, meinem Bruder die Lust am Hantieren mit Chemikalien und optischen Gläsern auszureden.

Mein Bruder, welcher sich nie aussprach und den kaum meine Mutter zum Reden hatte bringen können, war aber blind der Lust zur Photographie ergeben, nützte jede schulfreie Zeit mit photographischen Versuchen aus und schloss sich dabei schweigsam von uns allen ab.

Ich habe ihn niemals Bücher lesen sehen. Auf Spaziergängen sammelte er eifrig Raupen und Schmetterlingspuppen, und im Hause verschwand er in seinem Laboratorium im Kamin. Er war jedoch in seiner Schweigsamkeit nie unfreundlich. Er pfiff lustig vor sich hin und scherzte, wie ein Arbeitsfröhlicher scherzt, wenn ihm sein Werk gelingt und Freude macht. Mit Liebkosungen und kleinen Geschenken veranlasste er mich, an den Sonntagvormittagen, während mein Vater nicht zu Hause war, mich heimlich auf meinem Schaukelpferd von ihm photographieren zu lassen. Er war dann während seiner Arbeit von einer überquellenden Zärtlichkeit, fasste mich behutsam an, als wäre ich ein Mädchen, und bettelte, wenn ich ungeduldig wurde, mit Kuss und Liebkosung, dass ich doch nur noch eine kleine Viertelstunde stillsitzen solle, damit er noch eine Aufnahme machen könne, weil ihm die andere nicht gelungen war. -

Endlich sah mein Vater ein, da mein Bruder nur im Atelier arbeiten und nichts in der Klasse lernen wollte, dass er ihn aus der Schule nehmen müsse, obwohl er nicht die Berechtigung zum Einjährigendienst erreicht hatte. Da mein Bruder wohl kräftig gewachsen, aber nicht sehr schulterbreit war, hoffte er immer, dass er von der dreijährigen Militärzeit, die ihn später erwartete, frei werden würde. Diese dreijährige Militärzeit war ihm während seiner ganzen Jugend ein Schreckensgespenst gewesen, und man konnte ihn nicht mehr ärgern, als wenn man ihm bei einem Zwist vorwarf, er habe es nicht zum Einjährigenzeugnis gebracht und sei deshalb ungebildet. Dann wurde sein blasses Gesicht weiß. Seine dunklen Augenbrauen zeichneten sich noch dunkler von seiner Stirn ab. Seine Augen, die von Grau ins Braun spielten, loderten. Und er, der sonst der zärtlichste und der gütigste Mensch sein konnte, wurde derart von Hass erfüllt, dass er nicht mehr wusste, was er tat.

Einmal, wir waren bereits im neuen Hause in der Kaiserstraße eingezogen, arbeitete er an einem hellen Sommerabend noch spät in dem großen Arbeitszimmer, das unter dem Atelier zu ebener Erde im Hof lag. An diesen Hof schloss sich der große Garten der städtischen Entbindungsanstalt an. Dieser Garten lag ungefähr drei Meter tiefer als unser Hof. Ich hatte meinen Bruder, dessen langes Arbeiten mich langweilte, geneckt. Er neckte mich wieder. Aus dem Necken wurde Ernst. Er schwieg. Ich, in meiner elfjährigen Bubenhaftigkeit, ärgerte mich, dass der bald Zwanzigjährige so überlegen tat, und der verhängnisvolle Satz, dass er bald gemeiner Soldat werden müsse, fiel dabei aus meinem Mund. Mit einer unheimlichen Ruhe, aber totenblass, wie entgeistert, ergriff mein Bruder, ein paar Wutrufe ausstoßend, eine lange stählerne Papierschere. Ich schoss aus dem Zimmer in den Hof. Die Schere flog mir nach, und ich glaubte, nun sei es genug. Aber da erschien mein Bruder wie welk und wie vergiftet mit entstelltem Gesicht auf der Türschwelle, wankte und suchte nach einem ändern Gegenstand, den er mir nachschleudern wollte. Er entdeckte neben der Tür im Hof einen großen Ballon Salzsäure. Mit Schrecken sehe ich, wie seine beiden Arme die mächtige Glasflasche aufheben. Ich bleibe aber doch noch lächelnd stehen und glaube nicht, dass es möglich sei, dass er mir wirklich etwas antun will. Ich glaubte, er werde den Ballon in den Arbeitsraum tragen. Da sehe ich, wie er die Riesenflasche hoch über seinen Kopf hebt, um sie nach mir zu schleudern. Zwei Seiten des Hofes waren vom Haus abgeschlossen. An den anderen beiden Seiten zogen sich Blumenbeete an einem meterhohen Eisengitter hin, und drunten, wie in einem Abgrund, lag der große Anstaltsgarten.

Ich stoße einen Schrei aus, hoffend, ich würde im Hause gehört. Aber niemand war zu Hause. Mein Vater war mit meinen Schwestern spazieren gegangen. Auch die Dienstboten waren fort. Ich glaubte eine Sekunde lang, dass, wenn der Salzsäureballon auf meinem Kopf zerschellen würde, ich, von der Säure zerfressen, unter den schrecklichsten Schmerzen sterben müsste. Denn oft hatten wir Kinder beim Spielen im Hof ein Holzstückchen in die Säure getaucht, dieselbe versprizt und uns damit vergnügt, zuzusehen, wie diese Flüssigkeit mit großen Blasen aufzischend auf dem Erdboden kochte und um sich fraß. Spritzte uns dabei ein Tropfen auf die Kleidung, so entstand sofort ein roter Fleck, und der Stoff zerfiel an der Stelle, als wäre er versengt.

Mit diesem Ballon, der viele Liter Salzsäure fasste, stürzte nun mein Bruder wütend auf mich los. Zweimal wich ich nach verschiedenen Seiten aus, nicht wissend, wohin ich flüchten sollte, bis ich einen Sprung über das Blumenbeet machte, mich über das Gitter schwang und mich von der Mauer in den tief gelegenen Garten hinunterwarf. Ich achtete darauf, dass ich nicht hinstürzte, sprang mit einigen Sätzen drunten fort, hinter einen großen Birnbaum, und hörte dabei, wie oben am Gitter der Glasballon zerschellte und zugleich die zischende Flut der Salzsäure an der Mauer in den Garten hinunterschoss.

Kaum war das geschehen, und ich lehnte vor Schrecken atemlos an dem Birnbaum, erschien das Gesicht meines Bruders oben über dem Geländer unseres Hofes. Sein Gesichtsausdruck hatte sich verändert. Er schrie meinen Namen wie einer, der retten will. Als er mich bleich und zitternd an dem Baum lehnen sah und ich nur noch den Mut hatte, mit der Hand auf die Säure zu zeigen, die zwischen dem Gras blasenschäumend hinfloss, da schwang er sich über das Gitter. Ich flüchtete nicht mehr. Ich fühlte, er hatte etwas so Schreckliches getan, dass ich nun in meinem vollsten Rechte war, ihn zu verachten. Er war indessen in den Garten zu mir hinuntergesprungen und sah, dass nur einige Tropfen der Säure auf meinen Anzug gespritzt waren. Er fiel mir stürmisch um den Hals, küsste mich übers ganze Gesicht und bat mich mit Tränen in den Augen um Verzeihung. Als ich ihn so verwandelt sah, hatte ich auch seine Schreckenstat gleich vergessen. Er half mir aus dem Garten wieder auf die Mauer hinauf in den Hof, und oben angekommen, wo die verschüttete Salzsäure immer noch im Blumenbeet brodelte, besprachen wir lebhaft den ganzen Vorgang, und er packte meine Hände, drückte sie und sagte mit gesenktem Kopf: »Diese drei Jahre Militärzeit, in der ich Gemeiner sein und unter gemeine Menschen gesteckt werden soll, die halte ich nicht aus. Lieber hacke ich mir ein paar Finger ab oder flüchte nach Amerika. Aber«, fügte er hinzu, »sag es zu niemandem, was ich Dir jetzt gesagt habe, vor allem nicht zum Vater. Sie höhnen mich alle und sagen, dass ich nichts wert bin, weil ich drei Jahre dienen muss. Und ich weiß, dass sie mich nicht grüßen werden, wenn ich ihnen als Gemeiner im Kommissrock auf der Straße begegne. Du wirst mich dann auch nicht kennen wollen.« Er setzte sich auf einen Stuhl und brach in einen Weinkrampf aus. Ich legte meine Arme um seinen Hals und schluchzte mit ihm und sagte, dass wir ihn ebenso gern haben würden, ob er Einjähriger werde oder Dreijähriger. Ich versprach mir aber in meinem Herzen, das immer noch toderschrocken klopfte, den armen Bruder nie wieder mit dem dreijährigen Militärdienst, der ihn erwartete, zu hänseln. »Ja, wenn Mama noch lebte!« seufzte er. »Dann hätte ich vielleicht auch in der Schule mehr gelernt. Oder wenn ich nicht viel gelernt hätte, wäre ich doch nie so von der Familie verachtet worden wie jetzt. Ich rate Dir, mache es nicht wie ich. Mache Dein Examen. Lerne, lerne, denn Du würdest es noch weniger aushalten, von Papa so verachtet zu werden, wie ich es werde. Ich habe mir jetzt heimlich eine Stelle verschafft und gehe fort von zu Hause. Hier in der Stadt, wo alle Bekannten wissen, dass ich drei Jahre dienen soll, während meine Schulkameraden nur ein Jahr dienen müssen, halte ich es nicht länger aus.« -

Dieses war das einzige Mal, dass mein Bruder und ich gegeneinander in Heftigkeiten gerieten. Von da ab wurde er sehr zärtlich zu mir. Im Schlafzimmer, das wir mit meinem Vater teilten, weckte er mich oft, wenn er abends um elf Uhr nach Hause kam und mein Vater noch nicht da war. Dann schüttete er auf meine Bettdecke Orangen und kleine Schachteln voll Süßigkeiten hin, die er abends, wenn er mit Freunden ausgegangen war, in den Gasthäusern von herumziehenden Südfruchthändlern gekauft hatte. Er schälte dann die Orangen selbst, zerlegte sie in kleine Teile und fütterte mich, der ich schlaftrunken war, wie eine Mutter ihr Kind. Zu Weihnachten baute und hämmerte er für mich aus Holzleisten ein großes Kasperltheater, das, mit rotgeblümtem Stoff bekleidet, dann zur Sommerzeit immer im Hof stand und bei dem ich so laut und lebhaft den Hans Kasperl, seine Frau, den Tod, den Teufel und den Polizeidiener auftreten ließ, dass sich alle Küchenfenster an der Rückseite des Hauses am Abend öffneten und auch an den Fenstern der Entbindungsanstalt im Garten drüben die schwangeren Frauen und die Hebammen herausschauten und meinem Spiel zuhörten. Oft erschien auch mein Vater im Gangfenster mit der Zigarette im Munde, den ich aber, da ich im Theater versteckt war und nur meine Hände mit den Puppen herausstreckte, immer erst zu spät bemerkte. Vor ihm schämte ich mich. Die Puppen, die für mich lebende Menschen waren, wurden hölzern und zu nichtssagenden Puppen, sobald mein Vater zusah, dessen starkes Auge mich in die Wirklichkeit zurückrief. Wenn er auch vom Fenster aus sagte: »Spiel doch weiter! Du hast ja vorhin so schön gespielt, schrei nur nicht zu laut dabei«, so konnte ich doch unter seinen Augen die Puppen nicht mehr unbewusst leben lassen. Das Spiel verkrümelte sich. Ich machte einen plötzlichen Schluss, ließ den roten Vorhang herunterfallen, und bei dem Beifallsgeklatsch, das die Dienstboten von den drei Stockwerken des Hauses umständlich spendeten, biss ich die Lippen aufeinander. Denn es schien mir, ich hätte den Beifall nicht so reichlich verdient, da mein Vater im schönsten Augenblick der Steigerung von mir am Fenster entdeckt worden war und mir dann der schöne Schluss, bei dem ein großes Krokodil erscheinen sollte, das den Kasperl samt seinem Prügel verschlingen musste, unter den stählernen Augen meines Vaters nicht mehr geglückt war. Dieses Theater nun hatte mir mein Bruder aus Sühne für den Schrecken aufgebaut. Auch früher hatten wir schon in der Büttnersgasse Theater aus Papier gebaut, in welchen »Freischütz« und »Dornröschen« gespielt wurden; Theaterspiel war immer mein Lieblingsspiel gewesen. -

Mehl Bruder war dann eine kurze Zeit nach Berlin gereist und nach Holland. Plötzlich erschien er eines Abends wieder zu Hause. Er hatte sich Geld erarbeitet und kam mir in Deinem langen gelben englischen Reisemantel ausländisch und fremder vor als früher. Er erschien mir auch blasser als sonst und hatte einen kleinen schwarzen Schnurrbart bekommen. Er war herzlich zu mir wie immer, aber sprach sich nur mit meiner jüngsten Schwester aus. Es war mir aber, als ob er und mein Vater sich härter als je gegenüberstünden. Er hatte manchen Fortschritt der neuen Zeit gesehen, den er im Atelier einführen wollte. Mein Vater aber wollte sich in nichts hineinreden lassen. Es entstanden schroffe, harte Auseinandersetzungen. Bei Tisch herrschte eine drückende Stille. Mein Bruder aß kurz und hastig, wie das immer seine Art gewesen. Er gab nicht viel auf Essen und Trinken, war zu stürmisch und ungeduldig und immer von einem unersättlichen Arbeitseifer erfüllt. Eigentlich hatte mein Vater nichts an ihm zu tadeln finden können, da niemand der Photographie so ergeben war wie mein Bruder. Auch war er immer bereit, meinem Vater bei Versuchen und Erfindungen eifrig mitzuhelfen, war ganz Aug' und Ohr für alles, was Chemie und Optik betraf, und mein Vater hatte keine sicherere Hilfe als ihn, wenn er ihm einen neuen chemischen Versuch anvertraute. Auch dachte mein Bruder an kein Vergnügen, an keine Erholung. Wenn sie den ganzen Tag zusammen Versuche angestellt hätten und mein Vater abends erschöpft aus dem Laboratorium kam und später in seinen Schachklub ging, blieb mein Bruder noch bis zwölf, ein Uhr im Laboratorium und stellte weitere Versuche an. Er wollte photographische Erfindungen auf eigene Faust machen, obwohl mein Vater ihm dies untersagt hatte, da er erst dessen Versuche beendigen sollte, um daraus neue Erfahrungen zu ziehen. Denn mein Vater fand, dass es Geld- und Zeitverschwendung sei, nach zwei Seiten Experimente anzustellen. Diese Beschränkung seiner Arbeitslust aber kränkte meinen Bruder.

Bei diesen seinen nächtlichen Laboratoriumsarbeiten geschah es in jener Zeit, dass mein Bruder plötzlich mitten in der Nacht, wenn mein Vater noch nicht nach Hause gekommen war und meine Schwestern schon schliefen, in mein Zimmer gestürzt kam, wo ich bei der Lampe meine Schulaufgaben machte oder auch schon eingeschlafen war, und mein Bruder mich fragte, ob ich kein verdächtiges Geräusch gehört hätte. Er bat mich, die Lampe zu nehmen und ihm ins Atelier zu folgen, um zu sehen, ob keine Einbrecher oder Diebe da seien. Er konnte so herzlich und heftig bitten, dass ich ihm immer gehorchte.

Er lief aber erst in die Küche und holte ein großes Küchenmesser, dann sagte er, ich sollte leuchten, und er ging mit dem Messer voran. Ich war damals wohl vierzehn Jahre alt. Mir machte es nur Spaß, mit der Lampe nach Dieben zu suchen, und ich nahm es als lustigen Einfall von ihm und unterhielt mich sehr dabei, wenn wir hinter den verschnörkelten Möbeln und Geländern und hinter den künstlichen Felsen und Säulen des Ateliers herumkrochen und in den Ecken die Schlagschatten der Geräte sich riesengroß dehnten oder zusammenballten und man glauben konnte, es springe einer aus dem Dunkeln auf uns zu.

Ich sah aber, dass dabei Schweißtropfen auf der Stirn meines Bruders perlten, wenn wir in dem todstillen Atelier und in den Arbeitsräumen atemlos auf einen Knisterlaut horchten, der aus der Nacht irgendwoher kam und uns unerklärlich schien. Meist war es nur eine Holztür oder eine Diele, die in der Nachtkälte von selbst knackte, oder der Pfropfen einer Chemikalienflasche, der sich von selbst löste, oder auch eines jener dünnen Reagenzgläser, welches am Tag erhitzt worden war und das in der Nachtluft plötzlich zersprang. Oder es war eine Maus, eine Katze oder der Faltenwurf eines Vorhangs im Windzug oder ein dünner Eisendraht, der ans Fenster pochte, oder ein Wasserrohr, das gluckste. Diese Laute vergrößerten sich in der Stille der Nacht, und der von Brom- und Joddämpfen und in seiner Jugend schon von Ätherdämpfen bei seinen chemischen Versuchen überreizte Mann zitterte plötzlich und fürchtete sich, allein im Laboratorium zu bleiben, und bat mich dringend, ihm Gesellschaft zu leisten, bis er fertig sei, und er versprach mir dafür alle möglichen Geschenke. Oft saß ich, in meine Bettdecke eingewickelt, in meinem Nachthemd zwei Stunden lang auf einem Schemel bei ihm, während er beim roten Licht einer Laterne Gelatinelösungen kochte, Glasplatten mit Emulsionsmasse begoss und neben sich auf dem Tisch das lange blanke Küchenmesser oder meines Vaters Petersburger Totschläger liegen hatte.

Niemand von uns wäre aber je auf den Gedanken gekommen, diese Fürchtausbrüche meines Bruders für einen beginnenden Verfolgungswahnsinn zu halten. Wohl hing das Atelier mit der Wohnung zusammen, denn es war im Hof an das Haus angebaut, aber wenn wirklich ein nächtlicher Einbruch oder ein Überfall vorgekommen wäre, hätte niemand in den fernen Wohnzimmern der großen Wohnung etwaige Hilferufe aus den Atelierräumen hören können. Und da es nachts in diesen entlegenen Räumen wirklich unheimlich war, weil sich alle möglichen Geräusche in der stillen Winternacht hörbar machten und ein von Nachtarbeit und chemischen Dünsten überreiztes Gehirn erschrecken konnten, so hielten wir, meine Schwestern und ich, das plötzlich furchtsame Benehmen, das sich bei meinem Bruder im Laboratorium zu jener Zeit nachts immer häufiger einstellte, für etwas ganz Natürliches. Er hatte uns gebeten, dem Vater nichts von seiner nächtlichen Furcht zu sagen, was wir auch selbstverständlich fanden, weil wir dachten, er wolle nicht wegen seiner Ängstlichkeit verlacht werden.

Eines Tages reiste mein Bruder plötzlich ab. Er sagte, er fühle sich nicht am rechten Platze, da er neben meinem Vater nicht arbeiten könne, wie er wolle. Und da er das Atelier von Grund aus neu umgestalten möchte und mein Vater dagegen sei, freue ihn die Arbeit zu Hause nicht. Mein Vater ließ ihn ziehen. Mein Bruder sagte uns, er gehe wieder nach Holland. Einige Wochen später hörten wir, er sei in Amerika. Meine dort verheiratete Schwester und mein Schwager hatten ihn zu sich hinüberkommen lassen, damit er dem dreijährigen Militärdienst entgehe.

Mein Vater tobte. Bald war er aufs Höchste aufgebracht gegen meinen Schwager, der meinen Bruder zu diesem Schritt verleitet hatte, bald gegen meinen Bruder, den er einen Feigling nannte, weil er sich dem vaterländischen Militärdienst entzogen hatte. Er wollte sich von ihm lossagen. Er wollte ihn nicht mehr als seinen Sohn anerkennen. Er wollte ihn und meinen Schwager enterben. Die Wände zitterten von wilden Reden, die mein Vater im Aufundabgehen stundenlang hielt. Dazwischen weinte er und klagte, er habe seinen Sohn verloren, denn derselbe dürfe nicht wieder zurückkommen, wenn seine Fahnenflucht bekannt würde.

Der arme Vater und der arme Bruder! Keiner von uns konnte einem von ihnen helfen. Wir durften bald nicht mehr den Namen meines Bruders vor meinem Vater nennen und nicht den Namen meines Schwagers in Amerika. Mein Vater zürnte auch diesem, denn er hatte erwartet, dass er meinem Bruder abgeraten hätte, nach Amerika zu gehen.

Ein, zwei Jahre hörten wir fast nichts mehr von meinem Bruder. Dann aber traf eines Tages aus Amerika ein Telegramm ein, er sei schwer erkrankt, man fürchte jeden Augenblick das Schlimmste. Zwei Stunden später ein neues Telegramm: Mein Bruder sei gestorben. Nach vierzehn Tagen traf ein Brief von einem deutschen Konsulat aus einer pennsylvaniaschen Stadt ein, in welchem der Konsul mitteilte, mein Bruder habe sich in einem Anfall von Verfolgungswahnsinn in sein Zimmer eingesperrt, die Türen mit Möbeln verstellt, sich auf den Zimmerteppich gelegt und sich erschossen.

Als die Todesnachricht kam, saß ich im Wohnzimmer und arbeitete Schulaufgaben. Plötzlich hörte ich ganz unerwartet und ohne jedes vorhergegangene Gespräch ein lautes, heftiges Schluchzen. Eine ältere Kusine von mir, die den Haushalt führte und die eben in meiner Nähe stand, sah erschrocken auf. Wir sahen uns an und begriffen nicht, wer da plötzlich so weinen konnte. Das Weinen ging in ein Wimmern über und brach wieder in Schluchzen aus. »Dein Vater!« sagte meine Kusine rasch und eilte nach dem Schreibzimmer. Dort blieb sie. Ich saß horchend über meinem Schulheft und hörte nun plötzlich auch sie im Zimmer meines Vaters laut weinen. Es quälte mich, Zuhörer dieses mir unerklärlichen Weinens sein zu müssen. Ich ging leise zur Tür öffnete und sah meinen Vater, der den Kopf über seinen Schreibtisch gelegt hatte, das Gesicht tief in seine Hände vergraben. Er weinte stoßweise wie ein kleines Kind, und neben ihm stand meine Kusine, das Gesicht in ein Taschentuch versteckt, und weinte ebenso wie er. Das erste Telegramm war eingetroffen. Ich begriff nichts. Sie sprachen beide stoßweise und schluchzend zu mir, aber ich konnte aus ihren Sätzen nur das Wort Kaspar verstehen, den Namen meines Bruders.

Diese Schmerzensszene wiederholte sich noch viel erschütternder, als der Brief eintraf, der die Einzelheiten berichtete, wie mein Bruder sich erschossen hatte. Er war zuletzt von Furchtgefühlen so geplagt gewesen, dass er fortwährend die Wohnung gewechselt hatte. Überall hatte er Stimmen sprechen hören und sich von Verfolgern umgeben geglaubt. Ein kleiner schwarzer Bursche, den er als Diener angenommen, hatte ihm überallhin seine Koffer nachtragen müssen, da er alle paar Tage umzog. Alles dieses zu lesen, erschütterte meinen Vater aufs Tiefste.

Seine erste Frau hatte sich das Leben genommen, und nun auch sein ältester Sohn. Er sagte, es sei ihm, als stünde bei dem Tode meines Bruders nochmals das furchtbare Petersburger Ereignis wieder auf. Er machte sich Selbstanklagen, dass er zu schroff gegen meinen Bruder gewesen sei, und verteidigte sich dann wieder damit, er habe nur das Beste gewollt.

Als wir alle verweint im Hause umhergingen und untröstlich waren, dass wir dem armen Toten nicht einmal die letzte Ehre erweisen konnten, weil er in einem fernen Erdteil weit von der Heimat gestorben war, da kam mein Vater zu mir und beschwor mich feierlich, um Gottes willen die Spielereien, wie er meinen Hang zum Zeichnen und Malen nannte, von jetzt ab sein zu lassen, auch keine unnützen Geschichtenbücher zu lesen und nur zu lernen, damit ich nur ein Jahr Militärdienst zu erwarten hätte und nicht gemeiner Soldat werden müsse. »Denn«, sagte mein Vater, »ich bin sicher, Dein Bruder hat sich durch absichtliches Einatmen von Äther und Bromdämpfen körperlich schwächen wollen, um dem Militärdienst zu entgehen. Dieses Einatmen der Gifte hat seine Sinne verwirrt. Er war hübsch. Die Frauen sahen ihn gern. Er lebte ausschweifend und wurde krank. Krankheiten, die jeder andere Mann bei kräftigem Körperzustand überwindet, rieben ihn auf und brachten ihn zum Wahnsinn und zum Tod.« -

In jenen Tagen sagte ein Dienstmädchen zu mir in der Küche: »Sie brauchen doch nicht zu weinen, junger Herr, weil Ihr Bruder gestorben ist. Jetzt sind Sie der einzige Sohn, und das schöne Atelier gehört einmal Ihnen.«

Ein neuer Schrecken befiel mich bei diesen Worten. So unglaublich kaltblütig diese Dienstbotenworte mir zuerst klangen, so musste ich doch Wahrheit darin erkennen, eine für mich peinigende Wahrheit. Ich sah voraus, dass man mich jetzt nach dem Tode meines Bruders nicht mehr Kunstmaler werden lassen würde, wie ich es immer gewünscht hatte, sondern dass man jetzt voraussetzte, ich würde, sobald ich mein Examen gemacht hätte, meinem alten Vater in dem mir verfassten photographischen Atelier bei seiner Arbeit eine Hilfe sein, und dass man mir also wahrscheinlich zumuten würde, Photograph zu werden. Ein Gedanke, der mir immer qualvoll gewesen war.

»Du willst nicht reiten, Du willst nicht auf die Jagd gehen, Du willst nicht Schach spielen, Du liebst nicht Physik, nicht Chemie, nicht Technik, nicht Mechanik, nicht Erfindungen - Du bist nicht mein Sohn!« so hat mein Vater später, als er mich gegen meinen Willen überredet hatte, die Arbeit im Atelier zu übernehmen, öfters zu mir gesagt. Ich konnte ihm darauf nichts antworten. Ich konnte ihm nicht erklären, dass ich Dichter werden wollte. Das wusste ich damals selbst noch nicht, ob und wie und dass man das werden könnte. Dichter waren da. Wie es kam, dass sie plötzlich da waren, hatte ich nie ergründen können. Sie wurden genannt und waren und blieben, als wenn sie immer gewesen wären, wie Himmel, Erde, Sonne und Sterne.

Als ich schon zwanzig Jahre alt war, sagte meine jüngste Schwester einmal an einem Geburtstag meines Vaters zu mir: »Du solltest Vater ein Gedicht machen und anstelle einer Tischrede das Gedicht hersagen.« Ich sah sie ganz verblüfft an. »Ich soll dichten?« fragte ich sie. Wenn sie gesagt hätte, ich sollte zum Geburtstag meinem Vater die Freude machen und bis zum Mittagessen heiraten oder beim Nachtisch sterben -das wäre mir nicht so ungeheuerlich vorgekommen. Dichter werden wollen war ja viel mehr, als wenn man hätte Papst werden wollen. Dichten war überhaupt für mich die heiligste Handlung. Man konnte einem Menschen befehlen, zu beten, aber nicht, zu dichten. Dichter! Ich hatte eine große Scheu vor diesem Wort und ging in großem Bogen um dieses Wort herum. Schon die Zusammenstellung meiner jungen unerfahrenen Person mit dem unerklärlichen Wort »dichten« schien mir unerhört oberflächlich, beinahe gotteslästerlich und lächerlich. Eher, dachte ich, würden meine Finger wie der Birnbaum im Hof Blüten und Blatter treiben, als dass sie ein Gedicht niederschreiben dürften. Goethe hat gedichtet, Schiller hat gedichtet, Mörike und vor allem Walter von der Vogelweide. Mir war, als müsste jeder dieser Männer die Stille, den Arbeitsfrieden und die Beschaulichkeit der Summe aller zweiundfünfzig Sonntage des Jahres ausströmen, wenn man ihm unter die Augen getreten wäre. Und *ich* sollte dichten! Ich, der ich nur die Unruhe des Lebens bis jetzt kennengelernt hatte! Unter dem einen Fuß war mir die Mutter weggenommen. Dieser Fuß stand überhaupt nie mehr ruhig. Und der andere Fuß, der in die Spuren meines Vaters treten sollte, wich diesen Spuren aus. Mein Herz verstand noch nichts von dem, was meinem Vater heilig war, nichts von Maschinen und Erfindungen, nichts von Politik und Weltleben. Ich fühlte mich vor allem unruhig, weil ich selbst nicht gewiss wusste, was aus mir werden sollte. Ich erinnere aber, dass ich trotzdem von der Zumutung meiner Schwester, dass ich ein Gedicht ausdenken solle, gereizt und geschmeichelt war, ich konnte es den ganzen Tag nicht vergessen und erzählte es meiner Kusine. Sie lachte hellauf, weil meine Schwester mir vom Dichten redete. Dieses aber machte mich stutzig. Der eine Mensch hielt es für möglich, dass ich dichten sollte, der andere für ganz unmöglich. Ich konnte damals weder dem einen noch dem anderen recht geben, dieses fühlte ich. Dann dachte ich nicht mehr darüber nach. -

»Träume nicht!« waren die fortwährenden Mahnworte meines Vaters gewesen. Und »Träumst Du schon wieder!«, dieser Ausruf von ihm war mir immer wie ein Schuss in den Rücken. »Träumen ist ungesund!« erklärte er fortgesetzt und jagte mich dabei aus den Stimmungen, in denen ich mich schweigend bei stillen Betrachtungen sonnte und wobei ich friedlich war wie die Tauben auf dem Dach. Wenn ich träumte, fühlte ich mich der Unendlichkeit und der Ewigkeit näher als sonst.

Viel hat mir das Wort »Ewigkeit« von Jugend an zu schaffen gemacht. Mein Vater sprach vom unendlichen Geist, der in tausend verschiedenen Formen des Weltalls sich offenbare. Und er rechnete mir dabei vor, der Mond ist vor soundso vielen Millionen Jahren vielleicht einmal von der glühenden Erde fortgeschleudert worden, so wie die glühende Erde von der Sonne fortgeschleudert wurde. Die Schneckenversteinerungen, Ammonshorn, versteinerte kleine Eidechsen und Fische und Halme, die wir in den Steinbrüchen oben am Leutfresserweg bei Spaziergängen fanden, erklärte er mir Knaben damit, dass das Meer hier vor vielen hunderttausend Jahren einst über die Berge gegangen war. Er hatte auch eifrig Darwin und Haeckel gelesen. Aber da er aus einer romantisch idealistischen Zeit stammte, so verneinte er trotz seines realistischen Lebensganges die Abstammung des Menschen vom Tier. »Wir haben einen höheren Geist, wir sind höher entwickelt, und die Gelehrten müssen sich ja selbst eingestehen, dass eine Lücke in der Entwicklungskette zwischen Affen und Menschen besteht und dass die Schädelform jenes Affenmenschen oder Menschenaffen noch nicht gefunden worden ist«, sagte er. Er regte sich furchtbar auf, wenn man ihm darin widersprach. Und so wenig ihm an Kirchenbesuchen und Kirche gelegen war, vom Gottesfunken, der uns Menschen beseelte, sprach er doch fortgesetzt, »Ohne diesen Funken«, sagte er, »wären wir nicht so furchtlos und so gedankenreich an Erfindungen gewesen, hätten uns nicht das Feuer, die Weltmeere, Dampf und Elektrizität, Gifte und Metalle nutzbar gemacht, denn nicht nur durchs Kleidertragen unterscheiden wir uns von allen Tiergattungen.« So schloss er immer seine Erklärung.

Ich grübelte viel nach über alles, was er mir erzählte, und kam damals schon immer mehr zu der Entscheidung, dass wir Menschen trotz aller Vorzüge und aller Gescheitigkeit doch nichts anderes als Weltalltiere sind, als eine Tiergattung, die sich zu helfen weiß, die vielleicht langst untergegangen wäre, wenigstens in der kalten und in der gemäßigten Zone, wenn sie sich nicht künstlich weitererhalten hätte, und zwar so künstlich, dass sie durch diese Künstlichkeit ganz unnatürlich geworden ist. Denn alles ist unnatürlich an den Menschen heute, sagte ich mir immer wieder: die naturwidrige Schnelligkeit, mit der sie durch Länder jagen, die lächerlichen wechselnden Kleidermoden, die Öde Gelehrsamkeit, die Titelsucht, und vor allem die Überhebung, dass die Menschen edler sein wollen als die anderen Weltalltiere, deren Leben sie gar nicht erlebt haben und deren Weisheit sie deshalb nicht kennen können. Und ich dachte weiter; Menschen kennen keinen Frieden; mehr Frieden hat die freie Natur. - Wenn eine Kuh brüllte und die Wiesen voll Sauerampfer, Glockenblumen, Salbei und Butterblumen leuchteten und die Wolken friedlich über den Bäumen, wie weißverhüllte Träumer im Blauen hinzogen, wenn ein Hase durch den Klee huschte und ein Geier sich am Himmel zeigte und Kreise zog und die Hühner unruhig gackerten und die Tauben unruhig aufflogen, wenn eine Bäuerin zur Sommerzeit am Wegrand saß, die Sichel weggelegt hatte und ihrem Kind zwischen der Arbeit die Brust reichte und ein wenig verschämt dabei aussah, sobald jemand vorüberging, wenn die

Sonne unterging und auf der fernen Landstraße ein letzter Bau-
ernwagen knarrend heimfuhr - dann jedes Mal ergriff mich das
Gefühl »Ewigkeit« wunderbar, obwohl alles ringsumher im selben Augenblick am vergänglichsten gewesen. Aber Millionen
und Millionen Jahre, die man bei der Betrachtung des Mondes
aufzählte, die brachten mich nicht der Ewigkeit so nah als die
Sekunden des Mondaufganges über einem Ährenfeld oder die
Sekunden der Morgendämmerung, wenn die Sterne in der tau-
kalten Luft am Nachthimmel sich verflüchtigten und der erste
Vogellaut von Fink oder Amsel noch vor Sonnenaufgang in dem
Gemisch von Nachtstille und Morgengrauen mit ein paar Lock-
tönen anschlug. Wo blieben da die Millionen Jahre? Sie wurden
so nichtssagend, wie eine Algebrarechnung nichtssagend ist im
Vergleich mit einem glücklichen Menschenlächeln.

»Aber«, erklärte mir mein Vater, »um diesen Naturfrieden, um
diese ewigen Naturlaute in aller Glücklichkeit und Tiefe auskos-
ten zu können, um Frieden zu gestalten, bedarf es eben der Wehr,
der Notwendigkeit des Nachdenkens. Wenn draußen die Wölfe
noch heulen oder die Bären noch im Feld umherlaufen würden
oder wir Hungersnöten ausgesetzt wären, der Kalte und den
Stürmen, dann wäre kein Friedensgenuss in der Natur möglich.
Hätten wir nicht Kleider, Wohnung, Waffen erfunden, würden
wir nicht Gift legen gegen Ratten und Ungeziefer, würden wir
nicht die Flüsse durch Dämme und Uferbauten bewältigen und
ins Flussbett zwingen; würden wir nicht gelernt haben, den Blitz
abzuleiten, würden wir nicht gelernt haben, in Eile uns mit
Freunden und Verwandten brieflich und telegraphisch in Verbindung zu setzen und ebenso geschäftlich die Länder zu durch-
eilen und uns Getreide vom Ausland zu verschaffen, Vieh und
Kohlen, wenn Hungersnöte und Kälte im Lande drohen, und
würden wir nicht immer neue Waffen ausdenken, um Landgren-
ze und Landküste gegen feindliche Nachbarn und Überfälle zu
verteidigen, so würdest Du nicht so ruhigen Blutes den Morgen-
lauten des Finken und der Amsel nachträumen können. Ohne
menschliche Gedankenarbeit würden Wildheit, Drangsal, Not,
Rohheit herrschen. Die Äcker lägen brach, Blitze würden das
Haus vernichten, in dem Du eben träumen wolltest, Unruhe, dass
Du keine Nachricht von fernen Freunden und Verwandten erhiel-
test und keine Geschäfte abschließen könntest und Dich von tau-

send Feinden bedroht fühltest, das alles würde Dich niederdrücken. - Erst arbeite darum, dann träume!« Dieses waren die ständigen Schlussworte meines Vaters. »Erst durchdringe mit dem Geist und mit wehrhaften Gedanken das Leben und ertrotze Dir den Frieden und den friedlichen Boden zum Träumen. Es ist eine Sünde von Deinem Bruder gewesen«, fügte er hinzu, »dass er seinem Vaterlande seine männlichen Wehrkräfte entzogen aus Furcht vor der Schande, dass man ihn nicht grüßen und ihn nicht achten würde, wenn er im gemeinen Kommissrock umhergehen würde. Aber er hat die Landesflucht mit dem Tode büßen müssen. Damit hat er seine Tat gesühnt, und wir wollen nicht über einen Toten richten. Der arme Junge war kein Träumer wie Du, und er ist doch untergegangen und konnte dem Leben nicht Widerstand leisten«, fuhr mein Vater fort. »Ich habe bittere Angst, dass Du noch schwächer bist als er, und wie soll es dann mit Dir werden, wenn Du die Schuldinge nicht lernen willst? - Wenn ich ehrlich bin, muss ich ja selbst sagen, dass alle Dinge, die man Dich jetzt lehrt, keinen großen Zweck für Dich haben werden, so wie ich Dich kenne. Diesen ganzen Schulkram wirst Du bald wieder vergessen haben. Aber lerne mir zuliebe, wenn Du Dir auch sagen musst, dass alles zwecklos ist, was Du jetzt lernst. Lerne und mache Dein Examen, das Dich dann berechtigt, ein Jahr Militärdienst zu tun.

Denn wenn Du das nicht willst, möchte ich vor Kummer sterben. Du musst die Sitte Deiner Zeit mitmachen, wenn Du noch nicht selbst stark genug bist, die Zeit zu ändern und ihre Sitten. Also nimm die Sorge von mir, lege das Träumen ein paar Jahre auf die Seite, und erringe Dir die Berechtigung, ein zeitgemäß gebildeter Mensch genannt zu werden, wenn auch diese oberflächliche Bildung Dir als Blödsinn und gegen jeden gesunden Menschenverstand streitend vorkommt. Nichts macht stärker als zeitweilige Selbsterniedrigung. Man schnellt nachher doppelt stark empor und wird zielbewusster als je.« -

Nach solchen Gesprächen, nachdem ich meinem Vater mit vollstem Herzen die Versicherung gegeben, dass ich alles tun wolle, was er verlangte, umarmten wir uns mit Tränen in den Augen, und die feine Weisheit, die große Menschlichkeit, die abwägende, versöhnliche, weltbeherrschende Art, mit welcher der Geist meines Vaters zu mir gesprochen hatte, überwältigte mich. Es war mir dann so weihevoll im Herzen, und so köstlich begnadet fühlte ich mich, als hätte ich mit Gottvater selbst gesprochen und würde von ihm umarmt und umarmte ihn wieder. Ich trug von diesen Aussprachen mit meinem Vater eine tiefe Ehrfurcht fürs Leben und für alles, was mich umgab, davon. Nur das Verlangen, dass ich nicht träumen sollte, empfand ich, als sollte mir mein Herz herausgeschnitten werden und ich sollte nun ohne Herzenswärme, nur mit Stirn und Verstand bewaffnet, morgens aufstehen und arbeiten, nicht rechts und nicht links sehen und mich abends niederlegen. Aber so wie mir niemand befehlen konnte, traumlos zu schlafen, so sah ich bald seufzend ein, dass ich mir selbst wohl befehlen konnte zu arbeiten, aber dass die Träume am Tag ebenso unbewusst in meinem wachen Gehirn aufstiegen wie nachts in meinem schlafenden Gehirn. Ebenso unmöglich, wie es ist, mit Gewalt die Wolken aus dem Himmel auszuschalten, um immer bei klarer Sonne arbeiten zu können, ebenso unmöglich, wie es ist, dass man der Nacht wehren könnte, den Tag abzulösen, und ebenso wenig, wie ich meinen Herzschlag aus schalten und ohne Herzschlag weiterleben kann, ebenso wenig vermochte ich es, meinem Träumen zu gebieten. Und mitten im Arbeiten, mitten im Schreiben von Schularbeiten, mitten im Zuhören, wenn in der Klasse Mathematik, Chemie, Physik vom Katheder vorgetragen wurde, konnte ich es nie verhindern, dass ich plötzlich im Geiste weit vom Schulsaal fort war, Gespräche in meinen Ohren horte, Landschaften vor meinen Augen sah, Waldwege wanderte, Glocken läuten hörte und mit den Personen aus Geschichten, die ich gelesen hatte, im Geist verkehrte und dass ich dann, plötzlich wieder zurückgekehrt in den Schulsaal, den Faden verloren hatte und der Stimme auf dem Katheder wohl dem Wortlaut nach wieder folgen konnte, aber vom ganzen Vortrag keinen Sinn erhielt.

Ich biss mich auf die Lippen, war zornig und ärgerlich über mich, fühlte mich einsam und von allen Kameraden durch dieses Träumen getrennt, schämte mich über die Verachtung, die ich mir durch meine Unaufmerksamkeit zuzog, und hätte mich gerne körperlich gegeißelt, wenn ich damit hätte erreichen können, die Träume von mir fortzubannen. Das Schrecklichste am Ganzen aber war, dass mich dieses Träumen glücklich machte. Während mein Verstand tief unglücklich war, trug ich äußerlich immer das Lächeln und die Zufriedenheit, die mein Träumen meinem Innersten gab, unbewusst zur Schau. Mein Vater hielt mich zuletzt für oberflächlich. Die Professoren sagten dasselbe und meine Angehörigen auch. Keiner aber konnte mir eine schlechte Tat, eine Bosheit, Rachsucht, wirkliche Faulheit, Feigheit oder Ähnliches vorwerfen. Ich war immer tätig und nie krank. Doch - es ging ein Schatten neben mir her, dem ich nachgeben musste, der nicht mit mir ging, wohin mein Verstand gehen sollte, der stärker als mein Verstand war. Vielleicht hätten die Alten diesen Schatten, der nie von meiner Seite wich, mit dem Namen einer Muse benannt. Aber, wenn ich mich ehrlich befragt hätte, der Name von keiner der neun Musen hätte damals zu mir gepasst. Alles lag noch durcheinander in meinem Innern. Alle Kräfte lagen wie Mosaiksteine, die das bestimmende Musenbild zusammensetzen sollten, in mir zerstreut. Wohl fühlte ich mich zur Malerei hingezogen, doch wenn ich mich im Herzen behorchte, wusste ich, dass ich niemals Maler werden würde. Musik war wunderbar zu hören, berauschend, fortrückend. Auch sie trug Steine zu dem Musenbilde bei, aber immer fehlte noch etwas. Dichter sein, Dichter werden! - Wenn ich daran rührte, war es, als ob mein Verstand ein schallendes Hohngelächter aufschlug. Bedenke doch, wenn Du Deinem Vater sagen solltest, Du wollest Dichter werden, ihm, der schon vor ein paar Jahren Märchenbücher, Malkasten und Puppentheater und alles, was Dich vom Alltagsleben ablenken konnte, Dir plötzlich fortnehmen und es auf den Dachboden bringen ließ, wo es verstaubt oder vielleicht längst an Trödler verkauft wurde.

Wenn ich an das Wort »Dichter« dachte, wich mir immer der Schulsaal unter den Füßen fort. Blühende Felder, rauschende Baumwipfel erschienen, wie sie rund um das Landhaus waren, auf dem Berg draußen vor der Stadt am Leutfresserweg, wo meine Mutter vor ewigen Jahren gestorben war. Träumst Du schon wieder! rief ich mir dann selbst mit der Stimme meines Vaters zu. Deine Mutter ist tot und kommt nie wieder! Kein Gedanke an sie kann Dir helfen. Hältst Du Dich nicht an Deinen Vater, wird Dich das Leben verfluchen, verdammen, in die Ecke stellen als einen Bettler, wie es Dir stündlich Deines Vaters Geist voraussagt.

Ich senkte den Kopf und sagte: Ehe die Welt mich in eine Ecke stellt, will ich es von selbst tun. Ich will aus diesem schulplanmäßigen Europa fort. Ich will verschwinden. Es muss doch ein Land geben, wo ich dem Hang der einfältigen Träumerei nachgehen kann, unbeachtet, unauffällig und niemandem schädlich. Denn den offenen und auch den stillen Kampf mit dem Geiste meines Vaters konnte ich nicht mehr weiterkämpfen. Hier hatte er recht, hier in Würzburg, in Deutschland, in Europa. Aber die Erde war groß. Doch meinte ich nicht, dass ich wie ein Robinson Crusoe auf einer Insel wohnen wollte. Diese Abenteurerlust hatte ich nicht. Ich wollte dahin, wo Menschen waren, aber andere Menschen, ungelehrte, einfache Naturmenschen, die mit wenigem sich begnügten, sich nicht mit übertriebenem Verstand und kaltem Witz plagten, in ein Land, wo die Zeit nicht Geld, sondern Ewigkeit war; wo man stundenlang in ein Feuer starren durfte und wo äußerer Zeitverlust dann kehl Verlust war, wenn man bei der inneren Zeit gelebt hatte.

Durch Zufall kam ich auf einen neuen Lebensplan. In unseren Arbeitsräumen war unter anderen Angestellten eine Dame tätig, welche jetzt die Atelieraufnahmen machte, da mein altgewordener Vater sich vom Atelier ganz zurückgezogen hatte und nur noch einige Stunden des Tages mit chemischen Versuchen und mit der Zubereitung farbenempfindlicher Platten verbrachte, die in seinem Beruf seine letzte Begeisterung waren. Mit dieser Dame unterhielt ich mich öfters, denn durch die große Vertrauensstellung, die sie sich durch Treue, Fleiß und Geschicklichkeit in meines Vaters Atelier errungen hatte, wurde sie von uns allen im Hause nicht wie eine Fremde, sondern mehr wie ein Familienmitglied angesehen. Von ihr hörte ich, dass ein Freund ihres Bruders sich in Holland zur javanischen Truppenabteilung hatte anmelden lassen und nun nach Java gekommen sei. - Deutschland besaß damals noch keine Kolonien. - Er beschrieb in seinen Briefen, dass es ihm in Java sehr gut gefiel, und erzählte viel von dem wunderbaren Tropenlande.

Über Nacht war mein Plan gefasst. Ich wollte fort nach Java, Kolonialsoldat sein schien mir nicht schlimmer, als mit meinen sechzehn oder siebzehn Jahren noch auf der Schulbank sitzen zu müssen. Es war wenige Wochen vor Weihnachten, und ich wünschte, mich an meine Kusine wendend, zu Weihnachten nichts anderes als ein Buch über Java. Auf alles andere wollte ich verzichten. Der einfache Wunsch klang ihr so seltsam, da ich sonst immer eine lange Reihe Wünsche gehabt hatte, dass meine Kusine lachte und mir den Wunsch nicht glauben wollte. Ich hatte nun Angst, dass man mir vielleicht ein Buch über Kanada, Afrika oder eine Nordpolexpedition schenken würde, und buchstabierte ihr ganz genau das Wort »Java«, damit keine Verwechslung stattfinden konnte. Ich erhielt dann auch am Weihnachtsabend das Buch und nichts als dieses Buch, so wie ich es gewünscht hatte. Ich fühlte mich reich beschenkt. Nur mein Vater ging mit etwas verächtlichem Gesicht beim Weihnachtstisch an mir vorbei, forschte mich aber nicht näher aus. Er deutete nur auf das Buch unter dem Weihnachtsbaum und sagte: »Du hast ausdrücklich nichts anderes gewollt als dieses Buch. Eigentlich hatte ich nicht vor, deinem Wunsch nachzugeben, denn du kommst sicher durch das Lesen dieses Buches ins Träumen. Aber da du nichts anderes wünschtest, wie mir deine Kusine sagte, so wollte ich nicht so grausam sein, die Erfüllung eines Wunsches, der dir sehr am Herzen zu liegen scheint, zu versagen. Aber bedanke dich bei deiner Kusine, welche lebhaft für dich gebeten hat. Ohne ihre Bitten hättest Du das Buch kaum bekommen.« Dann wandte mir mein Vater den Rücken, ohne mir wie sonst den Weihnachtskuss zu geben.

Zum sechsten Januar, am deutschen Heiligen Dreikönigstag, auf welches Datum das russische Weihnachtsfest fallt, saßen wir abends gewöhnlich zusammen und zündeten noch einmal die Kerzen des Weihnachtsbaumes an. Mein Vater gedachte dann der Petersburger Verwandten und vieler toter Petersburger Freunde und war in einer zugänglichen Stimmung, sodass ich mir ein Herz fassen konnte, ihm von meinem Java-Plan Mitteilung zu machen. Ich hatte in den Weihnachtstagen, da Schulferien waren, das Buch über Java durchgelesen und kannte mich in der Hauptstadt Batavia schon so gut aus wie in Würzburg. Dass ich nicht lange dort beim Militär bleiben wollte, wenn ich hinkäme, sondern auf eine holländische Farm als Verwalter oder als irgendein Händler im javanischen Lande umherziehen würde, das war mir unter dem Lesen klar geworden.

Mein Vater hörte mich ruhig an. Schmerzlich zuckten seine Lippen. Er legte die Hand vor die Augen und brach plötzlich in Tränen aus. Ich begriff diese jähe Umwandlung nicht. Ich hatte ihm einfach und fest klargelegt, dass ich auf keine Weise das im Schulzimmer eingepferchte Leben länger ertragen könne, dass ich ihm nur Kummer durch schlechte Schulzeugnisse machen würde, dass ich mit allen Mitteln mich gegen die Unaufmerksamkeit gewehrt hätte, aber nichts dagegen tun könne, dass meine Gedanken, wenn von unregelmäßigen französischen Zeitwörtern, von chemischen Formeln, algebraischen Gleichungen und physikalischen Gesetzen die Rede war, abschweiften. Auch die wissenschaftlichen Einteilungen der Pflanzen und der Tiere seien mir völlig gleichgültig. Ich könne keine Aufmerksamkeit dafür erzwingen. Ja, wenn man die Natur beobachten dürfte! Stundenlang könnte ich an einem Ameisenhaufen sitzen und den Ameisen zusehen. Auch die Pflanzen draußen im Wald zu betrachten, Tiere und Bäume im Freien, das zu tun würde mich freuen. Aber die Staubfäden abzuzählen, an Tierskeletten die Namen der Knochen zu lernen, die Einteilung der Tiergattungen in Schaltiere, Weichtiere usw., dieses auswendig herzusagen, das reize mich gar nicht. Ebenso könne ich mir in Chemie nichts unter Molekülen und Atomen vorstellen, nichts unter den Gleichungen in der Algebra. Und Barometer, Thermometer, die Physik derselben habe er mir längst erklärt. Was da noch umständlich in den Büchern stehe, könne ich nicht sofort begreifen. Und begriff ich es in der einen Stunde, so behielt ich wohl den Sinn; aber ganz genau den Wortlaut der Bücher auswendig zu lernen, dagegen sträube sich mein Lebensgefühl. Es graue mir vor der Peinlichkeit, mit der jedes vergessene Komma, jeder verfehlte große oder kleine Anfangsbuchstabe von den Professoren gerügt werde, als hätte man damit eine Schmach gegen Vaterland und Familie begangen. Die hochgeschraubten Aufsatzthemen, die uns unerfahrenen Menschen gegeben wurden, könnten kaum von Philosophen und weisen ausgereiften Männern richtig behandelt werden. Schwierig und verzwickt und qualvoll und in allem unmenschlich, nicht geistfordernd, sondern geistlähmend und den Geist abtötend, so sei der ungeheuerliche Schulplan.

So weit war ich gekommen, als mein Vater sein Gesicht mit der Hand bedeckte und ihm die Tränen durch die Finger liefen. Meine Kusine war von der Zigarettenarbeit rasch aufgestanden und ließ die Zigarettenhülsen und den Tabak liegen, die vor ihr auf dem Tisch ausgebreitet waren. Da mein Vater heftig stoßweise schluchzte, eilte sie zum Kredenztisch und mischte ihm Zucker in ein Glas Wasser, das er in einem Zuge leerte. Während er sich mit seinem Taschentuch die Tränen wischte, stand ich verlegen hinter einer Stuhllehne und sah voraus, dass das Ganze zu meinen Ungunsten enden würde. Endlich sah mein Vater auf und sagte mit zuckendem Mund: »Hältst du so dein Versprechen, das du mir neulich gegeben hast? Nun geh, wohin du willst. Ich bin ein einsamer Mann. Ich habe keine Söhne mehr!« Und wieder begann er zu schluchzen.

Ich biss die Lippen aufeinander und ging langsam und möglichst leise aus dem Zimmer. Ich setzte mich in mein dunkles Schlafzimmer und sagte zu mir: Ich will abwarten, bis mein Vater beruhigt ist und sich an den Gedanken meiner Auswanderung nach Java gewöhnt hat. Vorläufig hatte er gesagt: »Geh, wohin du willst!« Wenn es auch vorwurfsvoll klang und nicht gemeint war, dass ich diese Verweisung wörtlich nehmen sollte, so wollte ich doch jetzt diesen Satz behalten und annehmen, dass er mir Freiheit gegeben hatte, zu tun, was ich tun musste« Mein Vater tat mir leid, aber es war ja gleich: blieb ich, machte ich ihm Kummer, und ging ich, machte ich ihm auch Kummer. Und da ich das Fortsein aus dem Hause und aus seinen Augen noch nicht geprüft hatte, so schien mir jener Kummer, den ich ihm mit meinem Plan auszuwandern bereitete, weniger schlimm als der, in der Schule dem Schulplan nicht gewachsen zu sein und den dreijährigen Militärdienst erwarten zu müssen, den ich ebenso wie mein Bruder für eine große Schande hielt.

Das Fenster des Schlafzimmers ging nach dem Hof. Der Schnee leuchtete draußen wie leichter Mondschein ins Zimmer herein. Die Sterne beruhigten mich, sie, die mich immer anlockten und die ich anstarren konnte, ohne von ihrem Anblick genug zu bekommen, sie, die Jahr um Jahr so wunderbar still da oben hingen, immer in gleichen Abständen, sich nie verwirrten und doch eine wirre Masse von Punkten waren, hinter welcher unergründliche Gesetze herrschen mussten. Aber auch diese Gesetze dort oben zu ergründen, hätte mich nie gereizt. Das Nichtwissen war hier das Herrliche. Das Funkeln allein, das Glitzern, das heller war als die Schneekristalle und das zum Nachtantlitz gehörte wie glitzernde Augen in ein Gesicht, das war es, was mich an jeder Sternennacht entzückte. Aber die Augen herauszureißen aus einem schönen Gesicht und nachzuforschen, wo der Augennerv mit dem Gehirn zusammenhänge, das mochten und sollten die anderen tun. Mich begeisterte nur der Gesichtsausdruck, bei dem die Augen aus sich selbst sprachen und mir Friede und Lebensstärke durch ihre Schönheit gaben; durch Beschaulichkeit allein ergründete ich meine Welt. Der Sternenhimmel erschütterte mich so, wie vorhin die Tränen meines Vaters es getan hatten, als sie ihm durch die Finger geflossen waren und wobei es mir nicht notwendig schien, zu wissen, aus welchen chemischen Teilen, aus welchen Salzen und Säften die Tränen sich zusammensetzten. Ich feierte den Anblick aller Dinge, die auf mich Eindruck machten, sodass ich für wissenschaftliche Ergründungen keine Kraft einsetzen konnte.

Und so war es täglich. Hatte ich zu Hause einen tiefen Eindruck gehabt, ein erschütterndes Gesicht gesehen oder eine erschütternde Begebenheit erlebt oder auch nur in einer Zeitung oder in einem Buch darüber gelesen, oder war ich in der Stadt durch ein Straßenereignis oder vor einem Schaufenster durch eine Neuheit angeregt worden, oder war durch eine Jahreszeit, eine Wetterstimmung oder durch einen Landschaftsweg eine Reise- und Wandersehnsucht in mir entstanden - so konnten weder Mahnungen und Strafen noch Selbstvorwürfe mein Herz zur Schulaufmerksamkeit zwingen. Es stolperte fortwährend über die tiefe Erregung und Bewegung der von außen erhaltenen Eindrücke, und das Schulzimmer hatte dann keine Wände. Die schwarze Schultafel auf der Staffelei wurde zum schwarzen Nachthimmel, die geometrischen Kreidefiguren, die der Mathematikprofessor auf die Tafel gezeichnet hatte, konnten den Linien der Sternbilder ähnlich werden, die ich am Abend vorher am Fenster bewundert hatte. Die weiße Kreideschrift der algebraischen Gleichung darunter wurde zum mondbeschienenen Schnee. Sah ich den großen Schwamm an, der bei der Tafel lag, und es war Sommer und ich hatte im Main gebadet und mit offenen Augen getaucht, so kehrte ich beim Anblick des Schwammes zu den Bodenfiguren des Flussbettes zurück. Ich ließ den Main über mich hinfließen oder lag im Geist neben dem Wasser auf dem heißen Kies und sah die Sonne als Doppelsonne glänzend drunten im Wasser tanzen. Wie konnte ich alle diese Dinge, die fluchtartig kamen und gingen, die von Schauern und Seligkeiten, von grober Endlichkeit und zartester Unergründlichkeit begleitet waren, meinem Vater erklären! In mir lag so viel Unerklärtes, das sich scheute, unter die scharf wissenden Augen der Erwachsenen zu treten.

Drüben über dem Hof unseres Hauses in dem tiefliegenden großen Garten der städtischen Entbindungsanstalt gingen im Sommer abends in langen Reihen zehn, zwölf schwangere Frauen mit unheimlich gewölbten Leibern singend auf und ab.

An manchen Tagen hingen da drüben auf Stricken große Leinwandstücke, an welchen man verwaschene breite dunkle Blutspuren sah, die mir rätselhaft waren. Jetzt in der Winternacht, da ich am geöffneten Fenster die Sterne über dem Hof betrachtete, waren drüben immer einige erleuchtete Fenster, hinter denen die Nachtlampen noch brannten, auch wenn ich morgens im Dunkeln aufstand und zur Schule ging. Im Winter hörte man wenige Stimmen herübertönen, aber sobald es Frühjahr wurde und die Fenster in den Nächten bis zum Herbst geöffnet standen, drangen plötzlich am hellen Tage oder mitten in der Nacht Frauenschreie aus jenem Haus über den Garten, her, Schmerzensschreie, welche die Namen Gottes und aller Heiligen laut ausriefen. Manchmal wuchsen die Schreie zu einem Schmerzensgekreisch und einem Schmerzgeheul an, setzten plötzlich aus, winselten dann, kamen wieder in langgezogenen Klagetönen, gellten von Neuem auf, und dann war es plötzlich still. Ein quäkendes feines Weinen begleitete oft die Frauenstimmen, und dies Quäken und Wimmern eines neugeborenen Kindes klang wie eine kleine Lämmerstimme nächtelang weiter.

War ich als Knabe auf dem Hof, wenn die gewaltigen Schmerzschreie einer gebärenden Frau von drüben einsetzten und bleiche Gesichter in den verschiedenen Stockwerken unseres Hauses an den Küchen- und Gangfenstern erschienen, dann rief mein Vater mich vom Atelier aus ins Haus herein und schickte mich zu irgendeiner Besorgung fort. Begann aber das Geschrei in der Nacht, so schloss er das Schlafzimmerfenster. Er trat dann wohl auch an mein Bett, wo ich aufgerichtet saß und gruselnd horchte, und er sagte: »Schlafe nur, Junge. Da drüben klagen Frauen, welche leiden in der Stunde, wo sie gebären. Auch Du bist so unter Schmerzen von Deiner Mutter geboren worden. Bedenke das, und mache der Toten Freude. Du verstehst noch nicht, wie viel die Eltern aushalten müssen, bis sie ein Kind großgezogen haben. Jene Schreie sind der Anfang der Elternschmerzen, die erst enden, wenn Vater und Mutter tot sind. Denn von der Geburtsstunde eines Kindes an müssen die Eltern bis zu ihrem eigenen Tod immer um das Kind zittern, und das Vater- und Mutterherz schreit immer heimlich auf, weil die Sorgen um die Kinder es nie verlassen.«

Nach solcher Erklärung klangen mir die Schreie aus der Anstalt drüben feierlich, und ich behorchte sie nicht mehr bloß mit meinen Ohren. Ich dachte an meine tote Mutter. Aber mit dem seufzenden Gedanken, dass auch die Kinder ihre Schmerzen haben, nicht bloß die Eltern, schloss ich zuletzt meine Augen zum Schlaf.

Den Plan mit Java hielt ich noch ein ganzes Jahr aufrecht. Er war mein Halt, wenn mir der Geist meines Vaters und der Drill der Schule zu streng erschienen.

Als ich mit achtzehn Jahren, aber erst nach einem Misserfolg, bei einer zweiten Prüfung die Berechtigung zum einjährig-freiwilligen Dienst erhalten hatte, war mein Vater sehr glücklich. Als Ausdruck seiner Freude ließ er mich im Frühjahr 1886 eine mehrmonatige Reise durch Norddeutschland machen. Ich sah zum ersten Male Dresden, wo ich einige Wochen in einer schönen Villa bei alten Petersburger Freunden in Blasewitz weilte, kam dann in die Sächsische Schweiz und nach Berlin, besuchte eine verheiratete Schwester in Mecklenburg und reiste dann nach Magdeburg, Dessau, Naumburg und Weimar, wo mich überall meines Vaters Verwandte herzlich empfingen. Nach Hause zurückgekehrt, hoffte ich nun nach München zu kommen und Maler werden zu dürfen. Aber mein Vater bat mich, mir Zwang aufzuerlegen und in sein Atelier einzutreten, die Photographie zu lernen und ihm bei den chemischen Versuchen zu helfen. Er begründete diesen Vorschlag damit; »Ein altbewährtes Atelier wie das unsrige ist eine Goldmühle. Deine Künstlerpläne dagegen kannst Du immer noch ausführen. Wenn Du Dir eine gesunde Grundlage zum Geldverdienen verschafft hast, kannst Du immer noch nebenbei Maler werden, dann wird Dich das Malen so ergötzen, wie mich Jagd, Reiten und Schach neben meinen Berufspflichten glücklich gemacht haben. Ohne Pflichterfüllung ist kein edler Genuss denkbar. Gehorche mir, und Du wirst es nicht zu bereuen haben. Glaube mir altem Mann, der ich so viel Lebenserfahrung auf meinen Schultern trage und jung und aufrecht geblieben bin. Beweise Dir durch Selbstzucht, dass Du einen spielerischen Herzenswunsch, wie es doch die Malerei im Grunde bei Dir ist, zugunsten des Lebensernstes unterdrücken kannst. Erst erarbeite Dir Brot, und dann spiele zur Erholung. Denn um Dich der Künstlerlaufbahn zu überlassen, müsste ich doch erst einen Beweis haben, dass Du ein Künstler bist; und wer gibt mir den? Tatsache ist, dass jeder Mensch Essen, Trinken und Wohnung haben muss, dazu reinliche Wäsche und reinliche Kleidung. Wann und wo willst Du die Mittel dazu hernehmen? Gesetzt den Fall, Du bist wirklich ein Künstler, so dauert es unendlich lang, bis Du nach mühseligen Studien zu einem kleinen Verdienst kommen kannst. Ich habe Dich vor einem Jahr zu einem achttägigen Besuch nach München mitgenommen, und Du erinnerst Dich wohl noch, dass in dem großen Glaspalast viele viele Säle voll Bilder hingen. Die Wände waren dicht bedeckt mit bemalten Leinwänden, die in ihren breiten Goldrahmen recht fröhlich aussahen. Aber bedenke, welche Not, welche Tränen» welche Entbehrung und welche Flüche vergrämter Menschen an Hunderten dieser scheinbar so lustig anzusehenden Ölbilder und Studien hängen mögen. Mancher Zuchthäusler, der seine Zuchthausarbeit nur bei Wasser und Brot, aber bei regelmäßiger Kost und freier Wohnung bekommt, wird es besser haben als jene tausend halben Talente, die da in ihren Ateliers darben, die hungern müssen, um Farben kaufen zu können, und die dann ihre mühevollen Arbeiten um Spottpreise verschleudern müssen, um nur Miete und Brot bezahlen zu können. Und was wird aus ihnen, wenn sie krank werden? Die Lustigkeit, mit der sie sich vielleicht einige Jahre über die ersten Hindernisse hinwegsetzen, wird wohl nicht lange anhalten. Viele ergeben sich dem Trunk. Das Gitarrengeklimper in den Ateliers hört sich ganz hübsch an, wenn man mal einen Abend im Kreise fröhlicher Künstler verbringt. Aber welche Not habe ich schon gesehen! Zwanzig junge Akademiemaler arbeiteten für mich in Petersburg. Ich bin in vielen Ateliers herumgekommen, als ich das Album für den Zaren auf Bestellung der Generalin Buturlina arbeitete und mir die Maler die Bilder mit Farben schmückten. Ich hätte mit keinem jener Künstler tauschen mögen. Trotz aller Schwierigkeiten in der Photographie, die mir das Leben so schwer machten, war ich doch sicher nie so unglücklich wie viele jener Künstler, die sich als neue Rubens und neue Rembrandts fühlten und dann eines Tages kläglich zugeben mussten, dass sie nur kleine Winkelmacher geworden waren.«

In dieser Weise sprach mein Vater auf mich ein und suchte mich von meinem Plan, Kunstmaler zu werden, abzubringen. »Willst Du nach allem diesem, was ich Dir ausmalte, trotzdem den Weg der Not gehen, statt hier in meinem Atelier im Wohlstand zu bleiben und Deinem Vater die Bürde des Alters zu erleichtern, so geh!«

»Ja, ich will es«, sagte ich, »Ich habe nie Sinn für die Photographie gehabt. Ich werde Dir keine Stütze sein können. Du hast oft gesagt, Deine Söhne dürfen werden, was sie wollen, wozu sie Lust und Anlage haben, daran wolltest Du sie nicht hindern.«

»Aber ist es nicht ein Wahnwitz?« rief mein Vater aus. »Ich kann doch nicht zusehen, wie Du in Dein Verderben läufst. Ich müsste ein Rabenvater sein, wenn mir das Herz nicht brechen würde, wenn Du später einmal als verzweifelter Künstler zu mir zurückkämest und mir berechtigte Vorwürfe machtest, dass ich erfahrener Mann Dich nicht vom Wege des Elends abgehalten hätte.«

»Ich werde elend, wenn ich etwas tun muss, was ich nicht tun kann und wozu mich keine Lust treibt«, entgegnete ich ruhig. »Zur Arbeit gehört Wille und nicht Lust allein«, brauste mein Vater auf. »Du hast keinen Willen zur Arbeit. Du willst immer nur träumen, das habe ich Dir von Deiner Kindheit an vorgeworfen und habe Dein Geträume nicht ausrotten können, nicht mit Strenge und nicht mit Güte. - Gut. Ich will Dich Maler werden lassen. Aber ehe Du nach München gehst und ich Dich nicht mehr im Hause halten kann, verlange ich, dass Du erst ein der Malerei verwandtes Handwerk lernst, womit Du, wenn Dir die Malerei später nicht glückt, Deinen Lebensunterhalt verdienen kannst. Du sollst Dir erst Selbstzwang antun, Du sollst erst hier in der Stadt die Lithographie lernen, wenn Du keine Lust zur Photographie hast. Ich bringe Dich in eine lithographische Anstalt.«

Ich konnte meinem Vater nicht so energisch widersprechen, wie dies der Fall gewesen wäre, wenn ich mich durch und durch für den Beruf eines Malers auserwählt gefühlt hätte. So aber wusste ich aus Erfahrung, wenn ich zwei, drei Tage in meinen Ferien draußen zeichnend vor einer Landschaft gesessen oder in meinem Zimmer zu Hause eingeschlossen an einer Zeichnung oder an einem Aquarell gearbeitet hatte, dass ich auch dieser leidenschaftlich geliebten Kunst endlich satt wurde. Das Zeichnen und Malen machte mich nach einiger Zeit stumpf, und es wurde mir überdrüssig. Ich sah ein, dass ich von einer unermüdlichen Lust durchdrungen sein müsste, um meinem Vater zu beteuern, dass ich Maler und nichts als Maler werden könnte, aber ich wusste, dass ich nicht genug Lust zum Malen hatte, und konnte ihn deshalb nicht überzeugen, dass er es aufgeben möchte, mich außer der Malerei ein brotbringendes Handwerk lernen zu lassen. Ich fühlte seit einiger Zeit wohl, dass der stete Hang zum Träumen, zur Versunkenheit und Ergriffenheit, der sich Tag und Nacht in mir immer mehr verschärfte, einen tieferen Grund als den einer vorübergehenden Stimmung haben musste. Aber ich wusste nicht, dass die heilige Dichtkunst sich auf diese Weise in mir vorbereitete. Nie hätte ich gewagt, von der Dichtkunst als Beruf zu sprechen, da ich vor dem Dichten die höchste Ehrfurcht und Scheu hatte, sodass ich mir noch nicht vorstellen konnte, auch nur zu versuchen, Reime zu machen. Denn das fühlte ich, es waren nicht die gereimten Reime, auf die es ankam. Es war der Rhythmus der Ergriffenheit, der in einem Gedicht gegeben werden musste. Aber dass die Liebesleidenschaft der erste Anstoß zum Liebeslied ist und den Rhythmus im werdenden Dichter gebiert und ihm Mund und Herz öffnet, auf dass sie Lieder singen wie Nachtigallen, die nicht bloß vor dem Mondschein ihre Lieder finden, sondern vor dem Weibchen, das sie an sich locken wollen - das wusste ich noch nicht, und niemand konnte es mir sagen; das musste ich erst an mir erfahren. Das leichte Jünglingsschwärmen hatte sich noch nicht zu mannhaftem Liebestrieb entwickelt. Wie die Hirsche im Oktober schreien, wenn die Liebeslüste sie kampfsüchtig machen, wie der Auerhahn blindlings sich in einen verzückten Zustand von Liebestollheit frühmorgens vor Sonnenaufgang hineinlacht, wie die Bäume im Mai sich mit Blüten besternen, welche trunkene Wohlgerüche weit um sich verbreiten, als ob sie ihre Liebeslust zur Zeit der Blütenbefruchtung mitteilsam macht und sie Duft und Blütenfarben erfinden lässt, und wie selbst die Wolken Stimme bekommen, wenn sich ihre Elektrizitäten ineinander entladen, wenn sie schwül sich einander nähern, Blitze einander zuwerfen und donnernd sich besingen; wie alles hundertfach lebt, wenn es sich zum Liebesrausch, zum einzigen Lebenszweck, zur Fortpflanzung des Lebens hingerissen fühlt und sich entfacht zu seelischen und geistigen Ekstasen, zum Gipfel der Lebenslust, welcher Liebe heißt - das hatte ich noch nicht an mir erfahren und wusste auch noch nicht, dass dann und *nur dann*, wenn das Menschenherz liebt und glüht, einem zur Dichtung geborenen Menschen der erste echte Reim, der echte Rhythmus, das echte Lied gelingen kann. Damit ist dann auch seine Geburt zum Dichter ein für alle Mal vollzogen, und er wird die durchlebte Herzwallung nie wieder vergessen. Denn sie hat sein Herz zum ersten Mal aus dem Alltag losgerissen und auf sich selbst gestellt, sodass es dann für immer als ein selbständiges Ich im Weltall Stimme hat, Stimme noch über den Tod seines Leibes hinaus.

Ohnmächtig stand ich junger Mann damals vor meinem eigenen ungeborenen dichterischen Ich. Was von mir lebte und auf Erden umherging, hatte noch farblosen Schein wie eine Wolke vor Sonnenaufgang, deren Umrisse nicht klar dastehen. Ich fühlte, dass mein Vater sich irrte, ich fühlte, dass ich weder Handwerker sein konnte noch, wenn ich einmal aufwachen würde, Maler werden wollte. Dichter werden! -o, wie ich mich sehnte, das laut sagen zu dürfen! Aber wie konnte man das werden? Dann hätte ich sofort dichten und Beweise geben müssen. Gestützt auf meine Lust zum Träumen, konnte ich meinen Vater doch nicht bestimmen, dass er mich berufslos durch die Welt wandern lassen sollte, bis eines Tages Lied um Lied aus mir sprudeln würde. Heute weiß ich es, dass ich so veranlagt bin, dass, wenn es keine Liebesleidenschaft und Liebessehnsucht gäbe, ich nie ein Lied geschrieben hätte; dass ein Lied nur aus mir kommt, wenn jene Schauer ans Herz rühren, die man nicht bestimmen kann mit den Worten Weh und Wohl, jene Schauer, unter denen sich das Herz windet, bald in

Verzückung beglückender Liebesvorstellungen, bald in Zerrissenheit der Liebeszweifel und doch trunken vor Liebessehnsucht.

Damals, als mein Vater zu mir sprach: »Arbeite! Erst arbeite, dann spiele!«, fühlte ich mich unklar vor einer Offenbarung stehen, die über mich kommen musste. Ich fühlte, ohne mich noch ausdrücken zu können, mein Inneres voll von summenden Stimmen, ähnlich wie es in einem Bienenstock tagelang unruhig summt, ehe das Bienenvolk sich anschickt, den Bienenkorb zu verlassen und zu schwärmen. Ich benahm mich darum in dieser Unklarheit scheinbar willenlos und gab dem Geiste meines Vaters in allem nach, sodass er beinahe anfing, mich zu verachten. Er wunderte sich, dass ich nicht mehr Widerstand leistete und nicht mehr darauf bestand, Maler und nichts als Maler zu werden. Das merkte ich ihm an.

Während mein Vater stets mit einsetzendem Willen sein Leben nach klarem Plan hatte aufbauen können, war ich und bin ich noch heute nur dann stark, wenn ich äußerlich meinen Willen ausschalte und dafür das Weltganze über meinen Willen setze und walten lasse. Immer kam in meinem Leben von selbst, was ich im tiefsten Unterbewusstsein gewünscht hatte, nie aber konnte ich mit äußerlichen Willensanstrengungen zu meinen tiefsten Wünschen gelangen. Sie lagen immer so unergründlich tief, dass nur der Arm des Weltwillens sie mir holen konnte. Ihm muss ich es immer überlassen, ob *et* Erfüllung bringen will, und muss mich wunschlos machen, um Wunscherfüllung zu erhalten.

So ließ ich mich von meinem Vater in eine lithographische Anstalt bringen, wo ich monatelang mit Lineal, Feder und Nadel auf mit Rußmasse geschwärzten Steinen arbeitete. Zur Malerei verhält sich dieser Beruf ungefähr wie der genaue Sekundenzeiger einer Taschenuhr zum breiten Schattenzeiger einer Sonnenuhr. Diese zeigt nur bei schönem Wetter die Zeit, die andere aber, die Sekundenuhr, ist peinlich in der Zeitbestimmung, und keine Sekunde entgeht ihr. So sind die Striche auf den lithographischen Platten. Sie mussten genau gearbeitet werden, peinlich genau. Es war mir dabei, als müsste ich die Poren der Haut meines ganzen Körpers zählen und sollte nach dieser Arbeit abends glücklich sein und mir einreden, ich hätte genussreich gearbeitet. Wohl hatte ich mit Augen und Fingern gearbeitet, hatte Steine aus dem

Keller geholt, sie am Ofen gewärmt, sie geschwärzt und mit Linien vollgeschrieben. Aber keine Genugtuung hatte ich davon, und stumpf erschöpft schien ich mir am Abend, ärmer als jeder Pferdeknecht, der seine Gäule liebt, pfeifend seine Tiere striegelt, seinen Lohn einstreicht und mit Zufriedenheit dann den Schlaf des Gerechten schlafen darf.

Mein unbewusster Kampf gegen den Geist meines Vaters war aber durch meine Nachgiebigkeit noch nicht beendet. Eine noch viel schlimmere Zeit sollte beginnen. Mein Vater mochte bald wohl selbst einsehen, dass ich nicht für die Lithographie geboren war. Auch von der lithographischen Anstalt aus sagte man es ihm. Wieder war das »Träumen« daran schuld, dass ich nicht so nützlich sein konnte, wie es von mir verlangt wurde. Wieder kam eine Unterredung. Glaubte ich nun, jetzt würde ich wenigstens einigermaßen künstlerische Freiheit erhalten und in München die Malerlaufbahn beginnen dürfen, um dann später zu werden, was ich wollte, so hatte ich mich sehr geirrt.

Die Goldmühle, das Atelier, wurde mir wieder von meinem Vater in den lebhaftesten Farben geschildert. Unter Tränen und Bitten überredete er mich, ihm wenigstens ein Jahr lang den Beweis zu geben, dass ich mich seinem Willen unterordnen könne. Ich sollte für ein Jahr Photograph werden und die Malerei nur nebenbei betreiben. Ihm zuliebe sollte ich den Versuch machen, ihm, dem alten Mann zuliebe, so bat er mich. Ihm hatte seht Beruf so viel Freude gemacht, dass er es nicht begreifen konnte, warum ich nicht auch Freude daran finden könne. Da er ein Menschenalter lang in der Ausübung der Photographie in Leipzig, Petersburg und Würzburg gelebt hatte, sollte ich es wenigstens ein Jahr lang mit diesem Beruf versuchen. Ich ließ meinen Vater walten und machte mich widerstandslos, ließ alles über mich ergehen, ähnlich den Leuten, die sich auf Reisen befinden und wissen, dass das Leben im Eisenbahnwagen oder auf einem Schiff einmal, sobald man ans Ziel gekommen ist, aufhören muss. Ich wurde dann von meinem Vater und von jener Dame, die unser Atelier leitete, in alle Geheimnisse und alle Handgriffe der Photographie eingeweiht. Kam ich vorher bei dem haarscharfen lithographischen Zeichnen darauf, dasselbe mit der Arbeit eines Sekundenzeigers zu vergleichen, so erscheint mir dagegen die Arbeit im photographischen Atelier ähnlich der Einteilung einer Sekunde in tausend Sekundenteile; und es war mir, als müsste ich jetzt alle die flüchtigen Stäubchen zählen, die in einem Sonnenstrahl wirbeln, so mühselig erschien mir mein Tagewerk. Ich sollte alles tun, was mir verhasst war. Ich musste jeden Tag im Atelier Dutzende von Menschen an mir vorübergehen lassen; musste sie, die mich gar nichts angingen, aufmerksam beobachten; musste in zwei Sekunden erkennen lernen, ob die linke oder die rechte Gesichtshälfte eines Menschen vorteilhafter für sein Bild war oder ob sein Gesicht von vorn schöner sei als von der Seite. Der Haaransatz an den Schläfen, die Bildung des Ohres, die Bildung der Nase waren dafür maßgebend, sagte man mir. Da die beiden Gesichtshälften der Menschen verschieden sind, musste man sich in einigen Sekunden für die eine regelmäßigere Seite des Gesichtes entscheiden. Dieses plötzliche, blitzartige Sehenlernen machte mich Träumer schwindlig. Hatte eine Person Fettpolster am Halse, unter dem Kinn, so musste ihr das Kinn gehoben werden. Auf die Falten der Kleider, auf jeden offenen oder zugeknöpften Knopf, auf einseitig gehobene Schultern, auf jede Locke der Haarfrisur, auf den richtigen Sitz von Schmuck und Krawatte, auf Sommersprossen, Leberflecken, Warzen und Wärzchen musste ich achten. So lehrte es mich mein Vater. Dazu kam noch die Beobachtung des wechselnden Sonnenlichtes, das Kommen und Gehen der Wolkenschatten, das richtige Verschieben der Vorhänge zur Atelierbeleuchtung, gar nicht zu sprechen von den Chemikalienzusammenstellungen und von den peinlichen, gewissenhaften Handgriffen, mit denen das heikle Aluminiumpapier ebenso wie die polierten Glasplatten und die dünnen empfindlichen Gelatineschichten behandelt werden mussten.

Mein Tag begann ungefähr so: Dreißig Personen kamen an, eine Hochzeitsgesellschaft, ein Gruppenbild. Jede dieser Personen ist eine Welt aus Licht und Schatten, jede eine verkörperte Eitelkeit, die in der Sekunde der Aufnahme das vorteilhafteste Gesicht ihres ganzen Lebens aufsetzen soll. Alle diese dreißig Personen, die sich sonst nie im Leben zusammengefunden haben, sollen jetzt plötzlich in drei Minuten von mir vorteilhaft zusammengesetzt werden, von mir, der ich die Leute in meinem Leben noch nie gesehen, der ich von ihrem Lachen, ihrem Sprechen, ihren Gesichtszügen verwirrt werde, von mir sollen diese Wildfremden zu einem harmonischen Ganzen vereinigt werden. Ein Bild soll in fünf Minuten entstehen, das noch nach fünfzig Jahren den Enkeln zur goldenen Hochzeit gezeigt werden soll! Welch eine Verantwortlichkeit, welch eine Nervenerschütterung für einen Träumer, wie ich es war!

Die Dreißig verschwinden dann nach geglückter Aufnahme. Ein schreiendes kleines Kind wird gebracht. Alle Stühle im Atelier, alle Tische und Geländer sind aber nicht mit den Dreißig verschwunden, sollen jedoch sofort zu Luft werden, da das Kind keine Zeit hat, da es von auswärts zugereist ist und die Sonne im Mittag steht und auch keine Zeit hat. Ich junger Mensch, der ich kaum mit mir selbst fertig werde, soll nun lächelnd den Kinderfreund spielen. Aber meine Augenbrauen sind dem Kind zu Schwarz. Es brüllt mich an. Die Mutter behauptet, sein Vater habe blonde Augenbrauen, darum wolle das Kind sich nicht beruhigen. Ich spiele mit ihm Pferdchen und rufe »Kuckuck«. Diese Aufnahme ist endlich auch fertig. Das Kind reist aufs Land. Die Platte aber zeigt später Flecken. Quer über dem Gesicht des Kindes zeigt sich eine Blase im Glas. Das Bild kann unmöglich abgeliefert werden.

Inzwischen wird eine Leiche angemeldet. Ein Graf hat sich erschossen. Die Beerdigung ist morgen. Der Apparat muss in des Toten Wohnung geschickt werden. Sobald ich mit den nächsten Aufnahmen fertig bin, muss ich hineilen. Erst sind aber einige Studenten zu erledigen. Beim Studenten, nicht zu vergessen, Du Träumer, immer *die* Gesichtshälfte photographieren, die die meisten Schmisse aufweist. Sonst gefällt das Bild der menschlichen Eitelkeit nicht, wenn es auch noch so ähnlich ist. Welche rührenden Geschmacklosigkeiten muss ich mit heldenhafter Selbstverleugnung auf dringenden Wunsch ausführen!

Eine Großmutter will das Bild ihres Enkelkindes in der Hand halten, damit es auch auf der Photographie mit zu sehen ist. Unter diesem bekränzten Bilde steht mit großen Buchstaben: Ich gratuliere. - Damen, die nie offenes Haar tragen, wollen plötzlich das spärliche Haar bis auf den Gürtel fallen lassen.

Und Blumen sollen auch noch in das dürftige Haar hineingestreut werden. - Ein Ring an einer Hand hat sich verschoben. Der Stein ist nicht zu sehen, weil er unter den Finger gerutscht ist. Beim Empfang des Bildes ruft die Dame aus: »Sie haben mir ja einen Ehering hinfotografiert! Meine Mutter ist außer sich. Sie sagt, das Bild könne man niemandem zeigen.« - Einjährige mit und ohne Helm. Streng zu beachten, dass der Uniformknopf über dem Leibgurt sitzt! -Blaue Augen dürfen nicht ins Licht sehen, sonst sind sie gequollen wie Fischaugen und weiß wie Porzellanknöpfe. -Einen zittrigen alten Herrn trifft während der Aufnahme vor mir der Schlag. Das Bild sollte für die Enkel sein, für die Nachwelt. Dieser Aufregung des Sichfotografierenlassens war er nicht mehr gewachsen.

So ungefähr verliefen jetzt meine Vormittage, die erst gegen vier Uhr endeten, wonach mich dann das kalt gewordene späte Mittagessen, das stundenlang gewartet hatte, so gleichgültig ließ wie der Rest des Tages. Die Spätnachmittagstunden verbrachte ich im Versuchslaboratorium, wo mein Vater mich bei Jod- und Bromdämpfen und roter Laterne oft bis elf Uhr nachts hinstellte mit dem Auftrag, seine Emulsionsversuche zu bewachen, Bromsilberemulsionen zu mischen und zu kochen und Bromsilberplatten anzufertigen. Meine spärlichen Erholungsstunden sollte ich mit dem Lesen photographischer Fachschriften verbringen, sollte ein chemisches Tagebuch über die verschiedenen Emulsionsversuche führen.

Zu meinem Schrecken mehrten sich die Aufnahmen im Atelier, seit ich dort eingetreten war, von Tag zu Tag. Es hatte sich in der Stadt herumgesprochen, dass der jüngste Sohn dort tätig sei. Man wollte sich das ansehen.

Ich rechnete im Stillen jeden Tag vom Jahre ab. Und als das Jahr dann um war und ich vor meinen Vater trat und ihm sagte: »Nun habe ich Dir bewiesen, dass ich mir Zwang auferlegen konnte. Nun lass mich gehen. Lass mich nach München und Maler werden«, da antwortete er ein wenig erstaunt: »Ich habe mich nicht über Dich zu beklagen«, sagte er. »Ich kann es Dir ja gern gestehen, ohne Dir zu schmeicheln - Du benimmst Dich ausgezeichnet im Atelier und bist mir eine große Stütze meiner alten Tage. Ich bin sehr zufrieden mit Dir. Siehst Du, man weiß nie, was alles in einem verborgen ist, bis man sich geprüft hat. Niemals hätte ich geglaubt, dass so viel Talent zur Photographie in Dir steckt. Mache nun keine Dummheit und gib den schönen Beruf nicht auf.« Ebenso sprachen meine Schwester und meine Kusine auf mich ein.

Ich war nun von meinen Angehörigen gegen meinen Willen hl die Photographie eingesponnen. Ich machte verschiedene Anläufe, um mich sanft von dem Bann, den der Geist meines Vaters auf mich ausübte, zu befreien, denn mein eigener Geist wurde nicht schwächer, sondern immer stärker und forderte seine Rechte. Er zweigte sich wie ein Ast vom Stamme ab und wollte in seine ihm eigene, von seinem Schicksal ihm vorgeschriebene Richtung wachsen.

Von 1886 bis 1889 quälte ich mich ab, mir noch Gewalt anzutun und mich möglichst dem Wunsch meines Vaters zu unterjochen. Im Frühjahr 1889 aber ließ mich mein Vater auf meinen dringenden Wunsch nach Genf gehen, wo ich als Volontär in ein großes photographisches Atelier eintrat und mich nebenbei in der französischen Sprache vervollkommnte. Von der Malerei war längst nicht mehr die Rede. Dieser Hang, der nie mein innerster gewesen, war langsam eingeschläfert worden, sodass ich selbst kaum mehr an ihn dachte. Wohl zeichnete und malte ich in meinen wenigen Mußestunden manchmal, aber den Gedanken, Maler zu werden, hatte ich aufgegeben, denn ich *schrieb* jetzt heimlich in den Nächten.

In Genf war ich ein Vierteljahr. Von dort floh ich ganz plötzlich im Sommer ohne Wissen meines Vaters nach Petersburg. Ich wusste nicht recht, was ich dort wollte. Ich fühlte nur, dass ich bei den Verwandten meiner Mutter in Russland für mich Hilfe suchen müsste, um von dem geistigen Druck, den mein Vater auf mich ausübte, loszukommen. In meiner Verzweiflung hatte ich mich sogar auf der Reise dorthin in Berlin mit einer entfernten Kusine meiner Stiefschwestern, die ich nur ihrem Bilde nach kannte, Hals über Kopf verloben wollen. Ihr Bild hatte mir gefallen. Es stand seit Jahren in unserem Wohnzimmer, und ich hatte es oft betrachtet. Diese junge Dame war in Petersburg geboren, aber später mit ihrer Familie nach London und dann nach Deutschland gezogen. Ihr Vater war Bankdirektor. Ich kam mit Herzklopfen in ihr Haus bei Berlin, wo sie jetzt wohnten. Ich hatte »Unter den Linden« einen großen Rosenstrauß gekauft und einen Verlobungsring. Mein überstürzter Antrag erregte aber die höchste Verwunderung, denn man kannte mich gleichfalls nur von Familienbildern, und so reiste ich gleich weiter nach Petersburg. Ich hatte durch diese schnelle Verlobung eine Handlung begehen wollen, die mich selbständig machen sollte.

Zu welchen Gewalttaten der Geist eines Mannes einen ändern Mann drängen kann, wenn der eine der Vater und der andere der Sohn ist, dies sehe ich heute erst vollständig und bewusst. Damals handelte ich unbewusst, indem ich auf die Art meines Vaters mit meiner Art antwortete. Ich fand keinen Boden für meine Träume zu Hause. Nur heimlich hatte ich in den letzten Jahren, in den Nachtstunden vor Weihnachten, zu schreiben begonnen. Ich hatte ein langes Epos gedichtet, eine Art Ritterromanze, die ich meinem Vater zu Weihnachten geschenkt hatte. Er war nicht sehr erbaut davon gewesen. Er sagte in den Weihnachtsfeiertagen nach dem Durchlesen: »Das ist alles gut und schön. Aber vergiss nicht die Pflichten Deines Berufes.«

Meines Berufes?! Seit ich in den stillen Nachtstunden über dem Schreiben so innig glücklich gewesen, während ich mit den Gestalten meiner Dichtung Frühling und Liebe feierte, obgleich es noch Winter war und obgleich ich auch die Liebe bis jetzt nur vom Hörensagen kannte, seitdem ahnte ich jetzt, wo mein Beruf lag. *Ich wollte ein Dichter werden!* -

Mein Vater war aufs Äußerste aufgebracht, als er erfuhr, dass ich, statt von Genf nach Hause zu kommen, nach Petersburg zu meinen russischen Verwandten gefahren sei. Er schrieb mir, er verstehe mich nicht mehr. Früher hätte ich mich vertrauensvoll mit ihm besprochen und nie gegen seinen Willen gehandelt und jetzt hinterginge ich ihn und würde der Nagel zu seinem Sarge werden. Er begreife nicht, was ich in Russland wolle. -

Ich begriff es auch nicht. Warum hatte man mich nicht einfach von zu Hause aus nach München gehen und Maler werden lassen? Warum hatte man sich eingeredet, dass ich im photographischen Beruf glücklich und zufrieden sei, weil ich nicht täglich laut klagte? - Mein Vater war siebzig Jahre alt, ich zweiundzwanzig, als ich nach halbjährigem Aufenthalt aus Petersburg zu ihm nach Würzburg zurückkehren musste. Noch einmal sollte ich es versuchen und das Atelier leiten. Er versprach mir die größten Freiheiten. Ich sollte nur bis nachmittags zwei Uhr arbeiten und von da ab meinen jetzt eifrig betriebenen schriftstellerischen Arbeiten nachgehen dürfen. Bis zum Jahre 1891 bin ich im Atelier meines Vaters geblieben. In der Zeit kurz vorher schrieb ich meinen ersten Roman und legte meinen Mantel nachts an die Türschwelle, damit mein Vater nicht durch die Türritze, wenn er spät vom Schachklub heimkam, das Licht entdecken und mich zum Schlafengehen mahnen sollte.

Mein Vater und ich gingen zu jener Zeit im Hause aneinander vorbei, einander fast fremd geworden. Ein Vierteljahr hindurch, ehe ich das Atelier für immer verließ, sprachen wir fast nicht mehr zusammen. Ich konnte auf alle seine Fragen nur mit Ja oder Nein antworten. Denn ich war todmüde vom Druck seines Geistes geworden.

In jener gequälten Zeit saß ich immer bei Tisch an der Wand unter einem großen Ölbilde, das das einzige kostbare Stück war, das mein Vater aus Petersburg von seiner Wohnungseinrichtung mit nach Deutschland gebracht hatte. Das Bild war anderthalb Meter im Quadrat und füllte ein großes Stück der Wandfläche. Immer wenn ich zu Tisch kam, fiel mein Blick über den Kopf meines Vaters fort auf das große Bild. Es war eine herrliche Kopie aus der Petersburger Eremitage und stellte den jungen Apostel Johannes dar, von dem Italiener Domenico gemalt. Das Gemälde war aus dem Nachlass eines russischen Generals zu uns gekommen; dieser hatte eine Schuld für gelieferte Photographien bei meinem Vater stehen und war gestorben, und seine Erben hatten die Schuld mit dem herrlichen Bilde bezahlt.

Johannes, der Apostel, sitzt dort überlebensgroß in einem Scharlachmantel im Halbdunkel. Seine Hände schlagen ein schweres Buch auf, in welches er seine Offenbarungen niederschreiben soll. Er hebt den Kopf und sieht aufwärts. Seine Stirn ist hell von einem überirdischen Licht erleuchtet. Sein Gesicht ist jung, edel. Die großen Augen sind willig und durchdringend ins Dunkel gerichtet. Er scheint über sich das Flügelrauschen des mächtigen Adlers zu hören, der ihm in seinem Schnabel eine Feder zur Niederschrift der wunderbaren Gottesträume bringt. Der Adler schwebt nah hinter des Apostels Haupt heran. Die Umrisse des von Gott gesandten Vogels treten schwach beleuchtet, aber in starken großen Linien aus der Finsternis hervor. Johannes wendet dem Adler den Rücken. Seine bartlosen Lippen, sein weicher, fraulicher Mund und seine frauenhaften unschuldigen Augen drücken keine Askese aus, nicht Lebensverneinung, sondern Lebens Bejahung und wollen Verherrlichung des Lebensgefühles aussprechen und von Himmel und Erde berauschende Wunder berichten.

Unter diesem Bilde saß ich jeden Mittag und Abend bei den Mahlzeiten, schweigend die letzten Monate des Zwanges erduldend, bis ich mich eines Tages gewaltsam freimachte. Ich stand im vierundzwanzigsten Lebensjahr. - Es war zwei Tage vor Weihnachten. Die Weihnachtsarbeit im Atelier war zum größten Teil erledigt. Da trat ich vor meinen Vater hin und sagte ihm, dass ich jetzt das Haus verlassen würde. Ich fühle, dass mich innerste Notwendigkeit zum Schreiben und nur zum Schreiben hintreibe. Dass ich die Welt sehen müsse, mit freien Augen, mit zwecklosen, und nicht mit geschäftlichen Blicken. Um wahre Bilder des Weltbildes und künstlerische in mir zu erhalten, müsse ich den Geschäftssinn beiseitelassen und Augen und Ohren und Herz nur für die Gefühlswelt offen haben.

Diesmal weinte mein Vater nicht. Er wurde blass, als ginge mit mir sein Blut von ihm fort. Es wurde mir weh, aber ich machte mich hart gegen jede Rührung. Und als er mich fragte, warum ich vor Weihnachten gehen wolle, konnte ich ihm nur sagen, dass ich jede Stunde, die ich länger bliebe, für verlorenes Leben halte. Es scheine mir, als hätte ich seit Jahren ein verlorenes Leben gelebt. Es widere mich an, Familienfeste zu feiern, da ich innerlich ein Fremder in der Familie geworden, weil ich nicht mehr nachgiebig und unterwürfig sein könne wie früher. -

Ich reiste am nächsten Tage von zuhause fort. Mein Vater trat ins Zimmer, ehe ich zum Bahnhof ging, und überreichte mir zum Abschied eine Reisedecke und ein Rasiermesser. »Dies gebe ich Dir mit, nicht weil ich Deine Abreise gutheiße«, sagte er, »sondern damit Du meine Fürsorge daraus erkennen sollst. Lass Dich auf der Reise nicht von fremden Friseuren rasieren, damit Du Dich keiner Ansteckung aussetzt. Die Decke soll Dich auf Deinen Reisen vor Erkältung schützen.« - Ich erwähne dieses, weil jene

Abschiedsgeschenke so recht den Geist meines Vaters kennzeich-
nen. Niemals schenkte er zwecklose Dinge? Wenn er nicht Thermometer, Barometer oder Ferngläser verschenkte, so waren es
aber sicher Dinge aus Stahl und Eisen oder gesundheitsnützliche
Sachen.

Nach einiger Zeit setzte mir mein Vater eine kleine Monatsrente
aus, die zu wenig war zum Leben und zu viel zum Verhungern.
Er wollte mich dadurch zwingen, den Hang zum Schreiben aufzugeben und nach Hause zurückzukehren. Aber mit Hilfe von
guten Freunden, die meine Verzweiflung besser verstanden als
meine Angehörigen, lebte ich fern von zuhause einige Zeit aufs
Dürftigste, bis mein Vater den Monatszuschuss ein wenig erhöhte. - Endlich, nach einigen Jahren, nachdem er manchmal Besprechungen über meine ersten Schriftstellerarbeiten gelesen hatte,
empfing er mich 1894 eines Abends bei einem Besuch zu Hause
wie einen heimkehrenden jungen Helden. Die Zimmer waren mit
Blumen geschmückt und alle Lampen in allen Zimmern angezündet. Er nahm mich dann morgens zu seinem Frühschoppen
mit, und da war es, wo er mir stundenlang von meiner Mutter
erzählte, die Geschichte ihrer Petersburger Reise zur Cholerazeit,
bei der er sie in Hof vergeblich zurückerwartet hatte und wobei
ihr freudiges Wiedersehen dann meine Entstehungsstunde wurde. - Als wir von diesem Morgenausgang heimgekehrt waren,
legte er den Arm um mich und sagte innig, wie ich ihn seit Langem nicht zu mir reden gehört hatte: »Mein Junge, ich habe Dich
um Verzeihung zu bitten. Ich habe Dich jahrelang zu einem
Glück zwingen wollen, das nicht Dein Glück geworden wäre, das
sehe ich jetzt ein. Verzeih mir. Ich konnte es nicht wissen, dass
Dein Weg so grundverschieden von meinem Weg abweichen
musste. Ich habe Dir Jahre hindurch unrecht getan. Jetzt verstehe
ich Deine ganze Natur mit einem Male. Das Träumen, das ich Dir
austreiben wollte, ist Deiner Dichternatur so notwendig wie dem
Fisch das Wasser, dem Menschen die Luft und dem Feuer der
Sauerstoff. Trage es Deinem alten Vater nicht nach, dass er sich
irrte. Wie konnte ich wissen, wohin Dich Dein Träumen führen
würde! Jetzt, nachdem ich seit einem Jahr das Atelier verkauft
habe und Muße habe, Bücher zu lesen und Philosophien, wozu
ich früher nicht Geduld und Zeit hatte - jetzt begreife ich das, was
mir vorher unerklärlich an Dir schien: dass Du m einer Traum-

welt für Dich lebst, in der Du Dich nur bei ruhiger Weltbetrachtung und nicht im Geschäftsgetriebe entwickeln kannst.« - Und er küsste mich und presste seine Lippen fest auf meinen Mund, als wollte er mit diesem Kuss alles Vergangene und Unverstandene, das zwischen seinem Geist und meinem Geist gelegen, in Freude und Herzlichkeit verwandeln.»Verzeih!« sagte der alte Mann noch einmal, und die Tränen stürzten ihm aus den Augen.

Mein Gesicht glühte, mein Herz pochte, und ich zitterte vor Scham. Hat je ein Sohn seinem Vater etwas zu verzeihen? dachte ich bei mir. Und ich wusste nicht mehr, als er so gesprochen, dass ich jemals etwas durch ihn gelitten hatte. -

Ich erzählte ihm dann, dass ich in Schweden ein Mädchen kennengelernt habe, die ich bald heiraten wollte. Er war glücklich über diese Nachricht. Aber noch einmal trat sein Geist, der nicht mein Geist war, vor mich hin und sagte;»Wenn Deine Frau so sein wird, wie Deine Mutter war, dann wirst Du glücklich werden.«Mein eben versöhntes Herz zuckte schmerzlich zusammen, denn die Frau, die ich liebte, war das Gegenteil von meiner Mutter. Derselbe Mann, der mir eben gesagt hatte, er habe verstanden, dass es ein Unrecht von ihm gewesen, dass er mir die Liebe zu seinem Beruf hatte aufdrängen wollen, konnte noch nicht nachfühlen, dass auch die Frau, die meine Natur sich suchte, ein anderer weiblicher Charakter sein müsste als der, den er gesucht hatte. Und wieder fühlte ich mich im Innersten weit getrennt von ihm und schwieg, erstaunt darüber, dass es keine Brücke geben konnte zwischen Vater und Sohn, zwischen Geist und Geist. Auch nicht die Brücke des Blutes führt Männer zueinander, nur die Brücke der Lebenserfahrungen und der Lebensweise, das sagte ich mir dann im Stillen. Jeder muss sein eigenes Reich bauen und jeder ein anderes. Nur die Ruhe, die Zeit, die Erfahrung und ein guter Wille können die Geister untereinander zur Verständigung bringen. -

Mein Vater starb im Jahre 1896, vier Monate, nachdem ich im Auslande geheiratet hatte. Meine Frau sah ihn zum ersten Mal, als er im Sarg lag. Und wenn sein Geist in jenem Augenblick über seinem Leichnam war, so hat er mir vielleicht auch wieder den Versöhnungskuss gegeben, wenn auch diese Frau so ganz anders vor ihm stand, als er sie sich für mich ausgemalt hatte. -

Nach dem Tode eines Menschen ist sein Leben für die Betrachtung zu einem mehr oder weniger kostbaren Kunstwerk geworden. Geist und Körper haben Jahre hindurch an dem Kunstwerk gearbeitet. Nun steht sein vollendetes Schicksal nach dem Tode unabänderlich, unwiderruflich fest. Die Körperhülle ist weggefallen. Das Schicksalsbild steht aufgerichtet vor den Nachbleibenden, groß oder klein, je nach Kraft des Lebenstriebes, der mit dem Toten erlosch. Der Erinnerungsstoff aber, aus dem das Bild vor uns steht, kann sich verflüchtigen, sobald er sich unbeachtet fühlt.

Ich legte darum die Schicksalsgeschichte meines Vaters in diesem Buche für mich nieder.

Bei meinem letzten längeren Besuch zu Hause 1894 fand ich meinen Vater an seinem Schreibtisch vor seinem großen eisernen Tintenfass sitzen, das aus schwarzen eisernen Efeuranken gebildet ist. Er zeichnete Kapitelüberschriften aus seinem Leben auf und deutete auf den Papierbogen und sagte: »Ich werde kaum dazu kommen, mein Leben niederzuschreiben. Ich mache hier einige Aufzeichnungen. Vielleicht hast Du einmal Lust, das Ganze auszuführen.« Ich gab ihm die Hand und versprach ihm: Wenn ich mich einmal reif fühlen und Kraft *zu* einem Überblick über sein Leben haben würde, so wolle ich gern seine Lebenserinnerungen ausarbeiten.

Als ich dieses Buch anfing, lag der Schnee wie weiße Papierbogen draußen auf dem Friedhof. Jetzt höre ich den Frühlingssturm, der im Maintal mit vielen Stimmen zugleich redet. Aus allen Nebentälern, die zum Main münden, kommen die Sturmstimmen über den Fluss. Es ist, als hätten sich die Hügel und Weinberge geöffnet. Die Erde selbst spricht mit tiefster Stimme.

Die Äcker sind noch dunkel, aber in den Weinbergen sind schon die Pfahle aufgesteckt. Die nackten Reben stehen mit frischem Bast angebunden und warten auf Blätter und Trauben. In den Gärten blinken an den grauen Obstbäumen die hellen Holzstellen, die zeigen, dass die Baumäste frisch abgesägt und gestutzt sind. Alles ist vorbereitet, den Frühling zu empfangen. Zur Abendstunde übt sich die Amsel, und tagsüber versuchen kleine Rotkehlchen ihre ersten Liebeslaute auf den noch blattleeren Bäumen.

Sekundenweise dröhnt im Sturm der Erdboden unter meinen Füßen; Totes redet neuverjüngt.

Neben dem Geist meines Vaters wandere ich wie vor beinahe vierzig Jahren zur Osterzeit, als ich ein kleiner sechsjähriger Knabe war, heute zur Stadt hinaus, zwischen Festungsberg und Nikolausberg den Leutfresserweg hinauf. Dort oben steht an der Berglehne noch das große einfache Giebelhaus des Gutshofes, in welchem meine Mutter starb. Auf der efeubewachsenen Terrasse vor diesem Hause, das sich stark, einfach und mächtig auf den Bergabhang stemmt, sind die Ulmen und Kastanien, die ich als kleine dünne Bäumchen in Holzschutzkästen aufwachsen sah, zu großen hochragenden Stämmen geworden. Die Spitzen ihrer Wipfeläste heben sich über den hohen Hausgiebel fort. Viele Schicksale sind unter diesen Bäumen und unter diesem Giebel aus und eingegangen. Meine Mutter war die erste, die in diesem Hause starb. Nach ihr haben die Jahre noch manchen mir lieben Toten dort aus der Haustüre fortgetragen.

Ich wandere auf alten Spuren weiter. Hinter den Scheunengebäuden des Gutes führt der Weg sanft bergan, unter Apfelbäumen fort zu einem Akazienwäldchen, das der Besitzer des Hauses einst selbst gepflanzt hat und das sich an einem Hügel hinaufzieht. Hier unter den Akazien hat das Auge eine weite Schau über das Tal, über den Festungsberg, in das große Maintal hinüber. Fluss, Berge, Wälder, Himmel breiten sich bis an den Erdrand nach Norden, wo der glänzende Main verschwindet, als fließe er über den Himmelsrand.

Hier oben auf den Akazienhügel hat der Sohn des Gutshofes ein Stück eines Eichenstammes hinaufbringen lassen. Der Platz hier wurde meinem Vater gewidmet, vor ungefähr zwanzig Jahren, als er sein fünfzigjähriges Jubiläum der Photographie feierte. Auf diesem Eichenblock saß der alte, wache Mann gerne und hatte die Stadt, die Welt zu seinen Füßen und bildete sich wohl auch ein, die Sorgen im Tal gelassen zu haben. Hier war ihm der Geist meiner Mutter nah.

»Vielleicht ist das kleine Rotkehlchen, das dort auf dem Zweig singt, deine Mutter«, sagte er manchmal. »Ach, wenn man das wüsste!« seufzte er, »ob man in anderer Gestalt wiederkehrt. -

Aber warum sollten wir nicht als Vögel wiederkehren und als Vögel singend im Himmel leben!« meinte er dann lächelnd. »Die Sorgen wären ja natürlich dieselben, die Sorgen für Nahrung, die Sorgen der Liebessehnsucht und die Sorgen für Nest und Brut, aber es wäre schön, zu fliegen. Das Fliegen lernen die Menschen ja doch nie im Leben«, seufzte er. -

Mein Vater hat das Luftschiff und die Flugmaschine nicht mehr erlebt. Der Motorwagen war die letzte Erscheinung in der Reihe der Erfindungen, die ihn zur letzten Begeisterung hinriss.

Drüben, am Steinberg entlang, am Main geht ein Schienenstrang, und ich sehe von meines Vaters Bank aus dort einen Schnellzug kleiner als eine dunkle Raupe um die Bergecke kriechen. Auf der Landstraße im Kühbachsgrund am Fuß des Festungsberges jagt zugleich staubaufwirbelnd der Autoomnibus, der einige Landorte mit der Stadt verbindet.

In der Ferne lagern, wenn es Abend wird, am Main in den Flussnebeln Reihen von elektrischen Lichtern. Es sind die Lampen eines großen Güterbahnhofes beim Dorf Zell, und dicht dabei liegen die weltberühmten Schnellpressenfabriken von »König & Bauer«. Dort heißt das Maintal »das Paradies«. Und ein uraltes Frauenkloster steht in der Nahe hart am Mainrand. Das Kloster nennt sich »Himmelspforten«. Dem Kloster gegenüber am Berg leuchtet ein rotes Kreuz an der Mauer. Mit dem Fernglas kann ich das Kreuz deutlich erkennen. An jener Stelle wurde einst eine Nonne lebendig eingemauert, als sie sich aus dem Kloster Himmelspforten von einem Ritter entführen lassen wollte.

Weit über ein drittes Tal hinweg steht noch auf einem Berg, von hier gesehen nicht großer als ein Streichholz, der letzte Turm des Schenkenschlosses, einst eine alte Raubritterburg. Die Herren von Schenken fingen damals an der Landstraße, die von Würzburg im Maintal nach Frankfurt führt, die Nürnberger Kaufherren ab.

Schnellpressenfabrik, Kloster, Raubrittertum liegen vor mir hier im »Paradies« dicht nebeneinander.

Welch wunderbarer Rückblick in dieser Fernsicht vor mir! Von diesem Eichenklotz aus, von meines Vaters Bank, ist mir, als überblickte ich die ganze Entwicklung eines Jahrhunderts, das mein Vater durchlebte, über Berg und Tal ausgebreitet.

Von der Postkutsche, der letzten, gemütlichen, die da noch auf einem Bergrücken, auf ferner Landstraße, wie eine Schnecke langsam, in die Dörfer hinaus humpelt, bis zur Eisenbahn, zum Auto und Luftschiff ist der lange mühsame Weg eines Jahrhunderts voll mächtiger Geistesarbeit, und auf dieser Wegspanne liegt auch das Leben meines Vaters.

Wenn ich dann nach Hause in mein Zimmer zurückkomme, wo die Erinnerungen an ihn noch reicher auf mich einsprechen und ich an den Wänden entlang von Bild zu Bild sehe und von Gegenstand zu Gegenstand, die ihn überlebten, macht mich immer eine bronzene, fußhohe russische Lampe, die mein Vater aus Petersburg mitgebracht hat, nachdenklich. Der Bronzefuß dieser Lampe stellt einen der russischen Fischverkäufer dar, wie sie in Petersburg auf den Straßen herumziehen. Der Mann steht in dicken geflochtenen Baststiefeln.

Der pelzgefütterte plumpe Kaftan ist mit einem Strick um seine Hüften zusammengebunden. Langes struppiges Haar sieht unter der Pelzmütze vor. Das gutmütige slawische Gesicht ist von einem breiten Bart eingerahmt. Der Russe stützt mit der einen Hand auf seinem Kopf einen flachen Fischkorb, an dem lange Eiszapfen hängen. In diesen Korb ist eine Glasschale eingeschraubt, die einst Öl, dann später Petroleum enthielt. Diese Lampe erinnert mich immer an die Entwicklung des Lichtes, die im letzten Jahrhundert den ungeheuerlichsten Fortschritt von der tausendjährigen Öllampe zum Petroleum, Gas und elektrischen Licht machte. Mein Vater selbst, der doch sehr für allen Fortschritt war, konnte sich zu Anfang, als das Petroleum eingeführt wurde, nicht von dem Öllicht und der Kerze, die seit Urväterzeiten abends beim Lesen und Schreiben genügt hatten, trennen. Er erzählte später oft lachend, wie er sich in Petersburg geweigert habe, als die ersten Petroleumlampen aufkamen, dieses gefährliche amerikanische Brennöl, das damals noch ungereinigt war, Gase entwickelte und leicht explodierte, in sein Haus einzuführen. Doch die Geschäftsagenten der neuen Lampenfabriken kamen immer wieder; aber ebenso erschienen täglich Notizen über neue Petroleumbrände und Lampenexplosionen in der Zeitung. Als man ihn drängte, doch in seine Zimmer die neue Petroleumbeleuchtung einzuführen, die jetzt allgemein Mode würde, und die Geschäftsagenten immer zudringlicher wurden, geriet er aus Angst vor einem Brandunglück und aus Angst um seine Familie derart in Aufregung, dass er dem Lampenhändler zurief »Den ersten, der mir eine Petroleumlampe ins Haus bringt, den schieße ich nieder.« Er fürchtete, er könne sich überreden lassen, das neue Licht einzuführen, und dadurch einen Brand veranlassen. Später musste er aber doch dem Zeitgeist nachgeben. Das Petroleum war auch durch Reinigung dann ungefährlicher geworden. Und der Bronzerusse, der noch da vor mir steht, war die erste Petroleumlampe, die vor sechzig Jahren in unser Haus kam. Wie dunkel und kläglich würde sie heute im Gegensatz zum elektrischen Licht leuchten! Und damals versammelte sich die ganze russische Verwandtschaft um diese Lampe, als sie zum ersten Mal angezündet wurde, und alle bewunderten das strahlende Licht einer neuen Zeit, dasselbe Licht, das heute den Söhnen jener Zeit schon viel zu dunkel ist. - Als die erste elektrische Bogenlampe Anfang der achtziger Jahre des vorigen Jahrhunderts in Würzburg eines Abends in dem Garten einer großen Brauerei vor der Stadt scheinen sollte, lief ich als Schulknabe nachts heimlich aus dem Hause, um dieses neue Licht zu sehen, von dem mein Vater lange vor der Einführung preisend gesprochen hatte. Meine jüngste Schwester, die eben aus London gekommen war, wo sie das elektrische Licht zum ersten Mal gesehen, hatte mir nicht genügend erklären können, ob dieses neue Licht so hell wie wirkliches Tageslicht oder nur so hell wie Mondschein sei. Es war wohl eine Viertelstunde Entfernung von unserer Wohnung in der Kaiserstraße bis in das Stadtviertel, wo das erste elektrische Licht strahlen sollte. Unterwegs sah ich immer den Himmel an. Ich dachte mir, die Bogenlampe müsste wie ein Nordlicht leuchten und man müsste den Schein von *einer* Lampe schon über alle Dächer sehen. Als ich dann endlich nach vielen Fragen und atemlosem Laufen den Gartenzaun des Brauereigartens erreicht hatte und an einem hohen Mast nur eine weißleuchtende Glaskugel im Sommerabend hängen sah, war ich sehr ernüchtert. Viele Leute standen mit mir am Zaun und sahen in die Luft auf das neue Licht, an dem, so fand ich, nicht viel zu sehen war. Sehr enttäuscht schlich ich mich nach Hause.

Ich glaube, es gibt kein irdisches Licht, das sich der Menschen-geist nicht noch viel größer vorstellen könnte, als die Welt es bie-ten kann.

Die Liebe nur bleibt immer das hellste Feuer der Welt und über-bietet alle Vorstellung. Alle Sonnen der Welt müssen verdunkeln vor dem Liebeslicht, das einem Menschen im Blut leuchtet.

Aus einem ovalen goldenen Rahmen an der Wand sieht mich das Brautbild meiner Mutter an. Mein Vater stellte dies Bild am Tage vor ihrer Hochzeit her. Ein Petersburger Miniaturmaler hat es mit feinen Farben belebt. Es ist auf mattes Salzpapier gearbeitet und wirkt wie ein helles hingehauchtes Aquarellbild. Über ihrem schwarzen gescheitelten Haar, das meine Mutter damals in schlichter Art breit gewellt zurückgekämmt trug, liegt ein weißer Schleier aus echten Spitzen. Er fällt über beide Schultern und die junge Frau hält ihn mit der rechten Hand unter der Brust zu-sammen. Ihr vergissmeinnichtfarbenes Kleid hat einen runden, nicht zu tiefen Halsausschnitt. Die linke Hand liegt im Schoß. Hals und Arme schmückt der blaue Emailleschmuck, den mein Vater ihr in einem Blumenstrauß zugeschickt hatte; ihre großen Mädchenaugen sind ruhig, ein wenig befangen, würdevoll und starkgemacht von der Nähe des Mannes, der sie in dieser Stunde zu sich nehmen soll, dem sie ihre Zukunft gibt und dem sie ver-traut. Die Weihe der innigen Stunde spricht aus ihrem Blick. Die Augen der Braut sprechen zum Bräutigam:

*Du und ich!*
*Wunschlose Seligkeit*
*Strömt Deine Nähe über mich.*
*Der Alltag wird zur Sonntagszeit,*
*Unsterblich schlingt das Leben sich*
*Um uns. Und Menschengöttlichkeit*
*Fühl' ich bei Dir durch Dich.*

*Was einst gewesen, weiß ich kaum.*
*Die enge Welt wird weiter Raum.*
*Und Holz wird Eisen, Eisen Holz*
*Und Stolz wird Demut, Demut Stolz.*
*Gar wunderbare Weisen*
*Singt dann bei seinem Kreisen*

*Mein Blut im Paradies für mich.*
*Es haben alle Wünsche Ruh, -*
*Ich weiß nicht mehr, wer bist dann Du.*
*Ich weiß nicht mehr, wer bin dann ich.*

Und wunderbar ist es, zu bedenken, dass dieser Augenausdruck, der von der Kamera damals festgehalten wurde, heute noch in einem neuen Jahrhundert vor mir deutlich dasteht. Dem Licht und der Lichtarbeit verdanke ich diesen kostbaren Genuss.

Auch ein kleines Petersburger Album mit Visitenkartenbildern erweckt in mir immer begeisterte Dankgefühle für die Lichtkunst, der mein Vater sein Leben gewidmet hat. Das kleine dicke Lederalbum mit den starken Messingbändern ist russische Handarbeit und macht den Eindruck einer kleinen Bildertruhe. Wenn ich die Messingbänder daran öffne, finde ich lauter Petersburger Gestalten darin, Herren und Damen aus der Krinolinenzeit und der Zeit der Vatermörderkragen, Verwandte und Freunde aus der zwanzigjährigen russischen Arbeitszeit meines Vaters. Da ist auch meine alte Großmutter, die Mutter meiner Mutter, sie zeigt ein kräftiges und starkes Frauenantlitz, das noch im achtzigsten Lebensjahr mit Nachdruck in die Welt sieht. Ein weißes krauses Spitzenhäubchen mit einem rosafarbenen Band umrahmt das Gesicht, und um die runden Schultern ist eine schwarze Seidenmantille gezogen. Da sind auch die Brüder und Schwestern meiner Mutter. Die Brüder schlanke Gestalten, und sie und die Schwestern haben pechschwarzes Haar. Sie zeigen einen Einschlag von spanischem Blut. Die Familie, die vor zweihundert Jahren aus Hanau nach Russland wanderte, hatte auch Verwandte in Spanien. Man erzählt, ein Onkel lebte damals noch in Spanien als Maler, wurde aber später von der Inquisition als Ketzer gefangengenommen und verbrannt. Bei einigen meiner Tanten tritt das spanische Blut fast arabisch auf, in der dunkeln Hautfarbe, im starken Augapfel, in den starken Augenbrauen, im krausschwarzen Haar und in der leicht behaarten Oberlippe.

Als ich im Jahr 1906 eine Reise um die Erde machte - mein Billett lautete; *from London to London* -, begegnete ich in Indien, in Benares, der heiligen Stadt der Fakire und der Brahmanen, am Ganges im Straßengewühl Hunderten von Frauen, die alle meiner Mutter so ähnlich waren, wie ein Ei dem andern. Wohl hatte ich oft auf

Reisen, besonders in Mexiko, Italien und Griechenland, schon manchen leichten freudigen Herzschrecken erlebt, wenn mir südliche Frauen begegnet waren, die die Augen oder die Nase, Hals und Schultern meiner Mutter zeigten, und mit herzwarmer Freudigkeit hatte ich ihnen immer nachblicken müssen. Aber als die Inderinnen in Benares in den Gangesstraßen auf mich zukamen, war mir, als käme mir meine Mutter verhundertfacht und vertausendfacht entgegen. Es war, als ob jeder Tag, der in den fünfunddreißig Jahren vergangen war, seit ich meine Mutter verloren, den Auftrag gehabt hätte, wiederzukehren und mir in dieser heiligen Stadt die Verlorene entgegenzuführen, sodass ich doch meine Mutter in Scharen umhergehen sah. Mir wurde dabei festlich zumute, als wäre ich am Ganges in einem Himmel auf Erden angekommen, wo einem die schönsten Erinnerungen lebendig verkörpert hundertfach begegnen.

Aber wenn ich mich in den fremden Meeren, auf der Weltreise, unter den fremden Gesichtern manchmal mit Schrecken erinnern musste, dass ich durch ganze Erdteile und Weltmeere und in monatelanger Reise von der europäischen Heimat abgeschnitten war und gleich einem Kometen wie verirrt durch fremde Welträume hinzog, und mein Herz dann reiseschwach und wehmütig wurde und sich heiß nach der Heimatscholle sehnte, ermüdet von dem ewig wechselnden Wunder der Fremde - dann wurde ich stark und bekam meine Ausdauer und Kraft wieder, wenn ich auf dem Schiffsgang an den Maschinenräumen vorbeikam und dort dem in Stahl und Eisen verkörperten europäischen Zeitgeist gegenüberstand. Der Maschinengeist, der bei sachlicher Arbeit der Biesenstahlkolben, der Riesenschwungräder, knapp und genau, unbeeinflusst von asiatischem Träumergeist, zweckmäßig, ungeheuerlich und unbeirrt im Maschinenraum rastlos tätig war, der sich von der afrikanischen Küste zu den schwärmerischen Indern, zu den vorsichtigen und klugen Chinesen und den gewandten Japanern hinarbeitete, immer im Gleichtakt - war mir wie der Geist meines Vaters, der mir Traumseligem von Jugend an durch die verwirrenden Eindrücke des Lebens immer den geraden und den Verstandes sicheren Weg gewiesen hatte. »Der Verstandesgeist bahnt den Weg, dann erst kann der Herzgeist die Wunder des Weges in Frieden genießen.« So hatte mein Vater immer zu mir gesprochen. Und die Maschinen der Lokomotiven und die Maschinen der Ozeanschiffe sprachen in fernen Weltteilen und Weltmeeren mit demselben Geist zu mir und stärkten mich, wenn ich schwach wurde. Wie hätte ich sonst aus dem verwirrenden Wechsel der Weltreise mit heilem Geist heimkehren können! Die Wunder der Urwälder, die Wunder der Tempel, die Wunder der Himalajariesen und des krausen China- und Japanlandes, die ungeschlachte Gewalt Amerikas hätten mein Herz in tausend Atome zerstreut, wenn mir nicht der Geist meines Vaters in Gestalt der unerbittlichen und stählernen europäischen Maschinen immer neuen Mut gemacht hätte. Die Maschinen sagten: Du musst im Arbeitstakt vorwärts. Und mein Hirn wiederholte meinem Herzen täglich: Du musst im Arbeitstakt vorwärts! Und so war ich keinen Tag krank und keinen Tag wirklich dauernd müde, und ich schaltete für diese Reise meinen Träumersinn möglichst aus und ließ mich möglichst vom Geist meines Vaters regieren.

Mit ähnlicher Stärke wie um die Erde hat mich der Geist meines Vaters einmal, als ich noch Kind war, durch eine Krankheit geleitet, während ich an einer Vergiftung daniederlag. Ich war ein zehnjähriger Knabe, es war in jener Zeit, als ich dem Kasperltheater eifriger huldigte als meinen Schulaufgaben. Ich wollte mir eines Tages für dieses Theater Kulissen malen, die sollten einen Tannenwald darstellen. Ich verbrauchte dabei sehr viel Schweinfurter Grün, und es kam vor, dass ich im Eifer den kleinen Farbenpinsel in meinen Mund steckte und mit Speichel anfeuchtete, weil ich das Wasserglas bei der Arbeit in der Eile umgestoßen hatte und vor Maleifer keine Zeit fand, frisches Wasser zu holen, um die Pinsel einzutauchen. So geschah es, dass ich nach stundenlangem Malen den Mund voll Schweinfurter Grün bekam, und als der Tannenwald fertig war, hatte ich so viel Schweinfurter Grün verschluckt, dass ich vergiftet war und zu fiebern begann. Ein schweres Magenfieber packte mich. Ich musste zwei Monate zu Bett liegen und bekam nichts zu essen und zu trinken als nur Eichelkaffee, Heidelbeeren und Zwieback. In jener Zeit sah ich oft meinen Vater an meinem Bett stehen und mir Mut zusprechen, und er sagte mir immer; »Du darfst der Krankheit nicht nachgeben. Du musst Dir immer wiederholen: Ich will leben, ich muss leben!« Ich war aber so schwach durch das Fieber und den entzündeten Magen geworden, dass ich kaum noch einen Willen hatte. Doch meines Vaters Worte »Ich will leben, ich muss leben« gingen mir noch im Schlafe nach. Und ich wiederholte sie unbewusst Nacht um Nacht und genas ganz langsam von der schweren Vergiftung. -

Wenn es in meinem Zimmer Abend wird und draußen die Sterne über den Nikolausberg kommen und über dem Main hängen und ich zusehe, wie die Sternbilder sich von Stunde zu Stunde verschieben, und sehe, dass das Sternbild des großen Bären in den verschiedenen Jahreszeiten nach den verschiedenen Himmelsrichtungen zeigt, dann wird mir der ganze Himmel zu einer ungeheuren Maschine, in welcher sich die Sterne wie Schwungräder in einem ungeheuren Maschinenraum bewegen, und mein Zimmerfenster wird zur Luke, durch die ich nachts die Riesenweltmaschine beobachten kann. Die gewaltigen Himmelsräder, scheint mir, drehen sich seit Ewigkeit so schnell, dass sie lautlos wurden, wie die bewegten Atome unseres Gehirns bei der Gehirnarbeit lautlos sind. Und ich bestaune den Riesenarbeitsraum dort am Himmel. Diese Maschinerie des Firmaments mit allen Sonnen bewegte sich schon, ehe noch die Erde an die Geburt des Menschengeschlechtes dachte. Aber der Weltgeist, der Geist meines Vaters, bewegte damals schon die Sterne da oben, so gut wie er jetzt auf Erden die Schiffsmaschinen, die Lokomotiven, Motore und Luftschiffe, Telegraphie und Telefon, Schreibmaschine und Sprechmaschine und künstliches Licht ins Leben setzte.

»Wer bewegt die Sterne da oben?« fragte ich meinen Vater einmal, als ich ein sechsjähriger Knabe war, da ich merkte, dass manche Sterne hinter den Türmen der Festung über dem Main verschwanden.

»Der Weltgeist«, sagte mein Vater. Darauf ging ich am nächsten Abend im Wohnzimmer umher, hatte Zeitungen zu Fetzen zerrissen und streute diese über den Fußboden. Die Papierstücke sollten die Sterne darstellen, der Fußboden den Himmel. Ich selbst hatte einen Alpenstock aus einer Schrankecke geholt und stellte mir vor, dass ich der Weltgeist sei. Indem ich mit der Spitze des Alpenstockes die Zeitungsfetzen auf dem Boden ruhig und gewichtig verschob, meinte ich die Sterne zu bewegen. Mein Vater fand mich bei diesem Spiel. Er störte mich nicht. Obwohl der Zimmerfußboden wahrscheinlich von den hundert zerstreuten

Zeitungsfetzen äußerst unschön aussah, lächelte er nur, legte den Arm um meine Schulter, half mir den schweren Alpenstock tragen, schritt mit mir über den Himmel und half mir die Sterne verschieben, damit die Weltmaschine im Gange bleibe. Kein Papierfetzen wurde vergessen, jeder Stern musste bewegt werden. -

Meine Augen begegnen an der Wand den Augen meines Ur-Ur-Ur-Ur-Urgroßvaters. Er sitzt dort im alten verschnörkelten Rahmen, in der schmalen Hand einen Maßstab haltend. Gerade unterhalb seines Herzens an der Brust liegt die Hand und der feine Maßstab. Seine Brust umschließt ein dunkelblaues knappes spanisches Wams. Ein großer kreisrunder Spitzenkragen liegt von seinem Hals auf die Schultern herab. Das schmale, magere Gesicht mit dem langen Spitzbart, den scharfblickenden Augen, der schmalen Nase sieht klug, abwägend und geistesgegenwärtig aus und sieht auch heute noch, nach dreihundert Jahren, zeitgemäß weise und scharfsinnig auf mich herab. Würde man dem Mann dort oben die langen Haare, die von der schmalen hohen Stirn herabreichend das Ohr halb verdecken und die im Nacken sich locken, würde man ihm diese Haare ein wenig stutzen, ebenso den langen Spitzbart, und würde man ihm das Wams mit modernem Rock? Kragen und Krawatte vertauschen, so würde der mehr als dreihundert Jahre alte Herr den Kopf eines sicher urteilenden und scharf grübelnden zeitgenössischen Gelehrten und Künstlers haben. In seinem Gesicht ist nichts Mittelalterliches, nichts Dumpfes, Bedrücktes. Das hagere Antlitz scheint mit Weisheit gestählt, reich genug mit Geist ausgestattet, um die Lebensangriffe aller Jahrhunderte mit Glück abwehren zu können.

Dieser Urahne wurde mir von meinem Vater von Jugend an als Musterbeispiel fürs Leben hingestellt. Ich konnte ihn früher noch nicht so erkennen wie heute. Damals dachte ich immer: Was weiß der Urahne von unserer Welt! Was weiß er von unserer Zeit der Eisenbahnen und Maschinen! Aber heute sehe ich ihm an, dass er auch den Gegenwartsstempel des Maschinengeistes ebenso gut im Gesicht trägt wie ich und wie wir alle, die im Zeitalter der Lokomotiven, der Telegraphie und der Motoren geboren worden sind.

Der Herzog Ulrich von Braunschweig hat unter das Bild dieses Casparus Dauthendey außer dem griechischen Wort »Heureka«

noch, wie es zur damaligen Zeit üblich war, in lateinischer Sprache einen Spruch schreiben lassen. Die lateinischen Worte, ins Deutsche übersetzt, sagte mir mein Vater oft vor:

»Noch über die Baukunst hinaus
Ziert Dich die göttliche Mathematik!
Diese triebst Du vormals mit großem Wucher der Ehre,
Und da man kein Werkzeug sah, die Weltmaschine zu messen,
Hält man Dich für den Erfinder des Wahren.«

Eines seiner Bücher in der Wolfenbütteler Bibliothek, das im Jahre 1659 erschienen ist, trägt den Titel »*Fundamentum Geographicum*« und den Untertitel:»wie nämlich die Erdkugel an ihr selbst einzuteilen usw.« Dieser Urahne, dessen Familie im sechzehnten Jahrhundert nach Deutschland kam, war der Stolz meines Vaters, Mir als dem letzten männlichen Erben unseres Namens prägte mein Vater von Jugend an Hochachtung vor der Vergangenheit ein. Und da mit mir jetzt das Geschlecht der Dauthendeys aussterben wird, so schrieb ich diese Erinnerungen an meinen Vater und meine Väter nieder. Ich glaube, im Geist meines Vaters ist viel vom Geist aller Väter, und für mich persönlich sehe ich für meinen Lebensweg in meinem Vater den Weltgeist verkörpert. Durch ihn fühle ich mich dem großen Weltall angeschlossen, durch seinen Leib, der meinen Leib, und durch seinen Geist, der meinen Geist zeugte.

Auch dem Lichtweg, den mein Vater von Anfang bis zum Ende eines Jahrhunderts, von der Daguerreotypie bis zur farbenempfindlichen Photographie ging, möchte ich in diesen Schicksalsaufzeichnungen ein Erinnerungsdenkmal gesetzt haben, ebenso dem Kampf zwischen Vater und Sohn einen Schlussstein.

In der kleinen Stadt Macao in China, die noch eine alte portugiesische Besitzung ist, sah ich in der Ladenwerkstatt eines chinesischen Zinngießers in einer Mauernische, die den Hausaltar darstellte, zwischen Opfertassen stehend, zwei wunderbar verschnörkelte Zinnleuchter. Jeder dieser beiden Leuchter hat die Form eines chinesischen Schriftzeichens, so erklärte mir der Chinese und sagte, jedes Zeichen bedeute: Glück und langes Leben. Ich kaufte damals die beiden Leuchter vom Hausaltar weg, denn die wunderbare Schriftgestalt derselben gefiel mir außerordentlich, und für meine Bezahlung konnte der Chinese sich mehrere neue Leuchter auf den Ahnenaltar stellen. Die alten Leuchter mochten viele Menschenalter schon den Ahnenopfern geleuchtet haben, und ihr Zinn war dick von geschmolzenem Kerzenwachs umkrustet. Die beiden Leuchter stehen nun bei mir in Deutschland vor meinen alten Familienbildern, und ihr Anblick bestärkt in mir die Liebe zum Totenkult. Wenn ich die zwei chinesischen, in Zinn gegossenen Schriftzeichen betrachte, sehe ich die vierhundert Millionen Köpfe lebenstüchtiger Chinesen, die vor allen Geistern der Welt die Geister der Toten am höchsten verehren. Sie sagen, das Andenken vergangener Lebenstage und die Ehrung gewesenen Lebens befruchtet den Menschengeist mit Weisheit. Aber Weisheit gibt wiederum langes Leben und Glück.

Drei Arten der Anbetung, sage ich mir, begründen, vertiefen und verschönern das Menschenleben; als erste: Die Anbetung des Mannes zur Frau und der Frau zum Manne, das ist die Anbetung der Liebesfreude. Als zweite: die Anbetung des Vaterlandes, der Erde, des Weltalls und aller Leben und ihrer Lebensarbeit, das ist die Anbetung der Lebensfreude. Und endlich als dritte: die Anbetung der Vergangenheit, der Ahnen und der Toten. Aus diesem dreifachen Geist dreifacher Anbetung ergibt sich für mich die Anbetung des Weltgeistes. Der Mensch, der durchdrungen von dieser heiligen Dreiheit lebt, lebt im Sinne des Weltgeistes und vollkommen glücklich und im Einklang und Takt mit der Weltmaschine. -

Ich habe da noch eine kleine nur handgroße Spieldose meines Vaters. Die zog er immer am Weihnachtsabend auf und ließ sie unter dem lichterbesteckten Tannenbaum spielen. Ihm und mir machte es viel Freude, durch den Glasdeckel ins Innere der Dose zu schauen und der kleinen Messingwalze da drinnen zuzusehen, die mit winzigen Stahlstacheln besetzt ist und die sich dreht und mit den Stacheln die Melodie an feinen Stahlzungen anschlägt. Ich lasse gern diese feinen stählernen Zungen noch heute für mich singen.

Draußen stürmt fortgesetzt die Frühlingsluft, als fordere sie die Weinberge zum Tanzen auf. Frühlingsgrün blinkt vor meinem Fenster am Fluss wie ein zartes nacktes Kindlein, vom Himmel gefallen in die Krippe des Maintals. Ich habe die alte Spieldose aufgezogen. Die lebt und lockt mir in den kühlen, wolkengrauen Frühlingstag warme Lichtfeste ins Zimmer und den Geist meines Vaters, der über alten und neuen Dingen träumt.

Zweimal glaubte ich schon, ich hätte diese Aufzeichnungen abgeschlossen. Aber als vor ein paar Nächten mein Vater im Traum zu mir kam, deutete er auf drei Türen, die übereinander vor ihm auf der Erde lagen. Zwei Türen waren im Türrahmen geschlossen, und er deutete auf die dritte Tür, die noch offenstand und die ich noch zu schließen hätte. Mit diesen letzten Zeilen heute drücke ich die dritte Tür ins Schloss und schließe damit meine Aufzeichnungen aus einem begrabenen Jahrhundert.